Les **droits** des **usagers** dans les secteurs sanitaire, social et médico-social

Marion Girer
Guillaume Rousset

PRÉFACE DU PROFESSEUR FRANÇOIS VIALLA

2e édition

2025
PRESSES DE L'ÉCOLE DES HAUTES ÉTUDES EN SANTÉ PUBLIQUE

Collection

FONDAMENTAUX

Dirigée par Gilles Huteau

La collection « Fondamentaux » rassemble des ouvrages pédagogiques de référence à destination des étudiants et des professionnels en formation pour assimiler facilement les notions du champ sanitaire et social.

Mise à jour au 30 septembre 2024.

ISBN : 978-2-8109-1197-4
ISSN : 2270-0692
www.presses.ehesp.fr

Présentation des auteurs

Marion Girer est professeure de droit à l'Université Jean Moulin Lyon 3. Elle fait partie de l'Institut de formation et de recherche sur les organisations sanitaires et sociales (IFROSS) et du Centre de recherche en droit et management des services de santé (CRDMS). Ses thèmes principaux de recherche concernent les droits des usagers, la responsabilité médicale, la relation de soin et la bioéthique.

Guillaume Rousset est maître de conférences HDR en droit à l'Université Jean Moulin Lyon 3. Il est membre de l'Institut de formation et de recherche sur les organisations sanitaires et sociales (IFROSS) et du Centre de recherche en droit et management des services de santé (CRDMS). Ses thèmes principaux de recherche concernent la représentation des usagers, les inégalités territoriales de santé, les médicaments, la bioéthique et le consumérisme médical.

Préface

Préfacer la deuxième édition de l'ouvrage de Madame Girer et Monsieur Rousset, *Les droits des usagers dans les secteurs sanitaire, social et médico-social*, c'est tout à la fois un vif plaisir ressenti, un honneur sincèrement éprouvé et un redoutable défi à relever.

Plaisir, l'âge avançant, d'être sollicité à nouveau par de jeunes et brillants enseignants-chercheurs.

Honneur de se voir proposer de « parler avant » (*prae-fari*, *praefactio*) des auteurs que l'on estime.

Défi, cependant, car « parler avant » ne saurait signifier « parler pour » ou « à la place ».

De porte-parole, Madame Girer et Monsieur Rousset n'en ont au demeurant nul besoin. L'une comme l'autre, sont des auteurs connus et reconnus. Leur association compose un binôme incontournable du droit de la santé, le livre qu'ils nous présentent en constitue la preuve manifeste.

Les lois du 2 janvier et du 4 mars 2002 ont maintenant plus de vingt ans.

Deux lois, deux approches législatives distinctes, deux codes, « deux salles, deux ambiances », pour des secteurs soucieux de la préservation de leur pré carré.

Les auteurs nous proposent de sortir de la logique des constructions en tuyaux d'orgues et en silos de grains. Ils nous invitent à une approche transversale des droits des usagers. Sans nier les enjeux et logiques propres à chaque secteur, Madame Girer et Monsieur Rousset nous font prendre conscience que, même en droit, ce qui nous unit est plus important que ce qui nous sépare. Ils nous permettent de prendre conscience qu'au cours des vingt-trois années écoulées les droits des usagers ont eu une évolution non plus parallèle mais convergente.

En deux décennies cependant les textes originels ont pris un embonpoint certain, ils se sont empâtés et enrichi de précisions tatillonnes. Oubliant les avertissements délivrés par le Conseil d'État, la loi est peut-être devenue bavarde[1]. Le trop étant, dit-on, l'ennemi du bien, l'inflation textuelle nuit à sa visibilité et à sa lisibilité et nombre de professionnels peinent à distinguer l'accessoire du principal, le secondaire du fondamental.

Alliant savoir et expérience pratique, les auteurs nous guident dans le brouillard législatif et réglementaire. La science et les connaissances des auteurs sont manifestes, elles ne sont cependant pas enfermées dans un

1. « Quand la loi bavarde, le citoyen ne lui prête plus qu'une oreille distraite », Conseil d'État, *De la sécurité juridique*, Paris, La Documentation française, EDCE, 1991.

écrin inviolable, elles ne sont pas enchâssées dans une gangue et une langue inaccessibles. Avec une parfaite maîtrise du fond et de la forme, l'ouvrage nous propose une approche pédagogique, progressive, abordable et intelligible des « Fondamentaux » des droits des usagers.

Revenir aux « Fondamentaux » est salvateur dans un environnement et un monde de la santé où le réglementarisme prend souvent le pas sur le droit. Assaillis, noyés, saturés, asphyxiés sous des tombereaux de circulaires, ployant sous le poids des instructions, écartelés par autant d'injonctions contradictoires, les professionnels sont désorientés.

Madame Girer et Monsieur Rousset nous livrent un ouvrage accessible et utile qui tient à la fois du GPS et du GBS.

Un GPS, tout d'abord, pour pouvoir s'orienter dans le maquis foisonnant de règles que les auteurs maîtrisent à la perfection et dont ils savent, avec un réel souci de la pédagogie, expliquer le contenu, justifier la présence et illustrer la portée.

Un GBS aussi, car lorsqu'il advient que le droit se révèle difficilement compréhensible, les « Fondamentaux » nous enseignent de faire preuve de *Gros Bon Sens*. Avec ce bon sens pour fil d'Ariane, Marion Girer et Guillaume Rousset nous guident dans le labyrinthe du droit des usagers.

Que le lecteur ne s'y trompe pas, la clarté de l'ouvrage réalisé est un tour de force. Rendre simple et accessible des questions complexes est la marque des vrais pédagogues :

« *Ce que l'on conçoit bien s'énonce clairement,*
Et les mots pour le dire arrivent aisément[2]. »

François VIALLA
Professeur des universités
Directeur du Centre Européen d'études et de recherche Droit & Santé
Faculté de droit et science politique
Université de Montpellier UR-UM206

2. Boileau, *L'Art poétique*, Chant I.

Introduction

Si les écrits consacrés aux **droits des usagers** sont nombreux, ils sont très souvent dédiés soit au secteur sanitaire[1], soit au secteur social et médico-social[2], réalisant donc rarement une analyse croisée. Telle est l'ambition du présent ouvrage : analyser ces prérogatives fondamentales quelle que soit la nature de la structure prenant en charge la personne vulnérable. Bien entendu, le contenu et les modalités de certains droits varient selon le secteur, mais l'**esprit** qui les caractérise est tout à fait convergent. En effet, fondés sur des lois clefs très proches dans le temps et dans l'approche – la loi n° 2002-2 du 2 janvier 2002 rénovant l'action sociale et médico-sociale et la loi n° 2002-303 du 4 mars 2002 relative aux droits des malades et à la qualité du système de santé –, ces différents secteurs se réunissent à travers l'importance accordée à la participation des usagers. Sur la forme, cet esprit se traduit différemment selon le secteur. Ainsi, dans le secteur sanitaire, la notion de « **démocratie sanitaire** » est mobilisée tandis que dans le secteur social et médico-social, on avancera davantage que « l'**usager est au cœur du dispositif** ». Quels que soient les termes employés, l'idée sous-jacente est la même et se concentre sur deux points clefs. D'abord, l'esprit des droits des usagers consiste à proclamer de manière essentielle que l'usager n'est pas un client, un consommateur ou, parfois, un contractant ; il est, avant tout, une personne, un sujet de droit, ce qui implique le nécessaire respect de ses droits fondamentaux comme le droit au respect de sa dignité, par exemple. Ensuite, cette approche insiste sur le rôle d'acteur de l'usager, lequel n'est plus un objet passif mais un sujet actif. Ce rôle d'acteur se manifeste tant de manière individuelle dans la relation de soin ou d'accompagnement qui l'unit au professionnel (à travers des prérogatives comme le droit au consentement notamment) que de manière collective à travers son implication dans le fonctionnement des systèmes avec les mécanismes de représentation des usagers.

Au-delà de cet esprit spécifique, mener une réflexion sur les droits des usagers présente une forte utilité puisque la célébration des **20 ans des deux réformes centrales** que sont les lois du 2 janvier et du 4 mars 2002 a eu lieu

1. Lantero C., *Les droits des patients*, LGDJ, 2018, 204 p. ; Laude A., Tabuteau D., *Les droits des malades*, 2e éd., PUF, coll. « Que sais-je ? », 2018, 128 p. ; Kouchner C. (avec Delhaye A.), *Les droits des malades*, Dalloz, 2012, 311 p.

2. Janvier R., Matho Y., *Le droit des usagers*, Dunod, 2013, 136 p. ; Janvier R., Matho Y., *Comprendre la participation des usagers dans les organisations sociales et médico-sociales*, 4e éd., Dunod, 2011, 259 p. ; Lhuillier J.-M., *Le droit des usagers dans les établissements et services sociaux et médico-sociaux*, 5e éd., Presses de l'EHESP, 2015, 271 p.

il y a quelques années seulement[3]. Cet anniversaire a été l'occasion de dresser un bilan des grandes tendances de ces réformes, de la manière dont les professionnels et les usagers s'en sont saisis, de leurs atouts et de leurs limites. Il a aussi permis d'envisager dans quelle mesure l'encadrement normatif de ces questions devait évoluer.

Sur les usagers dont les droits vont être ici étudiés, deux questions doivent se poser.

La première porte sur la manière de les **nommer**. Dans le secteur sanitaire, plusieurs appellations varient selon les périodes. Le terme de malade a longtemps été employé et a même été repris par la loi du 4 mars 2002 dans son titre. Pourtant, ce mot ne correspond pas à toute la diversité des situations puisqu'une personne prise en charge au sein du système de santé n'est pas forcément malade, c'est-à-dire atteinte d'une pathologie, comme le montre le cas des femmes enceintes ou des personnes se faisant vacciner, pour ne citer que ces exemples. Le terme de **patient** est bien davantage utilisé pour plusieurs raisons. D'abord, parce qu'il appréhende plus largement la multiplicité des situations, intégrant les personnes atteintes d'une pathologie ou non. Ensuite, parce qu'il reflète bien la vulnérabilité qui caractérise la personne au contact du système de santé, le mot patient étant issu du latin *pati* qui signifie souffrir. Le patient est donc celui qui souffre, axant la réflexion sur le nécessaire accompagnement que le système de santé doit apporter en réponse à cette vulnérabilité. Pourtant, ce terme ne permet pas d'appréhender la spécificité que peut connaître le secteur social et médico-social. Dans ce second secteur d'ailleurs, le terme traditionnellement employé est celui d'**usager**, coexistant avec celui de **personne accompagnée**, même si celui de résident est parfois utilisé dans le cas spécifique des personnes âgées dépendantes accueillies en EHPAD. Ce mot d'usager n'est pas parfait, à coup sûr, mais il présente l'avantage de pouvoir englober la diversité des situations dans les différents secteurs car il renvoie à une idée d'utilisation d'un système qu'il soit sanitaire, social ou médico-social. C'est donc ce terme qui sera employé dans cet ouvrage pour désigner de manière globale celui qui bénéficie de soins ou d'accompagnement.

La seconde question porte sur le **contenu** de la notion d'usager. Que recouvre-t-elle ? Dans le secteur sanitaire, le terme d'usager correspond à la grande variété de cas dans lesquels une personne va bénéficier de soins. Cela vise naturellement la prise en charge réalisée par les établissements de santé, qu'ils soient publics ou privés, avec différents modes d'accompagnement

3. Les 20 ans de la loi du 4 mars 2002 ont fait l'objet de plusieurs colloques, les actes étant parfois publiés (Bordeaux, Clermont-Ferrand, Nancy, Paris...). Ceux de la loi du 2 janvier 2002 n'ont bénéficié, à notre connaissance, que d'une seule manifestation (Lyon) ; un dossier publié par la *Revue de droit sanitaire et social* lui est consacré.

(hospitalisation complète, hospitalisation de jour, ambulatoire, hospitalisation à domicile, consultations…). Il faut aussi intégrer l'ensemble des soins de ville, c'est-à-dire ceux délivrés par un professionnel de santé dans un cadre libéral, que cette profession soit médicale (médecin, sage-femme, chirurgien-dentiste) ou paramédicale (infirmier, masseur-kinésithérapeute, aide-soignant, psychomotricien, orthophoniste…). Au-delà, ce sont aussi les soins qui peuvent être fournis dans d'autres types de structures sanitaires comme les maisons de santé pluriprofessionnelles (MSP) ou les centres de santé.

Au sein du **secteur social et médico-social**, la notion d'usager renvoie à une diversité de situations, laquelle est tout à fait révélatrice de l'hétérogénéité de ce secteur. Si l'on ose une simplification, par nature réductrice, il y a quatre catégories d'usagers. Une première catégorie correspond aux **personnes en situation de handicap**, qu'elles soient adultes ou enfants, accompagnées par de multiples établissements ou services : établissements et services d'accompagnement par le travail (ESAT), instituts médico-éducatifs (IME), foyers d'accueil médicalisés (FAM), maisons d'accueil spécialisées (MAS), instituts thérapeutiques éducatifs et pédagogiques (ITEP), sans oublier les différents types de services que sont les services d'éducation spéciale et de soins à domicile (SESSAD), les services d'accompagnement à la vie sociale (SAVS), les services d'accompagnement médico-social pour adultes handicapés (SAMSAH) ou les services polyvalents d'aide et de soins à domicile (SPASAD). Une deuxième catégorie renvoie aux **personnes âgées** qu'elles soient dépendantes ou non, ce qui correspond à des structures comme les établissements d'hébergement pour personnes âgées dépendantes (EHPAD), les résidences services ou les résidences autonomie notamment. Une troisième catégorie d'usagers de ce secteur comprend les **enfants** et les **adolescents**, au-delà du cas du handicap, avec les structures relevant de l'aide sociale à l'enfance (ASE), de la protection judiciaire de la jeunesse (PJJ), des centres sociaux et culturels ou des crèches, par exemple. La dernière catégorie vise les personnes accompagnées dans le but de maintenir ou de favoriser leur **intégration sociale**, ce qui concerne les centres d'hébergement et de réinsertion sociale (CHRS), les centres d'accueil de demandeurs d'asile (CADA) ou les structures de mandataires judiciaires à la protection des majeurs (MJPM), par exemple.

Face à la richesse de ces situations, cet ouvrage entend présenter les différentes règles juridiques applicables afin d'analyser de manière précise la multiplicité de prérogatives dont bénéficient les usagers dans les secteurs sanitaire, social et médico-social. Seront ainsi traités les thèmes suivants :

- le droit au respect de la dignité de la personne humaine ;
- le droit à la protection de la santé et à la prise en charge de la vulnérabilité ;
- la liberté de choix ;
- le consentement ;

- l'information ;
- le droit au respect du secret professionnel ;
- la qualité et la sécurité des soins et de la prise en charge ;
- la fin de vie ;
- les droits collectifs des usagers ;
- les outils de respect des droits des usagers ;
- les droits des usagers liés à la procréation.

Chapitre 1
Le droit au respect de la dignité, de la vie privée et de la liberté d'aller et venir

De nombreux principes juridiques sont destinés à assurer **le respect et la protection de l'usager**, envisagé comme une personne vulnérable en raison de l'altération de son état de santé, de ses facultés corporelles ou mentales ou en raison de difficultés sociales. Les droits fondamentaux reconnus à toute personne humaine s'appliquent bien évidemment dans les secteurs sanitaire, social et médico-social, dans lesquels ils sont déclinés en tenant compte des spécificités liées à la prise en charge par des soins et/ou un accompagnement. L'ensemble de ces droits vise à **assurer la protection de l'usager, en raison de sa qualité de personne humaine et de sa vulnérabilité** : ils forment un socle fondamental et irréductible.

1 Le droit au respect de la dignité de la personne humaine

La dignité de la personne humaine, souvent qualifiée de principe matriciel, constitue le fondement de la plupart des droits reconnus aux usagers, tant dans le secteur sanitaire que dans le secteur social et médico-social. La sauvegarde de la dignité de la personne humaine est une composante de l'ordre public (CE Ass. contentieux, 27 octobre 1995, n° 136727, *Commune de Morsang-sur-Orge*, affaire dite du « lancer de nain »), qui doit être respectée par tous les acteurs de la prise en charge. Elle est cependant parfois difficile à mettre en œuvre, en raison notamment de l'imprécision et du flou qui entourent sa définition et les conséquences concrètes de ses applications.

A - La recherche d'une définition de la dignité humaine

La notion de dignité de la personne humaine est éminemment mouvante et il n'en existe aucune définition, ni dans les textes, ni dans la jurisprudence. Les multiples propositions de définition reposent toutes sur la **valeur accordée à l'homme** et impliquent de toujours **considérer l'être humain comme une fin et non comme un moyen**, comme un sujet de droit et non comme un objet de droit. Il s'agit d'un terme polysémique, qui se plie mal aux tentatives de définition et d'encadrement précis, car la dignité est en constante évolution et se transforme en fonction des valeurs de la société, à un moment donné, sur un territoire donné. Elle constitue une notion cadre, permettant de marquer la valeur particulière de la personne humaine et d'assurer la sauvegarde de ses intérêts essentiels : elle représente l'essence de l'homme, et conduit à le distinguer comme ayant une valeur supérieure à toute chose ou à tout autre être vivant. Un point fondamental à retenir, surtout en matière de prise en charge et d'accompagnement de personnes vulnérables, est que **la dignité bénéficie à toute personne**, quels que soient son degré de maturité ou sa capacité de discernement, son degré de conscience, son état de santé, son autonomie. Ainsi, une personne dans le coma, une personne âgée à un stade avancé d'une maladie neurodégénérative, un très jeune enfant ou une personne atteinte d'un handicap mental sévère a droit au respect de sa dignité : le principe est identique pour toutes les personnes.

Encadré 1. Propositions de définition juridique de la dignité humaine (exemples)

Lexique des termes juridiques 2023-2024, 31e éd., Dalloz, « Dignité de la personne humaine » : « Valeur infinie de la personne humaine, qui commande de la traiter toujours d'abord comme une fin, et jamais comme un simple moyen. C'est l'attribut fondamental de la personnalité humaine, qui la fonde à la fois comme sujet moral et sujet de droit [...]. »

Dictionnaire du vocabulaire juridique 2024, 15e éd., LexisNexis, « Dignité de la personne » : « Notion-cadre comprenant tout ce qu'il convient de faire respecter dans l'Homme en tant que tel. Elle s'oppose à tout ce qui peut dégrader la personne humaine, l'humilier [...]. »

Ph. Pedrot (dir.), *Dictionnaire de droit de la santé et de la biomédecine*, Ellipses, 2006, p. 148 : « Lien d'appartenance de la personne humaine à l'humanité, lien en vertu duquel la personne a une valeur particulière et supérieure par rapport aux autres êtres vivants. La dignité est ainsi perçue comme une qualité inhérente à l'homme. »

La dignité de la personne humaine revêt une dimension abstraite, mais son respect doit aussi (et surtout) être mis en **application pratique** dans le domaine des soins et de l'accompagnement social et médico-social : c'est une valeur supérieure à toute autre qui « doit être traduite dans la réalité des situations de fait » (CCNE, avis n° 8 du 15 décembre 1986 relatif aux recherches et utilisation des embryons humains *in vitro* à des fins médicales et scientifiques). Cependant, la situation de vulnérabilité de l'usager rend parfois complexe cette application, surtout pour la personne prise en charge en établissement. En effet, la dignité de la personne humaine comporte de nombreux aspects, parfois difficiles à concilier : elle implique le respect des droits fondamentaux de l'être humain et elle **interdit tout comportement dégradant et humiliant pour la personne humaine**. Ainsi, la dignité est la source de nombreux droits reconnus aux usagers afin de protéger l'autonomie de chacun (comme le consentement et l'information, le respect de la vie privée, la liberté d'aller et venir, ➡ **voir *infra***), mais elle peut aussi servir de fondement pour limiter cette autonomie individuelle, y compris sur son propre corps (comme le rejet des demandes d'euthanasie ou d'actes sans nécessité médicale). Elle est à la fois protection et limitation de l'autonomie, au nom de principes supérieurs destinés à assurer le respect de l'humanité de chaque personne.

Encadré 2. La multiplicité des sources générales du droit au respect de la dignité de la personne humaine

Le respect de la dignité est un droit fondamental de la personne humaine, qui est reconnu à tous les niveaux des règles de droit. Quelques sources fondamentales, sans exhaustivité, en dehors de la spécificité des secteurs sanitaire, médico-social et social :

Déclaration universelle des droits de l'homme, ONU, 1948, Préambule : « La reconnaissance de la dignité inhérente à tous les membres de la famille humaine et de leurs droits égaux et inaliénables constitue le fondement de la liberté. »

Charte des droits fondamentaux de l'Union européenne, 18 décembre 2000, Préambule : « L'Union se fonde sur les valeurs indivisibles et universelles de dignité humaine, de liberté, d'égalité et de solidarité [...] » ; Article 1er « Dignité humaine » : « La dignité humaine est inviolable. Elle doit être respectée et protégée. »

Conseil constitutionnel, décision n° 344 DC du 27 juillet 1994, Loi relative au respect du corps humain : « la sauvegarde de la dignité de la personne humaine contre toute forme d'asservissement et de dégradation est un principe à valeur constitutionnelle », dont le respect est assuré par un ensemble de principes inscrits dans la loi, parmi lesquels figurent « la primauté de la personne humaine, le respect de l'être humain dès le commencement de sa vie, l'inviolabilité, l'intégrité et l'absence de caractère patrimonial du corps humain ainsi que l'intégrité de l'espèce humaine ».

Article 16 du code civil : « La loi assure la primauté de la personne, interdit toute atteinte à la dignité de celle-ci et garantit le respect de l'être humain dès le commencement de sa vie. »

B - La dignité humaine dans les secteurs sanitaire, social et médico-social

Les sources

La dignité humaine est un principe fondamental du droit de la bioéthique, qu'il s'agisse du don et de l'utilisation des éléments et produits du corps humain, des recherches sur les embryons ou de la gestation pour autrui. Elle est aussi devenue un principe cardinal du droit de la santé et du droit de l'action sociale et médico-sociale. Elle a été consacrée dans de nombreux textes spécifiques à ces secteurs, afin de renforcer et préciser les énoncés généraux.

Dans le secteur sanitaire

> L'article L.1110-2 du CSP, issu de la loi n° 2002-303 du 4 mars 2002 relative aux droits des malades et à la qualité du système de santé, rappelle le nécessaire respect de la **dignité du patient** : « La personne malade a droit au respect de sa dignité. »

Cette affirmation est renforcée dans certains cas de particulière vulnérabilité du patient, par exemple lorsqu'il est en fin de vie (l'article L.1110-5, alinéa 2 du CSP pose le droit à une fin de vie digne, ➡ **voir chapitre 8**) ou lorsqu'il s'agit d'une personne qui fait l'objet de soins psychiatriques sans consentement (l'article L.3211-3 du CSP précise que la dignité de la personne doit être respectée et sa réinsertion recherchée). Il est intéressant de remarquer que le texte de l'article L.1110-2 du CSP utilise l'adjectif possessif « sa », afin de souligner qu'il ne s'agit pas que d'un droit abstrait et général, mais aussi d'un droit subjectif reconnu à la personne en tant qu'individu.

Le respect de la dignité de la personne humaine est également un principe déontologique, prévu par exemple à l'article R.4127-2, alinéa 1er du CSP pour les médecins : « Le médecin, au service de l'individu et de la santé publique, exerce sa mission dans le respect de la vie humaine, de la personne et de sa dignité » ou à l'article R.4312-3 du CSP pour les infirmiers : « L'infirmier, au service de la personne et de la santé publique, exerce sa mission dans le respect de la vie humaine. Il respecte la dignité et l'intimité du patient, de sa famille et de ses proches. »

Dans le secteur médico-social et social

> Selon l'article L.116-2 du CASF, « l'action sociale et médico-sociale est conduite dans le respect de l'égale dignité de tous les êtres humains [...] ».

Parmi les droits garantis à toute personne prise en charge par des établissements et services sociaux et médico-sociaux, l'article L.311-3, 1° du CASF impose d'assurer « le respect de sa dignité », avec une nuance dans la mesure où cet exercice ne peut avoir lieu que « dans le respect des dispositions législatives et réglementaires en vigueur ». Là aussi, c'est l'adjectif possessif « sa » qui est utilisé, permettant d'insister sur le caractère personnel et individuel de la dignité.

Dans le même sens, l'article 12 de la Charte des droits et libertés de la personne accueillie précise que « le respect de la dignité et de l'intimité de la personne sont garantis » (arrêté du 8 septembre 2003, ➡ **voir annexes**).

Le contenu de la dignité humaine

Dans les secteurs sanitaire, social et médico-social, le droit au respect de la dignité de la personne humaine constitue le fondement de nombreux autres droits, dont certains sont étudiés ou mentionnés ailleurs dans cet ouvrage : principe de non-discrimination (➡ **voir chapitre 2**), consentement et information du patient (➡ **voir chapitres 4 et 5**) ou encore soins palliatifs et fin de vie (➡ **voir chapitre 8**). Deux autres droits méritent quelques précisions.

La prise en charge de la souffrance

La prise en charge de la douleur constitue un impératif qui est traditionnellement relié au nécessaire respect de la dignité de la personne humaine. Cet impératif transcende d'ailleurs la distinction entre secteur sanitaire et secteur social et médico-social, comme en témoigne l'article L.1112-4, alinéa 1er du CSP : « Les établissements de santé, publics ou privés, et les établissements médico-sociaux mettent en œuvre les moyens propres à prendre en charge la douleur des patients qu'ils accueillent et à assurer les soins palliatifs que leur état requiert, quelles que soient l'unité et la structure de soins dans laquelle ils sont accueillis. » Ainsi, toute personne a le droit de recevoir des traitements et des soins visant à soulager sa souffrance, celle-ci devant être prévenue, prise en compte, évaluée et traitée (CSP, art. L.1110-5-3). C'est la loi n° 2016-87 du 2 février 2016 créant de nouveaux droits en faveur des malades et des personnes en fin de vie qui a préféré le terme de « souffrance » à celui de « douleur » traditionnellement utilisé, afin d'insister sur la prise en compte du ressenti de chacun, qui peut varier d'un individu à l'autre. C'est également le terme de souffrance qui figure à l'article R.4127-37 du CSP, selon lequel « le médecin doit s'efforcer de soulager les souffrances du malade par des moyens appropriés à son état et l'assister moralement ».

L'intimité

L'intimité de la personne est, comme la dignité, une notion floue, sans aucune définition précise dans les textes ou en jurisprudence. Elle est en général reliée à deux domaines : celui de la vie privée, lorsque la question de la vie affective et sexuelle est abordée (➡ **voir *infra***), et celui de la dignité, lorsque c'est le respect du corps de la personne qui est en cause.

Dans le secteur sanitaire, le respect de l'intimité de la personne n'est pas expressément consacré par la loi, parmi les droits généraux reconnus à la personne. Il est en revanche précisé au titre des obligations déontologiques de certains professionnels de santé, par exemple pour les infirmiers (CSP, art. R.4312-3). Il apparaît aussi au sein de la Charte de la personne hospitalisée (➡ **voir chapitre 10 et annexes**), en son article 8 intitulé « La personne hospitalisée est traitée avec égards » : « Le respect de l'intimité de la personne doit être préservé lors des soins, des toilettes, des consultations et des visites médicales, des traitements pré et postopératoires, des brancardages et, plus généralement, à tout moment de son séjour hospitalier. La personne hospitalisée est traitée avec égards. » L'intimité doit également être respectée lors des enseignements cliniques et des actions de formation initiale et continue des personnels médicaux et paramédicaux. Le respect de l'intimité implique donc la mise en œuvre d'actions sur un plan matériel (par exemple, avec des chambres individuelles ou des séparations entre les patients) et sur un plan personnel (exigence d'un comportement respectueux de la part des professionnels).

Dans le secteur social et médico-social, le respect de l'intimité est exigé au titre des droits garantis à toute personne prise en charge, par l'article L.311-3, 1° du CASF (respect de son intégrité). Cette exigence est reprise par la Charte des droits et libertés de la personne accueillie (➡ **voir chapitre 10**), qui précise dans son article 12 que « le respect de la dignité et de l'intimité de la personne sont garantis ». Le texte tient toutefois compte des atteintes potentielles à l'intimité liées à la prise en charge de la personne vulnérable en institution, puisqu'il précise que « hors la nécessité exclusive et objective de la réalisation de la prise en charge ou de l'accompagnement, le droit à l'intimité doit être préservé ».

Encadré 3. Des exemples d'application jurisprudentielle du droit au respect de la dignité de la personne humaine

- **Contention systématique de personnes âgées** (Cass. crim., 6 août 1997, n° 95-84852)

Deux responsables d'un EHPAD sont poursuivies pour complicité de violences volontaires sur personnes vulnérables (violences aggravées). Au sein de cet établissement, plus du tiers des personnes âgées étaient soumises à des **mesures de contention** systématiques d'au moins 12 h consécutives (de 18 h 30 au lendemain matin), associées à la fermeture à clefs des dortoirs et à l'impossibilité d'aller aux toilettes. De telles mesures n'étaient justifiées ni pour des raisons de sécurité, ni en raison d'une nécessité thérapeutique, mais avaient pour but d'assurer la tranquillité de la direction et du personnel de nuit en quantité insuffisante. Pour les juges, il s'agit d'une incompétence et d'un manque tragique d'encadrement des personnes en perte d'autonomie psychique. Les dirigeantes de l'EHPAD, en prônant et en encourageant cette politique de contention systématique, « **attentatoire à la dignité des personnes âgées** », se sont rendues complices du délit de violences volontaires sur personnes vulnérables.

- **Traitements dégradants sur des personnes autistes** (Cass. crim., 2 décembre 1998, n° 97-84327)

Dans un établissement prenant en charge de jeunes autistes, des mesures prises à la suite de « crises comportementales » de ces usagers, telles que l'enfermement dans un placard, la privation de repas, l'administration de douches froides ou l'obligation de ramassage d'excréments, ne peuvent être considérées comme s'inscrivant dans un cadre éducatif (caractère retenu par la Cour d'appel), mais constituent des **traitements dégradants** imposés à des êtres humains. La dignité de la personne humaine n'est pas mentionnée expressément, mais elle constitue bien le fondement juridique de l'interdiction des actes de torture et des traitements inhumains ou dégradants (ConvEDH, art. 3).

Le respect de la dignité de la personne humaine est ainsi un droit subjectif reconnu à chacun, qui peut être invoqué directement lorsque l'usager s'estime victime d'une atteinte à sa qualité de personne humaine. Elle constitue également le fondement d'autres droits et libertés, qui en découlent dans des domaines tels que la vie privée, la liberté d'aller et venir ou la liberté de pensée, de croyance et de religion.

Encadré 4. La lutte contre la maltraitance : des dispositifs renforcés

La **lutte contre la maltraitance et la promotion de la bientraitance** sont progressivement devenues deux axes essentiels pour garantir le droit au respect de la dignité de la personne humaine, tant dans le secteur sanitaire que dans le secteur social et médico-social. Les personnes vulnérables, qu'il s'agisse de mineurs, de personnes malades, en situation de handicap, âgées ou avec des difficultés sociales, doivent faire l'objet d'une attention particulière en ce domaine.

Concernant la **protection de l'enfance**, des dispositifs spécifiques ont été mis en place depuis plusieurs années, articulés autour de plusieurs outils :
– le numéro téléphonique 119, qui est le service national d'accueil téléphonique pour l'enfance en danger ;
– les services départementaux d'aide sociale à l'enfance (ASE) ;
– les autorités judiciaires : en cas de danger grave ou imminent, un signalement doit être adressé au procureur de la République. Le juge des enfants peut également intervenir, notamment par l'adoption d'une ordonnance de mesures provisoires (placement, retrait partiel ou total de l'autorité parentale) ;
– la cellule de recueil, d'évaluation et de traitement des informations préoccupantes (CRIP) prévue par l'article L.226-3 du CASF.

Concernant les **majeurs vulnérables**, les dispositifs juridiques sont plus récents et continuent à évoluer, à travers des sources de droit souple ou des textes légaux :

– la loi n° 2015-1776 du 28 décembre 2015 d'adaptation de la société au vieillissement a mis en place une Commission pour la lutte contre la maltraitance et la promotion de la bientraitance, pour répondre à trois enjeux : comprendre les phénomènes de maltraitance ; réagir collectivement ; prévenir la survenance de ces phénomènes. Cette commission poursuit trois objectifs essentiels :

- élaborer un vocabulaire partagé concernant la définition et la caractérisation des phénomènes de maltraitance ;

- organiser la coordination territoriale pour le repérage et le traitement des risques et situations de maltraitance;
- partager et valoriser les initiatives citoyennes promouvant la bientraitance pour faire naître une conscience et une vigilance collective.

– la loi n° 2022-140 du 7 février 2022 relative à la protection des enfants a introduit un nouveau chapitre intitulé « Maltraitance » dans le CASF. Selon le nouvel article L.119-1 de ce code, « la maltraitance [...] vise toute personne en situation de vulnérabilité lorsqu'un geste, une parole, une action ou un défaut d'action compromet ou porte atteinte à son développement, à ses droits, à ses besoins fondamentaux ou à sa santé et que cette atteinte intervient dans une relation de confiance, de dépendance, de soin ou d'accompagnement. Les situations de maltraitance peuvent être ponctuelles ou durables, intentionnelles ou non. Leur origine peut être individuelle, collective ou institutionnelle. Les violences et les négligences peuvent revêtir des formes multiples et associées au sein de ces situations ». Cette définition de la maltraitance est particulièrement large, car elle inclut toutes les formes de vulnérabilité et toutes les formes de maltraitance. Elle permet de répondre à trois questions:

- **qui**? La victime peut être toute personne en situation de vulnérabilité, celle-ci étant entendue comme un état de fait et une situation potentiellement évolutive (en fonction de facteurs individuels, environnementaux, relationnels…). L'auteur quant à lui doit être, vis-à-vis de la victime, dans une relation d'aide à l'autonomie, sachant que la maltraitance peut être individuelle, collective ou institutionnelle (une personne, une équipe, une organisation, des pratiques managériales…),
- **quoi**? Le fait générateur de la maltraitance peut consister en un acte positif ou négatif, en des violences ou des négligences. Cet acte ou cette abstention doit causer une atteinte au développement de la victime (par rapport à ses capacités physiques, psychiques, socio-relationnelles), à ses droits (respect de la dignité, de l'intégrité corporelle et morale, de la vie privée…), à ses besoins fondamentaux (besoins physiologiques, de sécurité, d'appartenance, d'estime de soi…) et/ou à sa santé. Les situations de maltraitance sont multiples: elles peuvent être physiques, psychologiques, sexuelles, verbales, matérielles et financières; il peut s'agir de négligences, d'abandons, de privations, ou encore de discriminations…
- **comment**? La situation de maltraitance peut être ponctuelle ou durable: la répétition n'est pas un élément constitutif de la maltraitance, même si la temporalité et la durée sont des critères importants pour comprendre le mécanisme de la maltraitance et apporter des mesures correctives. Dans le même sens, la situation de maltraitance peut être intentionnelle ou non: l'intention n'est pas, elle non plus, un élément constitutif de la maltraitance.

Finalement, c'est l'abus de pouvoir qui est l'élément central de la maltraitance: dans une relation dissymétrique, qui marque une certaine dépendance de la victime, l'auteur abuse du pouvoir qu'il détient sur la personne vulnérable. Si l'adoption de cette définition a l'avantage de permettre de parler un langage et de fixer un socle communs, en revanche son périmètre très large pose des difficultés de qualification juridique, car les actes de maltraitance peuvent entraîner des sanctions différentes et mettre en jeu différents niveaux de responsabilité. Sur un plan pénal, de nombreuses infractions peuvent être mobilisées, comme, par exemple, le vol, l'escroquerie ou l'abus de faiblesse, les agressions sexuelles et le viol, les coups et blessures, les injures et propos discriminatoires, la privation de soins... En matière de responsabilité civile, les atteintes au droit au respect de l'intimité, de la vie privée, de la dignité, de l'intégrité corporelle, de l'image, de la liberté d'aller et venir peuvent être sanctionnées. Des sanctions disciplinaires peuvent également être envisagées, par un ordre professionnel ou par l'employeur.

– États généraux des maltraitances : de mars à juillet 2023, les États généraux des maltraitances ont permis d'organiser la concertation d'une diversité de participants (personnes concernées, aidants, professionnels, bénévoles, chercheurs, experts...), autour du thème des violences et des négligences subies par des majeurs en situation de vulnérabilité, marquant une prise de conscience publique. Un rapport de concertation a été remis en octobre 2023. Il énonce plusieurs constats : la maltraitance est un sujet invisibilisé, qui ne trouve pas encore de réponse publique instituée, et cette absence de réponse aux maltraitances est perçue comme un abandon des pouvoirs publics. Les maltraitances ne constituent cependant pas une fatalité, et le rapport identifie des actions prioritaires, mises en œuvre par plusieurs propositions. Il s'agit notamment de mieux informer les personnes et leur entourage sur leurs droits et les recours, mais aussi d'aider les professionnels à mieux repérer la maltraitance, à mieux la comprendre et à mieux intervenir.

– la loi n° 2024-317 du 8 avril 2024 portant mesures pour bâtir la société du bien vieillir et de l'autonomie a franchi une nouvelle étape, en créant dans le CASF un nouveau titre intitulé « Promouvoir la bientraitance en luttant contre les maltraitances des personnes en situation de vulnérabilité et garantir leurs droits fondamentaux ». Parmi les instruments de lutte contre la maltraitance mis en place par ce texte, deux outils sont fondamentaux :

- il s'agit en premier lieu de la création, auprès de chaque ARS, d'une cellule chargée du recueil, du suivi et du traitement des signalements de maltraitance envers les personnes majeures en situation de vulnérabilité du fait de leur âge ou de leur handicap (CASF, art. L.119-1 ; CSP, art. L.1432-1). Tous les faits de maltraitance signalés par des professionnels ou par le numéro d'appel national unique 3977 doivent être transmis à cette cellule, qui devra ensuite transmettre sans délais ces éléments soit au directeur de l'ARS, soit au préfet, soit au président du conseil départemental, en fonction du professionnel, de l'établissement ou du service impliqué. Après évaluation, les situations pourront faire l'objet d'un signalement à l'autorité judiciaire. La cellule devra également être informée des actions mises en œuvre pour faire cesser la maltraitance,
- il s'agit en second lieu de l'amélioration du signalement des maltraitances (CASF, art. L.119-2). Désormais, toute personne ayant connaissance de faits constitutifs d'une maltraitance envers une personne majeure en situation de

vulnérabilité du fait de son âge ou de son handicap les signale à la cellule précitée. De plus, les personnes soumises au secret professionnel peuvent signaler ces faits, en application de l'article 226-14 du code pénal (ajout du terme de « maltraitances » dans les différents alinéas permettant des dérogations au secret professionnel).

Le dispositif juridique de lutte contre les maltraitances envers les personnes vulnérables a été considérablement amélioré. Il reste cependant d'autres évolutions à mettre en place, pour encadrer plus précisément le repérage des situations de maltraitance, pour mieux coordonner les processus de réponse, ou encore pour mieux protéger les personnes qui effectuent des signalements.

2 Le droit au respect de la vie privée

A - Le principe

Le droit au respect de la vie privée est un **droit de la personnalité**, qui bénéficie à toute personne, quel que soit son état de santé, sa capacité de discernement ou son degré de maturité. Ce droit est affirmé par de nombreux textes de droit international et européen : par exemple, l'article 8.1 de la ConvEDH énonce que « toute personne a droit au respect de sa vie privée et familiale, de son domicile et de sa correspondance ». En droit français, l'article 9, alinéa 1er du code civil précise que « chacun a droit au respect de sa vie privée ». Dans le secteur sanitaire comme dans le secteur social et médico-social, le droit au **respect de la vie privée** constitue l'un des droits fondamentaux de l'usager. Son exercice doit être assuré à toute personne prise en charge par un établissement ou service social ou médico-social, conformément à l'article L.311-3, 1° du CASF (respect de « sa » vie privée). Dans le même sens, l'article L.1110-4, alinéa 1er du CSP précise que « toute personne prise en charge par un professionnel de santé, un établissement ou service, un professionnel ou organisme concourant à la prévention ou aux soins [...], le service de santé des armées, un professionnel du secteur médico-social ou social ou un établissement ou service social et médico-social [...] a droit au respect de sa vie privée et du secret des informations la concernant ».

Le droit au respect de la vie privée constitue le fondement du droit au secret des informations concernant l'usager, qui fait l'objet d'une étude détaillée au sein du chapitre 6 (voir aussi l'article 9 de la Charte de la personne hospitalisée : le patient « a le droit à la confidentialité de son courrier, de ses communications téléphoniques, de ses entretiens avec des visiteurs et avec les professionnels de santé », ➡ **voir annexes**). Mais, il ne se résume pas au

secret professionnel et rayonne bien au-delà. C'est un droit dont l'effectivité peut être largement mise à mal lorsque la personne est prise en charge en établissement : elle fait l'objet d'une surveillance et d'une attention quasi-constante, en fonction de son état de santé ou de ses capacités de discernement, afin d'assurer ses traitements et son accompagnement, d'identifier ses besoins et les évolutions de ses besoins pour adapter sa prise en charge… Les risques d'atteinte à la vie privée sont particulièrement forts lorsque la personne est accueillie au sein d'un établissement qui devient son lieu de vie. D'ailleurs, si la Charte de la personne hospitalisée comporte bien un article relatif au respect de la vie privée (article 9 : « toute personne hospitalisée a droit au respect de sa vie privée »), en revanche la Charte de la personne accueillie ne fait pas mention de ce droit, qui s'applique cependant aussi au secteur social et médico-social.

Le périmètre de la vie privée n'est défini dans aucun texte. Comme la dignité, la vie privée est une notion aux contours flous et fluctuants. L'étude des décisions de justice relatives aux atteintes à la vie privée permet d'identifier plusieurs domaines qui sont traditionnellement retenus comme étant inclus dans le périmètre de la vie privée : la vie sentimentale, amoureuse et familiale ; les relations amicales ; l'état de santé ; la vie quotidienne à son domicile ; les correspondances, quel que soit leur support ; les loisirs… Il s'agit, de manière plus générale, de **toutes les informations qu'une personne ne souhaite pas divulguer au regard d'autrui**. Le respect de la vie privée soulève de nombreuses difficultés lors de l'admission d'une personne dans un établissement du secteur sanitaire, social et médico-social, car il nécessite de concilier vie privée, prise en charge soignante ou sociale, et vie collective. Le législateur a récemment accentué sa prise en compte de ces difficultés : l'article 12 de la loi n° 2024-317 du 8 avril 2024 portant mesures pour bâtir la société du bien vieillir et de l'autonomie, codifié aux articles L.311-4, al. 7 et L.342-1 *in fine* du CASF, énonce que la conclusion du contrat de séjour ou l'élaboration du document individuel de prise en charge donne lieu à l'accord de principe ou au refus de la personne accueillie ou de son représentant légal pour le contrôle effectué dans son espace privatif (contrôles administratifs et mesures de police administrative). Cet accord ou ce refus porte également sur la collecte, la conservation et le traitement des données personnelles recueillies au cours de la prise en charge. Sur ces deux points, l'accord ou le refus est consigné par écrit et demeure révocable à tout moment.

B - Les applications

Vie intime, affective et sexuelle

L'**intimité** de la personne relève à la fois du respect de sa dignité (➡ **voir *supra***) et du respect de sa vie privée. Si le législateur indique que le juge peut prendre toutes les mesures nécessaires pour empêcher ou faire cesser une atteinte à l'intimité de la vie privée (C. civ., art. 9, al. 2), en revanche il ne donne ni définition ni critères permettant de préciser ce qui entre dans la sphère de l'intimité de la vie privée. C'est « le plus privé de la vie privée », ce qui comprend généralement les relations affectives, amoureuses et sexuelles.

La vie affective (relations familiales, amicales) et sexuelle faisant partie de la vie privée, elle doit être défendue lorsque la personne est prise en charge en institution, notamment à travers la protection du lieu de vie, qui doit permettre une certaine intimité. Entretenir des relations affectives avec des tiers, parent ou non, est un véritable droit qui doit être assuré par l'établissement d'accueil de la personne vulnérable. En revanche, il n'existe pas de droit à la sexualité, mais bien une liberté sexuelle, comme l'affirme un auteur : « la sexualité composante de la vie privée est une liberté, pas un droit au sens technique. Nul "n'a un droit à la sexualité", chacun a "un droit à développer une sexualité". La nuance est essentielle[1] ». La question de l'accompagnement ou de l'assistance sexuelle, notamment pour les personnes en situation de handicap, se pose aujourd'hui avec une acuité particulière, comme un moyen possible pour assurer l'exercice de cette liberté sexuelle. À l'heure actuelle, ce service sexuel qui serait rendu contre rémunération par des personnes spécifiquement formées, relève en droit français des qualifications de prostitution et de proxénétisme pour les intermédiaires (proches, professionnels, établissements).

Encadré 5. Liberté sexuelle et règlement intérieur ou règlement de fonctionnement

Les règlements intérieurs ou règlements de fonctionnement des établissements de santé et des établissements sociaux et médico-sociaux reconnaissaient traditionnellement le droit des personnes accueillies au respect de leur vie intime et affective, tout en apportant de strictes limitations en matière de relations sexuelles, voire une complète interdiction. De telles dispositions générales et absolues ne peuvent plus figurer valablement dans ces règlements, car elles

1. Py B., « L'assistance sexuelle aux personnes handicapées : un service ? Un soin ? Un délit ? », *RDS*, n° 40, 2011, p. 105.

ont été jugées comme étant disproportionnées par rapport à l'objectif recherché de protection des usagers. En revanche, il est possible de réglementer les conditions d'exercice de la vie sexuelle des usagers, de manière proportionnée, par exemple en fonction des lieux (chambres à l'exclusion des lieux collectifs) et des temps (sur le temps libre par opposition aux temps de soins et d'animation collective).

- **Exemple** (CAA Bordeaux, 6 novembre 2012, n° 11BX01790)

Un recours en annulation est formé par un patient hospitalisé sans son consentement dans un établissement psychiatrique, à l'encontre d'une disposition du règlement intérieur qui interdit toute relation sexuelle entre patients. Le juge indique clairement que la vie sexuelle est une composante du droit au respect de la vie privée. Ensuite, il précise que, aussi fondamentale qu'elle soit, cette liberté peut, comme toutes les libertés, être limitée, mais ces limites doivent se fonder sur un **objectif supérieur légitime et des moyens proportionnés**. Or, en l'espèce, les juges d'appel ont estimé que si l'objectif de protection de ces patients vulnérables était clairement présent, les moyens mis en œuvre étaient nettement disproportionnés du fait d'une interdiction générale et absolue : tous les patients étaient en effet visés, quelle que soit la pathologie psychiatrique, son degré de gravité, et cela pendant toute la durée de l'hospitalisation.

Les réflexions contemporaines autour du respect de l'intimité des personnes vulnérables accueillies en établissement témoignent d'un souci grandissant de reconnaissance et de protection de cette intimité. Elles ont notamment conduit à l'adoption de la circulaire n° DGCS/SD3B/2021/147 du 5 juillet 2021 relative au respect de l'intimité, des droits sexuels et reproductifs des personnes accompagnées dans les établissements et services médico-sociaux relevant du champ du handicap et de la lutte contre les violences. Ce texte rappelle la nécessité de respecter le droit à l'intimité, la vie amoureuse, les droits sexuels et reproductifs des personnes en situation de handicap, et de lutter contre les violences dont elles peuvent faire l'objet. L'accompagnement à la sexualité et à la parentalité des personnes accueillies, comme la nécessaire formation des professionnels constituent deux axes forts.

Encadré 6. Le droit de visite

Le **droit d'entretenir des relations avec ses proches**, qu'il s'agisse de membres de sa famille ou de son cercle amical, de tiers ou de professionnels, fait partie du respect de la vie affective. La pandémie de Covid-19 a porté des atteintes considérables à ce droit et a constitué un véritable « électrochoc », qui a conduit à une réaction des pouvoirs publics. Ainsi, la loi n° 2024-317 du 8 avril 2024 portant mesures pour bâtir la société du bien vieillir et de l'autonomie a créé un véritable droit de visite aux articles L.311-5-2 du CASF, L.1112-2-1 et L.1112-4, al. 4 du

CSP. Désormais, les établissements de santé, ainsi que les établissements qui accueillent des personnes âgées ou des personnes en situation de handicap « garantissent le droit des personnes qu'ils accueillent de recevoir chaque jour tout visiteur de leur choix ». Plusieurs précisions sont ensuite apportées :
– Sauf si la personne en exprime le souhait, aucune visite ne peut être subordonnée à une information préalable de l'établissement.
– Le directeur de l'établissement ne peut s'opposer à une visite que si elle constitue une menace pour l'ordre public (à l'intérieur ou aux abords de l'établissement) ou si le médecin coordonnateur, le médecin responsable de la prise en charge ou tout autre professionnel de santé estime que cette visite constitue un risque pour la santé de la personne, des autres usagers ou des professionnels. Cette décision doit être motivée et notifiée sans délai à la personne qui sollicite une visite et au résident ou au patient.

Ce droit de visite est un droit absolu pour la personne qui est en fin de vie ou dont l'état requiert des soins palliatifs : elle ne peut se voir refuser la visite quotidienne de toute personne de son choix. Dans le même sens, si la personne prise en charge ne peut plus exprimer son consentement, tout membre de sa famille ou de son entourage, ainsi que sa personne de confiance, bénéficie de ce droit absolu de visite. Les établissements devront définir les conditions qui permettent d'assurer ces visites et de garantir le respect des consignes permettant de protéger la santé du patient, du résident et de ses visiteurs.

Encadré 7. Le droit d'accueillir des animaux de compagnie

La loi n° 2024-317 du 8 avril 2024 portant mesures pour bâtir la société du bien vieillir et de l'autonomie a étendu le périmètre du droit au respect de la vie privée dans le secteur social et médico-social, en reconnaissant aux usagers un droit d'accueillir leurs **animaux de compagnie** (CASF, art. L.311-9-1). Ainsi, sauf avis contraire du conseil de la vie sociale, tout résident aura le droit d'accueillir son animal de compagnie, sous réserve de sa capacité à assurer les besoins physiologiques, comportementaux et médicaux de l'animal et de respecter les conditions d'hygiène et de sécurité qui seront définies par un arrêté du ministre chargé des personnes âgées. Ce texte devra également déterminer les catégories d'animaux qui pourront être accueillis et prévoir éventuellement des limitations de taille pour chaque catégorie.

Protection de l'image

Chacun a droit à ce que son image ne soit ni captée, ni reproduite, ni publiée sans son autorisation. Le droit à la protection de l'image de la personne est un droit autonome, distinct du droit au respect de la vie privée, mais il peut aussi se cumuler avec une atteinte à la vie privée. Par exemple, publier la photographie d'une personne sans son autorisation est une atteinte au droit à l'image ; si la photographie révèle des éléments de la vie privée ou porte atteinte à l'intimité, cette publication constitue également une atteinte à la vie privée.

Toute personne dispose d'un droit sur sa propre image et peut autoriser ou au contraire refuser l'utilisation de son image par un tiers. La diffusion non consentie d'images ou d'enregistrements est punie à la fois sur le plan civil, à travers le droit à la protection de l'image et/ou le droit au respect de la vie privée, et sur le plan pénal (C. pén., art. 226-1 et 226-2). Ainsi, lorsqu'un établissement qui accueille des personnes vulnérables souhaite utiliser l'image d'un usager, il doit au préalable demander l'autorisation de la personne ou de son représentant légal. Cette autorisation doit préciser les conditions d'utilisation de l'image, il ne peut s'agir d'une autorisation générale et absolue.

Encadré 8. Exemples d'application jurisprudentielle du droit à l'image

Des photographies au téléobjectif d'une actrice assise dans un fauteuil roulant, prises sur le toit-terrasse de l'hôpital dans lequel elle était soignée, portent atteinte au respect de la vie privée et au droit à l'image de celle-ci (Cass. civ. 1re, 10 juin 1987, n° 86-16.185).

La reproduction d'images représentant des personnes en situation de handicap mental dans l'intimité de leur existence quotidienne dans l'établissement où elles vivent, sans l'autorisation de leurs représentants légaux, constitue, à elle seule, une atteinte illicite à l'intimité de leur vie privée (Civ. 1re, 24 février 1993, n° 91-13.587).

Protection du domicile

Le domicile fait partie de la sphère de la vie privée : il doit être protégé contre les immixtions non autorisées des tiers, tant sur le plan civil que sur le plan pénal (C. pén., art. 226-4 : délit de violation de domicile).

> La définition stricte du **domicile**, entendu comme le lieu de son principal établissement, n'est pas très adaptée au séjour en établissement de santé ou social et médico-social. Il s'agit davantage d'un **espace privatif**, « lieu où une personne, qu'elle y habite ou non, a le droit de se dire chez elle, quels que soient le titre juridique de son occupation et l'affectation donnée aux locaux » (Cass. crim., 22 janvier 1997, n° 95-81.186).

Dans le secteur sanitaire, l'arrêt dit « Chantal Nobel » (CA Paris, 17 mars 1986, *AP-HP c. X*) a assimilé la chambre du patient à un **lieu privé**, certes occupé à titre temporaire, mais aussi à titre certain et privatif. Pendant la durée de son séjour, le patient « a le droit, sous la seule réserve des nécessités du service, de se dire chez lui et notamment d'être défendu contre la curiosité publique ». Il s'agit d'un domicile protégé en tant que tel par la loi, notamment dans cette affaire contre l'intrusion de journalistes qui souhaitaient photographier la patiente sur son lit d'hôpital. Il existe en pratique une différence entre la chambre d'une personne hospitalisée au sein d'un établissement de santé (séjour éphémère, temporaire) et la chambre d'une personne hébergée au sein d'un établissement ou service social et médico-social (séjour durable, complet). Sur le plan juridique, une analyse identique est retenue : la chambre constitue le domicile de la personne.

3 Le droit au respect de la liberté d'aller et venir

La liberté d'aller et venir est l'un des corollaires du principe de respect de la dignité de la personne humaine. Il s'agit d'une **liberté fondamentale**, reconnue comme ayant une valeur constitutionnelle (Cons. const., 12 juillet 1979, n° 79-107 DC, *« Ponts à péage »*) et comme étant une composante de la liberté personnelle (Cons. const., 13 mars 2003, n° 2003-467 DC, *Loi pour la sécurité intérieure*). Elle n'est pas mentionnée expressément dans le CSP, à l'inverse du CASF qui consacre le respect pour tout usager de « son droit à aller et venir librement » (CASF, art. L.311-3, 1°).

Il faut cependant souligner que de nombreuses **limites** peuvent être imposées à cette liberté d'aller et venir lorsque la personne est prise en charge en établissement. La conciliation entre liberté individuelle et protection de la personne vulnérable apparaît particulièrement délicate et interroge les contraintes organisationnelles de la vie collective et l'obligation de sécurité à la charge de l'établissement. La rédaction de l'article 8 « Droit à l'autonomie » de la Charte des droits et libertés de la personne accueillie illustre bien ces difficultés de conciliation (➡ **voir annexes**) : « Dans les limites définies dans le cadre de la réalisation de sa prise en charge ou de son accompagnement et sous réserve des décisions de justice, des obligations contractuelles ou liées à la prestation dont elle bénéficie et des mesures de tutelle ou de curatelle renforcée, il est garanti à la personne la possibilité de circuler librement. » La multiplicité de ces limites ne doit cependant pas conduire à considérer les établissements de santé et les établissements et services sociaux et médico-sociaux comme des lieux d'enfermement (sauf exception des hospitalisations sans consentement en établissement psychiatrique, pour lesquelles des règles particulières s'appliquent, notamment en matière d'isolement et de contention), car l'obligation d'assurer la sécurité des usagers est en principe une obligation de moyens, et non une obligation de résultat exigeant une surveillance constante. Comme toute liberté, la liberté d'aller et venir n'est pas absolue et peut faire l'objet de restrictions, sous réserve que celles-ci soient individualisées, légitimes et proportionnées à l'objectif de protection de la personne vulnérable.

Encadré 9. Liberté d'aller et venir et crise sanitaire du Covid-19

Les enjeux liés à la conciliation entre liberté et sécurité ont été exacerbés pendant la crise sanitaire liée au Covid-19, avec les diverses mesures de confinement et d'isolement qui ont pu être prises. Les atteintes, tant à la liberté d'aller et venir qu'au droit d'entretenir des relations avec des tiers et de recevoir des visites, ont été particulièrement marquées dans les établissements hébergeant des personnes vulnérables, surtout les EHPAD et les établissements du secteur du handicap. Différentes recommandations ministérielles ont imposé des interdictions générales et absolues de sortie pour les résidents d'établissements médico-sociaux. Ces dispositions ont été attaquées, notamment par les enfants d'une résidente d'EHPAD, devant le juge des référés du Conseil d'État. Celui-ci a estimé que l'interdiction générale et absolue de sortie des résidents d'EHPAD ne pouvait être regardée comme une mesure nécessaire, adaptée et proportionnée à l'objectif de prévention de la diffusion du virus. Il a donc estimé que cette atteinte grave à la liberté d'aller et venir était manifestement illégale. Il a en conséquence ordonné la suspension de ces mesures (Conseil d'État, ord. réf., 3 mars 2021, n° 449759).

4 Le droit au respect de la liberté de pensée, de conscience et de religion

A - Le principe de laïcité

Selon l'article 1er de notre Constitution du 4 octobre 1958, « la France est une République indivisible, laïque, démocratique et sociale. [...] Elle respecte toutes les croyances ». Le **principe de laïcité**, qui n'est pas défini par les textes, est reconnu comme un principe à valeur constitutionnelle (Cons. const., 21 février 2013, n° 2012-297 QPC), qui repose sur trois piliers : la **liberté de conscience**, l'**égalité des citoyens devant la loi** et la **neutralité de l'État à l'égard des religions**.

Au niveau européen, il apparaît à travers l'affirmation de la liberté de pensée, de conscience et de religion (article 10 de la Charte des droits fondamentaux de l'Union européenne ; article 9 de la ConvEDH). Ainsi, le principe de laïcité impose le **respect de toutes les croyances** (pluralisme) et le **libre** exercice des cultes ; il est relié au principe de non-discrimination (➡ **voir chapitre 2**). Cependant, comme toute liberté, la liberté de religion peut être limitée : si la liberté d'adhérer ou non à une religion et d'avoir une croyance est absolue, en revanche la liberté de manifester sa religion ou ses convictions peut être restreinte par des mesures nécessaires pour assurer la sécurité publique, l'ordre public, la santé publique ou la protection des droits et libertés d'autrui.

B - La distinction entre secteur public et secteur privé

Le principe de laïcité ne s'exprime pas de la même manière pour les établissements publics ou exerçant des missions de service public, soumis à l'obligation de neutralité religieuse, et dans le secteur privé, davantage orienté vers le principe de liberté. La loi n° 2021-1109 du 24 août 2021 confortant le respect des principes de la République a d'ailleurs rappelé, dans son article 1er, que lorsque l'exécution d'un service public est confiée à un organisme de droit public ou de droit privé, celui-ci est tenu d'assurer l'égalité des usagers devant le service public et de veiller au respect des principes de laïcité et de neutralité du service public. Il doit veiller à ce que ses salariés s'abstiennent de manifester leurs opinions politiques ou religieuses et respectent la liberté de conscience et la dignité de toutes les personnes. Dans le même sens, l'article 25 de la loi du 13 juillet 1983 portant droits et obligations des fonctionnaires précise que dans l'exercice de ses fonctions, un fonctionnaire est tenu à l'obligation de neutralité et au respect du principe de laïcité. À l'inverse, le principe de laïcité ne s'applique pas au sein d'une entreprise privée qui ne participe pas au service public (Cass. Ass. Plén., 25 juin 2014, n° 13-28.369, affaire « crèche Baby-Loup »). Il est toutefois possible de prévoir l'application du principe de neutralité dans le règlement intérieur d'une entreprise privée, conduisant à restreindre la manifestation des convictions des salariés (notamment par le port de signes extérieurs religieux), sous réserve que ces restrictions soient « justifiées par l'exercice d'autres libertés et droits fondamentaux ou par les nécessités du bon fonctionnement de l'entreprise et si elles sont proportionnées au but recherché » (C. trav., art. L.1321-2-1).

C - Les applications dans les secteurs sanitaire, social et médico-social

L'exercice de la liberté de pensée, de conscience et de religion peut soulever des difficultés lors de la prise en charge d'un usager dans les secteurs sanitaire, social et médico-social, car il doit être concilié avec les règles de vie en collectivité et le bon fonctionnement de l'établissement. Le règlement intérieur ou le règlement de fonctionnement devra prévoir de manière précise les conditions d'exercice de cette liberté ainsi que les limites à cet exercice.

Secteur sanitaire

Dans le secteur sanitaire, l'article 8 de la Charte de la personne hospitalisée rattache au « droit de la personne d'être traitée avec égards » l'obligation pour tout établissement de santé « de respecter les croyances et convictions des personnes accueillies » (➡ **voir annexes**). Il précise que « dans les établissements de santé publics, toute personne doit pouvoir être mise en mesure de participer à l'exercice de son culte (recueillement, présence d'un ministre du culte de sa religion, nourriture, liberté d'action et d'expression, rites funéraires...) » (voir aussi article R.1112-46 du CSP). Le principe de neutralité ne s'oppose pas à ce que des lieux de recueillement soient mis en place, à ce qu'un régime alimentaire adapté soit proposé ou à ce que les rites et cérémonies funéraires propres à chaque religion puissent être pratiqués. La mise en place d'aumôneries hospitalières est ainsi permise, pour chaque culte qui le demande. La circulaire n° DHOS/G/2005/57 du 2 février 2005 relative à la laïcité dans les établissements de santé, qui rappelle la nécessaire égalité de traitement entre tous les patients, précise cependant que l'expression des convictions religieuses ne doit pas porter atteinte à la qualité des soins et aux règles d'hygiène, à la tranquillité des autres personnes hospitalisées et de leurs proches et au fonctionnement régulier du service.

Secteur social et médico-social

Dans le secteur social et médico-social, l'article 11 de la Charte des droits et libertés de la personne accueillie, intitulé « Droit à la pratique religieuse » (➡ **voir annexes**), rappelle le principe de la liberté, tout en prenant en compte certaines limites : si les conditions de la pratique religieuse doivent être facilitées, y compris la visite de représentants des différentes confessions, c'est sous réserve que cet exercice ne fasse pas obstacle aux missions des établissements et services, qu'il s'exerce dans le respect de la liberté d'autrui et qu'il ne trouble pas le fonctionnement normal de ces établissements et services.

Encadré 10. Exemples d'application jurisprudentielle du principe de laïcité

Un élève infirmier peut-il porter des signes extérieurs manifestant son appartenance à une religion ? La réponse dépend du lieu. Lorsqu'il se trouve au sein de l'institut de formation, l'élève est un usager du service public : il est libre de faire état de ses croyances religieuses, y compris par le port de vêtements ou de signes manifestant son appartenance à une religion, sous réserve de ne pas perturber le déroulement des activités d'enseignement et le fonctionnement normal du service public notamment par un comportement revêtant un caractère prosélyte ou provocateur. Lorsqu'il se trouve en stage dans un établissement de santé, deux situations doivent être distinguées. S'il s'agit d'un établissement chargé d'une mission de service public, l'élève doit respecter les obligations qui s'imposent aux agents du service public hospitalier (principe de neutralité : pas de port de signes extérieurs d'appartenance à une religion). S'il s'agit d'un établissement n'ayant aucune mission de service public, l'élève doit respecter les dispositions du règlement intérieur de cet établissement qui fixent les conditions dans lesquelles ses agents peuvent faire état de leurs croyances religieuses (port de signes extérieurs d'appartenance à une religion en fonction du règlement intérieur) (CE, 28 juillet 2017, n° 390740).

Le directeur d'un centre hospitalier peut-il résilier la convention de stage d'un praticien stagiaire associé au sein d'un service de chirurgie, en raison du refus de celui-ci d'accéder à sa demande de tailler sa barbe « pour en supprimer le caractère ostentatoire » ? Les juges indiquent que le stagiaire est un agent du service public hospitalier, qui bénéficie à ce titre de la liberté de conscience interdisant toute discrimination fondée sur la religion, mais rappellent que le principe de laïcité fait obstacle à ce que ces agents manifestent leurs croyances religieuses dans le cadre du service public. Cependant, ils retiennent que même si la personne n'avait pas nié que son apparence physique pouvait être perçue comme un signe d'appartenance religieuse, sa barbe, malgré sa taille, ne pouvait être regardée comme étant par elle-même un signe d'appartenance religieuse : cet élément est insuffisant pour caractériser la manifestation de convictions religieuses dans le cadre du service public (CE, 12 février 2020, n° 418299).

Exemple jurisprudentiel au niveau européen : à propos de l'interdiction du port du voile, la CourEDH juge que la neutralité exigée pour les agents du service public hospitalier est proportionnée au but recherché et n'est pas contraire à l'article 9 de la ConvEDH (CourEDH, 26 novembre 2015, *Ebrahimian c/ France*, n° 64846/11).

À retenir

Le droit au respect de la dignité, de la vie privée et de la liberté d'aller et venir

Droit au respect de la dignité de la personne humaine

– Difficultés de définition :
- valeur accordée à l'homme, supérieure à toute chose ou tout autre être vivant, qui implique de toujours considérer l'être humain comme une fin et non comme un moyen ;
- principe abstrait qui doit être mis en œuvre concrètement pour protéger l'autonomie individuelle et parfois la limiter, au nom de principes supérieurs destinés à assurer le respect de l'humanité de chaque personne.

– Dans les secteurs sanitaire, social et médico-social :
- sources multiples ;
- contenu : non-discrimination, consentement et information, soins palliatifs et fin de vie, prise en charge de la souffrance, intimité.

Droit au respect de la vie privée

– Droit au secret des informations.
– Vie intime, affective et sexuelle.
– Droit de visite.
– Protection de l'image.
– Protection du domicile.

Droit au respect de la liberté d'aller et venir

– Liberté fondamentale.
– Limites possibles pour concilier liberté et sécurité.

Droit au respect de la liberté de pensée, de conscience et de religion

– Principe de laïcité : respect des croyances et libre exercice des cultes.
– Distinction entre les établissements publics et privés exerçant une mission de service public : principe de neutralité / les établissements privés sans mission de service public : principe de liberté avec des restrictions possibles dans le règlement intérieur.

Pour aller plus loin

Arnal-Capdevielle I., *Le droit des établissements et services sociaux et médico-sociaux*, 2e éd., Presses de l'EHESP, coll. « Fondamentaux », 2023.

Callu M.-F., « La dignité de la personne humaine », *in* Vialla F. (dir.), *Les grandes décisions du droit médical*, 2e éd., LGDJ, coll. « Les grandes décisions » 2014, p. 43.

Deffains N., Py B., *Le sexe et la norme*, Presses Universitaires de Nancy, 2011.

Lami A., Vioujas V., *Droit hospitalier*, 2e éd., Bruylant, coll. « Paradigmes », 2020.

Lhuillier J.-M., *Le droit des usagers dans les établissements et services sociaux et médico-sociaux*, 5e éd., Presses de l'EHESP, coll. « Références Santé Social » 2015.

Martinez É., « La Dignité », *in* Martinez É., Vialla F. (dir.), *Les grands avis du Comité consultatif national d'éthique*, LGDJ, coll. « Les grandes décisions », 2013, p. 35.

Mathieu B., « La dignité de la personne humaine : quel droit ? quel titulaire ? », *D. chron.*, 1996, p. 282.

Moquet-Anger M.-L., « La dignité en droit de la santé », *RFDA*, 2015, p. 1075.

Ponseille A., « Le droit de la personne malade au respect de sa dignité », *RGDM*, n° 11, 2003, p. 159.

Py B. (dir.), *La pudeur et le soin*, Presses Universitaires de Nancy, 2011.

Thierry J.-B., « Intimité et vie privée de la personne en institution », *in* Vialla F. (dir.), *Jurisprudences du secteur social et médico-social*, Dunod, 2012, p. 249.

Veron P., « Les aménagements de la liberté d'aller et venir de la personne en institution », *in* Vialla F. (dir.), *Jurisprudences du secteur social et médico-social*, Dunod, 2012, p. 233.

Vialla F., « La dignité de la personne en institution », *in* Vialla F. (dir.), *Jurisprudences du secteur social et médico-social*, Dunod, 2012, p. 222.

Vialla F., « Liberté d'aller et venir », *in* Vialla F. (dir.), *Les grandes décisions du droit médical*, 2e éd., LGDJ, coll. « Les grandes décisions » 2014, p. 243.

Chapitre 2
Le droit à la protection de la santé et à l'accompagnement de la vulnérabilité

Le droit à la protection de la santé et à l'accompagnement de la vulnérabilité se fonde sur une idée clef : chacun doit pouvoir bénéficier d'une prise en charge adaptée au vu de ses besoins de santé et d'accompagnement, quelle que soit sa situation économique ou sociale, son lieu de résidence ou ses différents attributs (âge, sexe, religion...). Ce droit s'applique tant au secteur sanitaire qu'au secteur social et médico-social, mais sur la base de dispositifs différents.

1 Le droit à la protection de la santé

Le droit à la protection de la santé constitue l'un des **droits fondamentaux de la personne humaine**. Il est protégé par de nombreux textes :

– par l'alinéa 11 du Préambule de la Constitution du 27 octobre 1946 qui indique que la Nation « garantit à tous, notamment à l'enfant, à la mère et aux vieux travailleurs, la protection de la santé, la sécurité matérielle, le repos et les loisirs [...] » ;

– par loi n° 2002-303 du 4 mars 2002 relative aux droits des malades et à la qualité du système de santé, laquelle est à l'origine d'une disposition qui occupe une place symbolique en tant que tout premier article du code de la santé publique : « Le droit fondamental à la protection de la santé doit être mis en œuvre par tous moyens disponibles au bénéfice de toute personne [...] » (CSP, art. L.1110-1).

Plus concrètement, cet article L.1110-1 du CSP apporte des précisions essentielles sur plusieurs points. Le premier concerne les **débiteurs** de cette obligation de respect du droit à la protection de santé. Cette disposition procède en effet à une énumération particulièrement large des personnes devant respecter ce droit : les professionnels, les établissements et réseaux de santé, les organismes d'assurance maladie, les organismes participant à la prévention et aux soins, les autorités sanitaires et même les usagers. En somme, toute personne qui intervient dans le **système de santé** est tenue de respecter ce droit.

Le deuxième point porte sur le **champ d'application** de ce droit en indiquant le type d'actes concernés à propos de la protection de santé : il s'agit des soins curatifs mais aussi préventifs pour lesquels il faut veiller tant à l'égalité d'accès qu'à la continuité de la prise en charge et à la meilleure sécurité sanitaire possible.

Le dernier point aborde la question des « **moyens disponibles** », expression employée par la disposition du code de la santé publique et qui renvoie au fait que les pouvoirs publics sont débiteurs d'une obligation de moyens et non d'une obligation de résultat quant à la mise en place d'un système de protection de la santé. Les autorités doivent donc tout faire pour protéger la santé de la population et non pas réussir à la protéger.

De ce droit à la protection de la santé, découle l'égalité dans l'accès aux soins. Jouant un rôle essentiel, l'accès aux soins est multidimensionnel puisqu'il comporte une dimension tant géographique qu'économique et sociale, induisant plusieurs types d'inégalités de santé contre lesquelles les pouvoirs publics doivent lutter.

A - Les différents types d'inégalités de santé

Le premier type d'inégalités de santé porte sur la dimension territoriale. À la différence de celle portant sur des aspects socio-économiques, **l'inégalité territoriale de santé existe lorsque l'accès aux soins varie en fonction du lieu de résidence des individus**. Ainsi, ceux qui habitent dans certaines zones (par exemple, celles périurbaines) bénéficieraient d'une offre de soins moins importante que ceux vivant des zones mieux dotées (par exemple, en centre-ville). Cela renvoie à ce qui est parfois appelé les « **déserts médicaux** », expression médiatique mais peu rigoureuse scientifiquement. Plusieurs éléments permettent de préciser ces inégalités :

- la difficulté en cause n'est pas constituée par le nombre de professionnels de santé, lequel est globalement suffisant, semble-t-il, notamment pour les médecins, mais par leur répartition sur le territoire ;
- ce problème de répartition est plus complexe qu'on ne le pense puisqu'il ne se réduit pas à une présence des soignants plus forte dans le sud du territoire que dans le nord, s'installant plus en ville qu'à la campagne. En réalité, il y a des zones sous-denses au sud, par exemple avec une différence majeure entre la Côte d'Azur et l'arrière-pays provençal, comme certaines zones périurbaines manquent nettement de professionnels alors que ces territoires ne sont pas ruraux ;
- ce thème ne concerne pas seulement les médecins, mais toutes les professions de santé, que ce soit les infirmiers ou les masseurs-kinésithérapeutes pour ne citer que ces exemples ;
- même si ces inégalités touchent majoritairement l'exercice libéral, elles constituent un enjeu de manière générale, quel que soit le mode d'exercice. C'est le cas, par exemple, des centres de santé qui doivent être présents sur tout le territoire (Instruction n° DSS/SD1B/DGOS/CNAM/2021/82 du 17 septembre 2021 relative à la mise en œuvre des contrats démographiques définis dans l'avenant n° 3 à l'accord national

destiné à organiser les rapports entre les centres de santé et les caisses d'assurance maladie, signé le 4 février 2020 et visant à améliorer la répartition des centres de santé infirmiers et dentaires sur le territoire).

Le second type d'inégalités est constitué des **inégalités socio-économiques** de santé. Différentes études ont, en effet, établi depuis longtemps une relation entre l'état de santé des individus et leur position sociale et/ou économique. Plusieurs déterminants socio-économiques expliquent ces liens :

- l'âge ;
- le sexe ou l'hérédité ;
- les comportements individuels (consommation de tabac ou d'alcool, alimentation, pratique d'un exercice physique...) ;
- les conditions de vie et de travail (emploi, logement...) ;
- les conditions économiques, culturelles et environnementales.

L'atténuation des inégalités socio-économiques de santé constitue un objectif majeur des politiques de santé publique, en termes à la fois de prévention, en amont de la maladie, et d'accès aux soins, une fois la pathologie apparue.

B - Les outils de lutte contre les inégalités de santé

L'accès aux soins doit être égal, ce qui implique la mise en place de plusieurs types de dispositifs.

Les outils pour lutter contre les inégalités territoriales

En réponse aux inégalités territoriales, les pouvoirs publics emploient deux types d'outils. Le premier outil est fondé sur l'**incitation** et consiste à faire venir les professionnels libéraux de santé dans un territoire déficitaire en offre de soins par des dispositifs financiers et matériels (aide à l'installation, exonérations fiscales ou sociales, mise à disposition de locaux professionnels ou d'habitation...). Il se traduit aussi par l'accompagnement des professionnels à qui des informations et des conseils sont délivrés afin de faciliter leur installation. Ces mécanismes ne semblent pas fonctionner, en tout cas pas à la hauteur des moyens qui leur sont consacrés. Le second outil est basé sur la **coercition**. L'idée est de contraindre les professionnels libéraux à s'installer sur un territoire déficitaire. C'est le cas, par exemple, avec le **conventionnement sélectif** (applicable aux infirmiers et sages-femmes libéraux notamment) ou l'**autorisation d'installation** (que connaissent les pharmaciens d'officine depuis 1941). La mise en place de ces outils coercitifs reste apparemment plus délicate lorsqu'elle vise la profession de médecin.

La lutte contre ces inégalités territoriales connaît une actualité régulière. C'est le cas, par exemple, avec la création par la loi n° 2019-1446 du 24 décembre 2019 de financement de la sécurité sociale pour 2020 d'un nouvel outil : le contrat de début d'exercice. Ce contrat, d'une durée de trois ans non renouvelable, vise à favoriser les nouvelles installations de médecins dans les zones caractérisées par une offre de soins insuffisante ou par des difficultés dans l'accès aux soins en contrepartie du versement d'une rémunération complémentaire aux revenus de ses activités libérales de soins. C'est le cas aussi avec un recours en justice symboliquement important puisque l'**association de citoyens contre les déserts médicaux** (ACCDM) a formé début 2021 un recours gracieux puis contentieux devant le Conseil d'État contre le Premier ministre et le ministre en charge de la santé, affirmant que ces inégalités constituent une violation du droit à la protection de la santé constitutionnellement protégé. Il a été rejeté par le Conseil d'État (CE, 11 février 2022, n° 452304). Fin 2023, UFC-Que Choisir a, à son tour, déposé un recours de ce type. L'issue de ce recours n'est pas connue à l'heure où ces lignes sont écrites.

Encadré 11. Les maisons de santé pluriprofessionelles

La notion de **maison de santé pluriprofessionnelle** (MSP) a été créée par la loi n° 2007-1786 du 19 décembre 2007 de financement de la sécurité sociale pour 2008 (CSP, art. L.6323-3 et s.). Disposant de la personnalité morale, elle constitue un nouveau type de structure d'exercice proposé aux professionnels de santé libéraux dont l'objectif est de favoriser un exercice regroupé, coordonné et pluriprofessionnel, notamment afin de lutter contre les inégalités territoriales de santé. Une telle maison est composée de différentes catégories de professionnels : des professions médicales, par exemple des médecins, éventuellement spécialistes, des professions paramédicales comme des infirmiers ou des masseurs-kinésithérapeutes, et parfois même des pharmaciens d'officine. Cette structure propose une activité de **soins de premier recours**, sans hébergement. Elle se différencie d'un cabinet de groupe car l'exercice y est pluriprofessionnel et s'insère dans un projet de santé en lien avec l'agence régionale de santé (ARS).

La maison de santé prend le plus souvent la forme d'une société interprofessionnelle de soins ambulatoires (SISA). Une maison de santé peut avoir une dimension universitaire lorsqu'elle signe une convention tripartite avec l'ARS dont elle dépend et un établissement public à caractère scientifique, culturel et professionnel comportant une unité de formation et de recherche de médecine, de pharmacie ou d'odontologie, ayant pour objet le développement de la formation et la recherche en soins primaires. Depuis l'ordonnance n° 2021-584 du 12 mai 2021 relative aux communautés professionnelles territoriales de santé et aux maisons de santé, les maisons de santé pluriprofessionnelles ont la possibilité, lorsqu'elles sont constituées sous la forme de SISA, de salarier elles-mêmes des assistants médicaux et, plus largement, tout professionnel de santé ou autre type de professionnel afin de développer le salariat, mode d'exercice de plus en plus recherché, notamment chez les médecins. Ces structures peuvent aussi percevoir des rémunérations forfaitaires et les redistribuer aux associés ou aux professionnels intervenant en vue de la mise en œuvre du projet de santé de la MSP.

Les outils pour lutter contre les inégalités socio-économiques

Afin de lutter contre les inégalités socio-économiques de santé, plusieurs dispositifs ont été mis en place pour éviter que le statut social d'un patient ou le niveau de ses revenus ne constitue une discrimination dans son accès à un professionnel ou à un établissement de santé (reste à charge, dépassement d'honoraires...). Il existe également des dispositifs d'information du public et d'aide à l'orientation au sein des parcours de soins (planning familial, assistante sociale...) qui contribuent à réduire les inégalités d'accès aux soins. La loi n° 2016-41 du 26 janvier 2016 de modernisation de notre système de santé a d'ailleurs renforcé cette information en créant un service public qui a pour mission la diffusion gratuite et la plus large des informations relatives à la santé et aux produits de santé, auprès du public (CSP, art. L.1111-1-1). D'autres outils sont mis en place en se centrant sur la prise en charge financière des soins soit au titre du régime général de l'assurance maladie, soit avec le bénéfice de la protection universelle maladie (PUMA) ou de l'aide médicale de l'État (AME).

La protection universelle maladie (PUMA)

Instaurée en 2015, la protection universelle maladie (PUMA) prend la suite de la couverture maladie universelle (CMU). Son but est de permettre l'accès de toutes les personnes aux droits liés à la sécurité sociale, plus particulièrement à leur droit à la protection de la santé (CSS, art. L.111-1). Plus précisément, la PUMA vise à universaliser la prise en charge des frais de santé, afin de simplifier les démarches pour les assurés comme pour les organismes gestionnaires et de garantir ainsi la continuité des droits. Les conditions permettant d'en bénéficier sont souples puisque toute personne qui travaille ou qui réside en France de manière stable et régulière, même sans avoir d'activité professionnelle, bénéficie de la qualité d'assuré social. Le niveau de prise en charge reste identique au régime antérieur, mais l'ouverture des droits est simplifiée et recentrée sur la notion de résidence. La PUMA permet de mettre en œuvre concrètement le principe de solidarité nationale sur lequel repose notre système de sécurité sociale.

Encadré 12. Non, la CMU n'existe plus ! Et la CMU-C non plus !

Bien que le nom et les sigles soient encore souvent en usage, y compris chez certains professionnels de santé, la couverture maladie universelle (CMU) n'existe plus depuis la création de la PUMA fin 2014 et sa mise en place effective en 2015. Le nom et certaines conditions ont donc évolué, mais l'idée de fond subsiste toujours puisqu'il s'agit d'assurer une couverture sociale pour tous.

Lors de cette réforme, la CMU complémentaire a été maintenue, mais, elle aussi, elle a été remplacée en 2019 par une autre notion : la **complémentaire santé solidaire** (C2S). La C2S permet de rembourser la part complémentaire des dépenses de santé c'est-à-dire non prise en charge par l'assurance maladie. Pour pouvoir en bénéficier, il faut être affilié à l'assurance maladie et ne pas dépasser la limite maximum de ressources.

L'aide médicale de l'État (AME)

L'**aide médicale de l'État** (AME) vise à permettre aux personnes séjournant de manière irrégulière en France de bénéficier d'un accès aux soins, visant ainsi les personnes qui ne sont pas éligibles à la PUMA en raison de l'irrégularité de leur séjour (CASF, art. L.251-1 et s.). Les conditions à respecter pour bénéficier de ce dispositif sont minimes puisqu'il faut remplir une condition de résidence ininterrompue d'au moins trois mois sur le territoire français et une condition de ressources qui varie selon le lieu de résidence et la composition du foyer. Si ces conditions sont remplies, l'AME peut être octroyée au bénéficiaire et aux personnes dont il a la charge, notamment à son conjoint, concubin ou partenaire et aux enfants à sa charge s'ils sont sans activité. Par exception, l'AME est aussi ouverte, lorsque leur état de santé le justifie, à des personnes présentes sur le territoire national mais non résidentes (sur décision individuelle du ministre chargé de l'action sociale) et aux personnes gardées à vue sur le territoire français. L'admission à l'AME permet une prise en charge et une dispense d'avance de frais pour la part ne relevant pas de la participation du bénéficiaire. Il s'agit des prestations couvertes par l'assurance maladie (médecine générale et spéciale, examens de biologie médicale, frais d'hospitalisation et de traitement, frais de transport...) et de celles prises en charge par l'assurance maternité. Au cours du processus d'élaboration de la loi n° 2024-42 du 26 janvier 2024 pour contrôler l'immigration, améliorer l'intégration, une modification substantielle de l'AME, voire sa suppression ont été envisagées, sans être retenues pour autant.

Les autres dispositifs pour lutter contre les inégalités

D'autres dispositifs sont centrés non plus sur la dimension financière mais sur l'**accessibilité matérielle** aux soins des personnes les plus vulnérables. Il s'agit des permanences d'accès aux soins de santé (PASS) qui se sont implantées afin de rendre effectifs l'accès et la prise en charge des personnes démunies non seulement à l'hôpital, mais aussi dans les réseaux institutionnels ou associatifs de soins, d'accueil et d'accompagnement social (CSP, art. L.6111-1-1). En cas de nécessité, la gratuité des consultations externes, des actes diagnostiques et thérapeutiques ainsi que des traitements est prévue au bénéfice de ces personnes.

La lutte contre les discriminations

Plus encore, cet accès aux soins doit être conforme au principe de non-discrimination. Ce principe est prévu de manière générale par l'article 225-1 du code pénal, lequel punit les discriminations qui peuvent être réalisées sur la base de critères tels que le sexe, la race, la religion ou encore l'état de santé. Ce principe est instauré également, de manière spécifique, par l'article L.1110-3 du CSP qui prévoit notamment des dispositions spécifiques destinées à lutter contre les refus de soins illégitimes, touchant particulièrement les personnes bénéficiaires de la PUMA ou de l'AME. Une procédure particulière est ainsi prévue pour permettre à ces personnes de faire valoir leurs droits auprès du directeur de l'organisme local d'assurance maladie ou du président du conseil de l'ordre territorialement compétent. Le Conseil national de l'ordre (pour chacune des professions médicales : médecin, sage-femme et chirurgien-dentiste) est d'ailleurs compétent pour évaluer, en lien avec les associations de patients agréées, le respect du principe de non-discrimination dans l'accès à la prévention ou aux soins (CSP, art. L.4122-1).

Malgré tous ces dispositifs, les inégalités socio-économiques d'accès aux soins demeurent une réalité.

Encadré 13. Les refus de soins légaux

Le refus de soins émis par le professionnel de santé correspond à une grande diversité de situations. Certains refus sont illégaux lorsqu'ils se fondent sur un critère discriminatoire, tel que le sexe, la race, la religion ou encore le bénéfice de la protection universelle maladie. En revanche, il existe certaines situations dans lesquelles ce professionnel dispose d'un droit au refus, ce refus étant alors légal. Un professionnel peut ainsi invoquer des raisons objectives professionnelles : mésentente avec le patient qui refuse de suivre ses préconisations, absence de place nouvelle dans sa clientèle, refus de délivrer un soin qu'il estime inapproprié... Il peut aussi se fonder sur des raisons subjectives, liées à sa conscience ou à ses convictions : il s'agit alors d'invoquer une clause de conscience, dans les cas prévus par la loi (uniquement en matière d'interruption de grossesse, de stérilisation à visée contraceptive ou de recherche sur l'embryon). Dans ce cas, il doit avertir le patient et assurer la continuité des soins.

2 Le droit à l'accompagnement de la vulnérabilité

Dans le même esprit que le droit à la protection de la santé pour les patients dans le secteur sanitaire, il existe un droit convergeant pour les usagers du secteur social et médico-social, centré sur l'accompagnement de la vulnérabilité. Ce droit se fonde de manière essentielle sur l'article L.116-2 du CASF, disposition créée par la loi n° 2002-2 du 2 janvier 2002 et dont la dernière partie est centrée sur cette prérogative : « L'action sociale et médico-sociale est conduite dans le respect de l'égale dignité de tous les êtres humains avec l'objectif de répondre de façon adaptée aux besoins de chacun d'entre eux et en leur garantissant un accès équitable sur l'ensemble du territoire. » Pourtant, en pratique, le secteur social et médico-social se caractérise souvent par un **manque de places disponibles** empêchant l'accompagnement attendu. Les cas sont nombreux dans le champ du handicap spécialement, nécessitant la mise en place de solutions.

A - L'« amendement Creton »

Depuis de nombreuses années, certaines personnes en situation de **handicap** sont confrontées à un problème d'âge empêchant l'effectivité du droit à l'accompagnement de la vulnérabilité. En effet, lorsque des enfants en situation de handicap accueillis dans des établissements dédiés, du type instituts médico-éducatifs (IME, ceux-ci évoluant d'ailleurs maintenant vers des dispositifs d'accompagnement médico-éducatifs, DAME) grandissent et atteignent l'âge de 20 ans, ils sont amenés à changer d'établissement, rejoignant des structures adaptées à leur âge, comme des foyers d'accueil médicalisés (FAM) ou des maisons d'accueil spécialisées (MAS). Or, il arrive régulièrement que les établissements d'accueil de personnes adultes soient saturés, ne disposant donc d'aucune place libre pour les accueillir. De fait, cette absence de place en établissement pour adultes empêche la sortie de l'usager de l'établissement pour enfants dans lequel il se situe, au risque, sinon, de le laisser sans aucun accompagnement. Cela se comprend aisément d'un point de vue humain, mais a nécessité une mise en conformité d'un point de vue juridique, puisqu'un adulte ne peut logiquement pas être accompagné dans un établissement qui accueille des enfants. Cette mise en conformité s'est traduite par ce que l'on appelle l'« **amendement Creton** ». Du nom du comédien Michel Creton qui l'avait défendu, ce dispositif est issu de l'article 22 de la loi n° 89-18 du 13 janvier 1989 portant diverses mesures d'ordre social. Si aucune place en secteur adulte n'est libre pour l'usager qui a atteint l'âge limite de 20 ans, ce dernier peut rester dans la structure dans l'attente d'une solution adaptée.

Selon une étude officielle, les personnes relevant de cet amendement étaient moins de 6 000 en 2014, date des derniers chiffres disponibles[1]. Aussi utile que soit ce dispositif, il ne règle cependant pas toutes les difficultés puisqu'il arrive qu'une attente trop longue pour une place en établissement spécialisé pour adultes ne réussisse pas à retarder plus encore la sortie de l'établissement pour enfants, entraînant un retour à domicile, c'est-à-dire une rupture d'accompagnement. De ce fait, certains usagers sont contraints à rechercher à l'étranger un établissement pouvant les accompagner, spécialement en Belgique.

B - Les « départs forcés » en Belgique

Selon un rapport établi sur la saisine du ministère en charge de la santé par l'Inspection générale des affaires sociales[2], l'accueil dans les établissements situés en Belgique de personnes en situation de handicap ne trouvant pas de solutions en France concerne tant les enfants que les adultes. Depuis, bien que les statistiques ne soient pas toujours aussi précises qu'on le souhaiterait, il semble que, fin 2018, il y avait près de 7 600 personnes dans cette situation, ce chiffre étant en augmentation de manière globale puisqu'il a doublé en plus de dix ans. Cela concerne tant les adultes (bénéficiant de l'amendement Creton ou non) que les enfants, tous provenant d'une grande diversité de départements (et non pas des seuls départements limitrophes ou proches de la Belgique, même si les effectifs les plus nombreux proviennent des départements situés en Île-de-France et dans l'ex-région Nord-Pas-de-Calais). Il est utile de noter que certains enfants connaissent également cette situation sans être pourtant en situation de handicap avec le cas de personnes relevant de l'aide sociale à l'enfance (ASE) placés dans des établissements médico-sociaux wallons spécialisés.

Les enjeux

Les enjeux induits sont divers. Il y a d'abord de nombreux **enjeux humains et sociaux** puisque, dans l'hypothèse d'un accompagnement réalisé en Belgique, les personnes accompagnées comme leur famille se trouvent dans une situation particulièrement complexe du fait de l'éloignement potentiellement important entre le lieu d'accompagnement et le lieu de résidence. Cet éloignement implique des frais qui peuvent être élevés lorsque les proches veulent rendre visite à la personne accompagnée ou lorsque cette dernière est amenée à rentrer dans sa famille. Au-delà des frais,

1. DREES, *Les jeunes adultes relevant de l'amendement Creton*, Les dossiers de la DREES, n° 36, juin 2019, mis à jour en 2020.

2. IGAS, *Appui au dispositif visant à mettre un terme aux « départs forcés » de personnes handicapées en Belgique*, Rapport 2015-173R, décembre 2016, 58 p.

cet éloignement peut générer un espacement des visites, voire un arrêt, mettant en cause le maintien du lien humain entre les proches et la personne accompagnée.

Des **enjeux juridiques et éthiques** sont également présents naturellement. Il est, en effet, tout à fait problématique en termes de droits des usagers qu'une personne résidant en France ne puisse bénéficier d'un accompagnement correspondant à ses besoins et qu'elle soit obligée de s'exiler pour cela. Cela a pu d'ailleurs générer des contentieux aboutissant à la condamnation de l'État que la personne soit partie en Belgique ou non. C'est le cas, par exemple du tribunal administratif de Rennes qui a condamné l'État à verser 18 000 euros de dommages et intérêts à la famille d'un jeune autiste n'ayant pas bénéficié de la prise en charge pluridisciplinaire à laquelle il avait droit pendant près d'un an et demi (jugement du 30 juillet 2020, n° 1801259). De manière convergente, l'État a été condamné à verser une indemnisation à un enfant autiste et à sa famille pour défaut d'accompagnement adapté par un service d'éducation spéciale et de soins à domicile (SESSAD), accompagnement pourtant notifié par la commission des droits et de l'autonomie des personnes handicapées (CDAPH). Notons que dans cette affaire, la Justice a reconnu le préjudice de l'enfant autiste et de la mère, mais aussi celui des deux frères (Tribunal administratif de Cergy-Pontoise, 12 octobre 2017, n° 1412447). Parfois, c'est même en tant que juge des référés qu'un tribunal administratif a pu statuer, afin d'imposer à une ARS de trouver dans les quinze jours une prise en charge médico-sociale pour une personne souffrant d'un polyhandicap (ordonnance du Tribunal Administratif de Cergy-Pontoise, 7 octobre 2013, n° 1307736).

Au-delà de ces dimensions centrales, il faut aussi noter l'existence d'**enjeux financiers majeurs**. En effet, selon le rapport de l'IGAS, les dépenses consacrées par l'assurance maladie aux personnes accueillies dans un établissement belge se sont élevées en 2015, derniers chiffres disponibles, à un total de 170,9 millions d'euros pour 3 900 personnes. Plus précisément, cela correspond à 70 millions d'euros pour les enfants et 100,9 millions d'euros pour les adultes, en précisant que ces chiffres ne couvrent que les dépenses d'hébergement, pas celles de remboursements de transports, estimées à 5 millions d'euros. Ces coûts seraient, en moyenne, plus élevés que ceux induits si l'accompagnement était réalisé en France pour les enfants, mais ils seraient moins élevés pour le cas des adultes dont les orientations sont de type FAM et MAS.

Les solutions

Face à cette diversité d'enjeux, il faut envisager les différents dispositifs mis en place selon qu'ils se fondent sur une idée d'encadrement ou de prévention de ces départs.

Le premier dispositif est l'accord-cadre signé le 21 décembre 2011 entre le gouvernement français et le gouvernement de la région wallonne sur l'accueil des personnes handicapées, accord dont la ratification a été autorisée par la loi n° 2013-1009 du 13 novembre 2013. Entré en application le 31 mars 2014, son but n'est pas de prévenir ces départs à l'étranger, mais, constatant qu'ils existent, de les encadrer au mieux du fait de leur caractère dérogatoire. Pour cela, cet accord est centré sur deux questions clefs : le conventionnement et les inspections. Le conventionnement a pour but d'encadrer les relations entre les établissements belges et les autorités françaises afin que l'accueil des personnes accompagnées en Belgique puisse bénéficier des financements de l'assurance maladie et du conseil départemental malgré le caractère dérogatoire de cette situation. Les inspections, quant à elle, sont imaginées afin que les autorités concernées puissent s'assurer, malgré ces éléments d'extranéité, que l'accompagnement est bien conforme aux bonnes pratiques en la matière. Des inspections conjointes sont donc menées chaque année par les contrôleurs français et wallons.

Le second dispositif est centré, quant à lui, non plus sur l'idée d'encadrement des départs, mais de prévention de ceux-ci. Il se fonde sur le plan ministériel du 22 janvier 2016 qui vise à arrêter ces départs « non souhaités » en élaborant des solutions alternatives aux places déjà identifiées en Belgique (cas de « départs attendus ») ou en amont de départs potentiels (cas de « départs possibles »). Ce plan a été formalisé dans l'instruction n° DGCS/3B/DSS/1A/CNSA/2016/22 du 22 janvier 2016 relative à la mise en œuvre du plan de prévention et d'arrêt des départs non souhaités de personnes handicapées vers la Belgique. Il permet le déblocage de « crédits d'amorçage » de 15 millions d'euros et implique chaque agence régionale de santé afin qu'elle pilote la mise en œuvre du plan avec les acteurs de chaque département. Ce plan s'inscrit dans un contexte plus général d'évolution des politiques publiques en matière de handicap dont l'une des manifestations est la démarche « Une réponse accompagnée pour tous » (RAPT) qui a pour but de faire évoluer l'organisation et la coordination des acteurs impliqués pour construire des solutions d'accompagnement adaptées.

De manière plus récente, la création des « Communautés 360 » lors de la Conférence nationale du handicap le 11 février 2020, a pour but d'apporter une réponse inconditionnelle et de proximité à toutes les personnes en situation de handicap ainsi qu'à leurs familles. L'idée est de favoriser la recherche de solutions concrètes au plus près des lieux de vie des personnes, à l'aide de professionnels dédiés (les conseillers en parcours) dans le but d'éviter les ruptures de parcours.

À retenir

Le droit à la protection de la santé et à l'accompagnement de la vulnérabilité

Quant au droit à la protection de la santé

- Il est protégé par des textes à valeur constitutionnelle et législative.
- L'égalité d'accès aux soins est mise en cause par différentes inégalités de santé qui peuvent être territoriales et/ou socio-économiques.
- En réponse aux inégalités territoriales de santé, les pouvoirs publics ont mis en place des dispositifs centrés, à titre principal, sur l'incitation à l'installation et l'accompagnement des professionnels de santé et, à titre plus accessoire, sur la coercition de certains professionnels.

Pour lutter contre les inégalités socio-économiques de santé, les outils mis en place portent tant sur la dimension financière (PUMA, AME), que sur l'accessibilité matérielle aux soins (PASS).

Les exigences en matière d'accès aux soins prohibent également toute discrimination qui pourrait se fonder sur des critères tels que le sexe, la race, la religion ou encore l'état de santé. À ce titre, certains types de refus de soins sont illégaux.

Quant au droit à l'accompagnement de la vulnérabilité

- Il est protégé par un texte à valeur législative uniquement.
- Différentes circonstances mettent en cause l'effectivité de ce droit, notamment dans le champ du handicap avec plusieurs types de situations :
  - c'est le cas des personnes en situation de handicap dont l'âge les contraint théoriquement à quitter l'établissement pour enfants qui les accueillait mais sans qu'une place en établissement pour adultes ne soit disponible, correspondant à la situation des « amendements Creton » ;
  - c'est le cas des départs forcés à l'étranger, spécialement en Belgique, afin de bénéficier d'un accompagnement qu'une personne en situation de handicap ne parvient pas à avoir en France, impliquant des solutions d'encadrement mais aussi de prévention.

Pour aller plus loin

Bréchat P.-H., Lebas J., *Innover contre les inégalités de santé*, Presses de l'EHESP, 2012.

Girer M., « Le droit à la protection de la santé dans l'alinéa 11 du Préambule de 1946 : les impacts en termes de solidarité », *Médecine et Droit*, n° 141, 2016, p. 147.

Gründler T., « L'effectivité du droit à la protection de la santé », *Revue générale de droit médical*, n° HS, 2010, p. 83.

Gründler T., « Le juge et le droit à la protection de la santé », *Revue de droit sanitaire et social*, n° 5, 2010, p. 835.

Niemiec A., « La prise en charge financière des amendements Creton par l'aide sociale départementale : une démarche facilitée par le juge administratif », *Les Petites Affiches*, n° 17, 2017, p. 6.

Rassu F., « La protection de la santé : un objectif à valeur constitutionnelle non modifié par la QPC », *Revue générale de droit médical*, n° 54, 2015, p. 67.

Sudre F., « Le droit à la protection de la santé, droit diffus dans la jurisprudence de la Cour européenne des droits de l'homme », *Revue Trimestrielle des Droits de l'Homme (RTDH)*, n° 125, 2021, p. 49.

Vinsonneau A., « L'amendement Creton : la fin d'un imbroglio financier ? », *Revue de droit sanitaire et social*, n° 1, 2007, p. 142.

Chapitre 3
La liberté de choix

La liberté de choix est un élément essentiel des droits des usagers en ce qu'elle repose sur l'idée qu'une **relation de confiance** ne peut s'instaurer entre l'usager et le professionnel ou l'établissement que si ce dernier a été librement choisi. Si le principe est commun quel que soit le secteur, sanitaire, social ou médico-social, ses modalités n'en restent pas moins différentes.

1 Le libre choix dans le secteur sanitaire

Expliquer le libre choix appliqué au secteur sanitaire pousse à traiter des fondements et de la valeur de ce principe avant d'envisager son domaine et les restrictions qu'il peut connaître.

A - Fondements et valeur du libre choix du patient

La liberté de choix du patient a une valeur juridique importante. Cette valeur est reconnue tant en jurisprudence que par le pouvoir normatif.

Pour ce qui est de la **jurisprudence**, la juridiction suprême de chaque ordre juridictionnel a été amenée à se prononcer sur ce point :

– Le Conseil d'État qualifie cette liberté de **principe général du droit**, ce dont il déduit qu'elle s'impose à toutes les autorités réglementaires, même en l'absence de dispositions législatives[1]. Cette même juridiction lui reconnaît aussi la qualité de « **principe fondamental de la sécurité sociale** » à travers la question du libre choix par les assurés sociaux des établissements de santé[2].
– La Cour de cassation, quant à elle, indique que ce droit est un « **principe fondamental de la législation sanitaire** »[3].

Le **législateur** reconnaît de plusieurs manières la valeur de cette prérogative. D'abord, le code de la santé publique, dans son article L.1110-8, qualifie le libre choix de « **principe fondamental de la législation sanitaire** ». Ensuite, le code de la sécurité sociale, dans son article L.162-2, reconnaît ce droit comme l'un des « **principes déontologiques fondamentaux** » au même titre que la liberté de prescription du médecin, le secret professionnel, le paiement direct des honoraires ou la liberté d'installation du médecin. Enfin, sans reconnaître une valeur ou une qualification particulière, le code de

1. CE, 18 février 1998, n° 171851 B, *RFDA*, 1999, n° 47, note Joyau.
2. CE, 2 décembre 1966, *Féd. hospitalière de France et Féd. intersyndicale des maisons de santé de France et d'Outre-mer*, n° 65158 A : *GADS*, 2e éd., Dalloz, 2016, n° 66.
3. Civ. 1re, 6 mai 2003, n° 01-03.259 P, *RDSS*, 2003. 630, obs. Mémeteau.

déontologie d'un certain nombre de professions de santé mentionne ce libre choix. C'est le cas de la déontologie médicale qui indique que « le médecin doit respecter le droit que possède toute personne de choisir librement son médecin. Il doit lui faciliter l'exercice de ce droit » (CSP, art. R.4127-6) ou de la déontologie des infirmiers (CSP, art. R.4312-88).

B - Domaine du libre choix du patient

Que peut choisir librement le patient ? Ce choix porte sur l'**établissement** de santé, public ou privé, dans lequel le patient sera soigné, ce qui implique de pouvoir librement changer d'établissement au cours de la prise en charge[4]. Plus précisément, ce choix porte sur le **type de service** puisque, selon l'article R.1112-17 du CSP, dans un établissement, lorsque la discipline en cause dispose de plusieurs services, un patient bénéficie, sauf urgence et selon les lits disponibles, du libre choix du service dans lequel il souhaite être admis. Ce choix porte également sur le type d'**accompagnement** puisque le patient pourra demander à recevoir ses soins sous forme ambulatoire ou à domicile notamment, question qui se pose spécifiquement pour les soins palliatifs par exemple. Le choix porte, enfin, sur le **professionnel de santé** qui va intervenir, en tout cas au sein des établissements privés de santé puisque dans le secteur public c'est essentiellement le choix du service qui est réalisé.

Le cas de la **psychiatrie** ne fait pas exception à l'application du libre choix puisque, hormis le cas des soins sans consentement, toute personne faisant l'objet de soins psychiatriques peut s'adresser au praticien ou à l'équipe de son choix tant à l'intérieur qu'à l'extérieur du secteur psychiatrique correspondant à son lieu de résidence (CSP, art. L.3211-1).

Encadré 14. Le libre choix de sa manière d'accoucher… mais pas du sexe de son accoucheur !

Créées à titre expérimental en 2013 et généralisées en 2020, les maisons de naissance ont été mises en place afin de permettre aux femmes de choisir une prise en charge moins technicisée de la grossesse et de l'accouchement, hors établissement de santé (CSP, art. L.6323-4 et s.). L'idée est de diversifier l'offre de soins en la matière pour assurer aux femmes le choix de l'accouchement le plus adapté à leurs besoins. Au sein de ces structures, qui ne sont pas des établissements de santé, des sages-femmes assurent différentes missions comme la préparation à la naissance et à la parentalité, la surveillance médicale de la grossesse ainsi que l'accouchement et les soins postnataux de la mère et de l'enfant. Ces maisons n'assurent cependant pas l'hébergement des parturientes

4. Civ. 1re, 13 décembre 2017, n° 17-18.437, *Dalloz*, 2018, n° 333, note Peterka.

et de leurs nouveau-nés ou la prise en charge des urgences obstétricales au sens de la permanence d'accueil. Naturellement, des conditions strictes sont posées afin d'encadrer la création comme l'activité de ces structures :
– autorisation d'ouverture accordée par l'ARS ;
– respect des recommandations de bonnes pratiques professionnelles établies par la Haute Autorité de santé ;
– conclusion d'une convention avec un établissement de santé autorisé à l'activité de soins de gynécologie-obstétrique dont elle doit être contiguë, etc.

L'accouchement et les autres soins de gynécologie-obstétrique sont parfois l'occasion pour certaines patientes (ou plutôt pour le père de l'enfant) de s'opposer à ce qu'un professionnel de santé masculin intervienne, refusant la différence de sexe pour des motifs religieux, par exemple. Ces personnes avancent le principe de libre choix. En réalité, il est possible de choisir le professionnel qui va intervenir en fonction de ce critère, mais ce choix ne doit pas remettre en cause les exigences d'organisation du service. D'ailleurs, la circulaire n° DGOS/2005/57 du 2 février 2005 relative à la laïcité dans les établissements de santé précise que le libre choix du praticien ne peut aller à l'encontre du tour de garde des médecins ou de l'organisation des consultations, conforme aux exigences de continuité. Ce texte rappelle utilement que, quoi qu'il en soit, le libre choix ne peut être exercé que par le patient et non par un parent ou un proche.

Sur cette base, le libre choix signifie, plus concrètement, que, par exemple, un établissement de santé ne peut pas refuser l'accès à ses locaux à un médecin extérieur à l'établissement qui aurait été sollicité par un patient sans violer ce droit, même si l'établissement a une collaboration exclusive avec des praticiens qualifiés qui y exercent[5]. Une autre illustration de l'application de ce principe indique que le patient qui reçoit d'un professionnel une lettre destinée à lui servir d'introduction auprès d'un autre praticien n'a pas l'obligation de consulter ce dernier, ni, s'il le fait, de lui remettre cette lettre d'introduction. *A fortiori*, il peut remettre cette lettre à un autre praticien que celui visé, sans que cela ne constitue une atteinte au secret des correspondances[6].

L'application du libre choix est parfois plus complexe encore lorsque l'on se situe dans différentes situations institutionnelles qui peuvent mettre à mal cette prérogative. C'est le cas, par exemple, lorsqu'un établissement établit une convention par laquelle il attribue, à titre onéreux, à un cabinet d'infirmières libérales l'exercice privilégié, dans ses locaux, des actes infirmiers sur les usagers. Si cette convention est tout à fait conforme au droit, ce n'est qu'à la condition que le libre choix de ces usagers puisse tout de même s'exercer[7]. C'est le cas, aussi, d'un établissement de santé qui signe

5. Civ. 1re, 6 mai 2003, n° 01-03.259 P, *RDSS*, 2003, n° 630, obs. Mémeteau.
6. Cass., ch. réun., 16 mai 1963, *GADS*, 2e éd., *Dalloz*, 2016, n° 65.
7. Civ. 1re, 16 janvier 2007, n° 04-20.711 P, *RDSS*, 2007, n° 662, note Vialla.

avec des médecins un contrat d'exercice avec clauses d'exclusivité, clauses qui doivent se concilier avec le droit du patient au libre choix de son praticien et de son établissement de santé[8].

La question se pose dans des termes très proches avec la cession de clientèle d'un cabinet libéral. En effet, la cession de la clientèle médicale, par exemple, à l'occasion de la constitution d'un fonds ou de sa cession, n'est pas illicite à la condition que soit sauvegardée la liberté de choix du patient[9].

Une autre situation de ce type concerne la mise en place de réseaux de santé (aujourd'hui remplacés par les dispositifs d'appui à la coordination, [DAC]). Parfois constitués en associations, ces réseaux exigent des patients une adhésion pour les orienter vers certains professionnels ou certaines structures. À nouveau, cette modalité n'est pas jugée illégale tant qu'elle ne porte pas atteinte au libre choix du patient en l'obligeant à recourir aux soins d'un professionnel déterminé, les patients n'étant pas obligés d'adhérer au réseau pour être pris en charge[10].

Un dernier cas se fonde sur les nécessités de régulation des activités de soins avec l'exemple révélateur du système du médecin traitant, instauré par la loi n° 2004-810 du 13 août 2004 relative à l'assurance maladie dans le but de coordonner le parcours de soins des patients et d'assurer un meilleur suivi (CSS, art. L.162-5-3). Le dispositif du médecin traitant a pu être interprété par certains comme portant atteinte à la liberté de choix du praticien par le patient, mais cet argument a été rejeté par le Conseil constitutionnel[11].

Encadré 15. Comment favoriser le libre choix ?

L'effectivité du libre choix d'un établissement ou d'un professionnel de santé peut dépendre des moyens mis à disposition afin d'exercer ce choix dans les meilleures conditions. L'un de ces moyens est la délivrance aux patients d'informations sur les tarifs des prestations. Comment en effet choisir un type de prise en charge sans disposer de l'ensemble des éléments permettant de guider cette sélection ? L'article L.1111-3 du code de la santé publique prévoit ainsi que toute personne a droit à « une information sur les frais auxquels elle pourrait être exposée à l'occasion d'activités de prévention, de diagnostic et de soins et, le cas échéant, sur les conditions de leur prise en charge et de dispense d'avance des frais », cette information devant être gratuite. Le but est de permettre un choix éclairé.

8. Civ. 1re, 19 septembre 2007, n° 05-20.564 P, *GADS*, 1re éd., *Dalloz*, 2010, n° 97.
9. Civ. 1re, 7 novembre 2000, n° 98-17.731 P, *RDSS*, 2001, n° 317, note Mémeteau ; *GADS*, 1re éd., *Dalloz*, 2010, n° 96.
10. Civ. 1re, 22 septembre 2016, n° 15-23.664 P, *Dalloz*, 2016, n° 1933.
11. Cons. const., 12 août 2004, n° 2004-504 DC, *Loi relative à l'assurance maladie*.

Pour autant, le libre choix ne permet pas tout. Ainsi, ce principe ne peut pas être avancé par un établissement privé de santé pour s'opposer au refus de l'autorité de régulation d'autoriser un projet d'extension dans un secteur géographique où le secteur hospitalier public est dominant à partir du moment où ce refus repose sur le croisement des besoins de la population et du nombre de lits existants[12]. De la même manière, le libre choix trouve ses limites face à des motifs de santé publique puisque ce droit du patient n'interdit pas aux pouvoirs publics de créer des catégories de médicaments « réservés à l'usage hospitalier » ou « à prescription initiale hospitalière[13] ».

Encadré 16. Le refus de soins, une atteinte au libre choix

Le **refus de soins** qu'un professionnel ou un établissement peut opposer de manière illicite à un patient est un sujet spécifique (➡ **voir chapitre 2**) qui peut avoir des connexions avec le principe du libre choix. Lorsqu'un patient est refusé à tort par un praticien, il ne peut en effet pas bénéficier du libre choix qu'il a pourtant exercé en contactant ce professionnel. En réponse, l'article L.1110-3 du code de la santé publique rappelle le principe d'interdiction des discriminations dans l'accès à la prévention ou aux soins. Plus encore, différents dispositifs ont été mis en place afin de lutter contre ces refus ou de compenser leurs effets. C'est le cas, notamment, en cas de refus d'admission d'un patient qui remplit pourtant les conditions requises, de la possibilité donnée au directeur général de l'ARS de prononcer une admission si les disponibilités en lits de l'établissement le permettent (CSP, art. R.1112-12).

C - Exceptions et restrictions au libre choix du patient

Comme tout droit des usagers, le libre choix peut faire l'objet d'exceptions, de restrictions. Certaines sont prévues expressément par le législateur qui précise qu'il faut tenir compte des capacités techniques des établissements, de leur mode de tarification et des critères de l'autorisation permettant de dispenser des soins remboursables aux assurés sociaux (CSP, art. L.1110-8). Cela correspond, par exemple, à des éléments objectifs comme l'absence de place disponible ou celle, dans l'établissement, de la spécialité requise par l'état de santé du patient.

Il existe aussi des limites pratiques à cette liberté, spécialement avec les **inégalités de santé**, qu'elles soient territoriales ou socio-économiques en ce qu'elles privent les usagers de choisir l'établissement ou le professionnel qu'ils souhaitent du fait de l'insuffisance voire de l'absence d'offre de soins (➡ **voir chapitre 2**).

12. CE, 5 mars 1982, n° 23237 A, *RDSS*, 1982. 630, concl. Bacquet.
13. CE, 16 février 1996, n° 164712 B.

Encadré 17. Libre choix et soins transfrontaliers

Le libre choix dont doit disposer le patient ne concerne pas seulement les soins dont il peut bénéficier sur le territoire français, posant la question des soins transfrontaliers. Il arrive en effet qu'un patient bénéficie de soins dans un pays dans lequel il n'habite pas et/ou dont il n'a pas la nationalité. Se pose alors la question de savoir dans quelle mesure et par qui les soins doivent être pris en charge financièrement. En droit de l'Union européenne, le libre choix correspond à la liberté de prestations de services qui inclut la liberté des destinataires des services de se rendre dans un autre État membre pour y bénéficier d'un service, sans être gênés par des restrictions, même en matière de paiements[14]. Face à cette liberté, certaines restrictions sont prohibées, c'est le cas d'une réglementation qui décourage les assurés sociaux de s'adresser aux prestataires de services médicaux établis dans un autre État membre, par exemple avec l'exigence d'une autorisation préalable pour obtenir la prise en charge par la sécurité sociale[15]. Au contraire, d'autres restrictions sont admises, par exemple avec un risque d'atteinte grave à l'équilibre financier du système de sécurité sociale qui peut constituer, en lui-même, une raison impérieuse d'intérêt général susceptible de justifier une entrave au principe de libre prestation de services[16].

2 Le libre choix dans le secteur social et médico-social

Sur le libre choix comme pour de nombreux autres droits des usagers, le secteur social et médico-social bénéficie d'un encadrement normatif nettement plus restreint que celui existant pour le secteur sanitaire. Il n'y a qu'une seule disposition du code de l'action sociale et des familles qui traite de cette prérogative, c'est l'article L.311-3, 2°, disposition qui permet de traiter tant des bénéficiaires que du domaine et des exceptions existantes. Cette prérogative est également prévue par la Charte des droits et libertés de la personne accueillie (art. 4) et par la Charte des droits et libertés de la personne âgée, en situation de handicap ou de dépendance (art. 2) (➡ **voir annexes**).

Au sujet des bénéficiaires, la formulation prévue par l'article L.311-3 du CASF est à la fois large et précise. Comme d'autres prérogatives, le droit au libre choix est garanti « à toute personne prise en charge par des établissements et services sociaux et médico-sociaux ». Sont concernés tous les types

14. CJCE, 31 janvier 1984, n° 286/82 et 26/83, Rec. CJCE I-377.
15. CJCE, 28 avril 1998, n° C-158/96, Rec. CJCE I-1831 ; *JCP*, 1999. II. 10002, obs. Nourissat.
16. CJCE, 28 avril 1998, n° C-158/96, *op. cit.*

d'usagers du secteur social et médico-social quel que soit le type de structures et donc de public.

A - Domaine du libre choix de l'usager

L'article L.311-3, 2° du CASF traite en réalité du libre choix des prestations plutôt que de celui de la structure qui accompagne l'usager. Plus précisément, il existe un choix en deux temps :

- d'abord, le choix du lieu de réalisation de la prestation, entre domicile et établissement ;
- ensuite, le choix quant aux types de prestations.

Cela signifie-t-il, pour autant, que l'usager des établissements et services sociaux et médico-sociaux ne dispose pas de la liberté de choisir son établissement ? La réponse est négative. Si la formulation de la disposition citée ne mentionne pas explicitement cet aspect, d'autres dispositions du code de l'action sociale et des familles consacrent ce choix de l'établissement à travers la question du consentement (➡ **voir chapitre 4**). C'est le cas d'une autre partie du même article L.311-3 du CASF, ici le 3°, qui indique que tout usager a droit à « une prise en charge et un accompagnement individualisé de qualité favorisant son développement, son autonomie et son insertion, adaptés à son âge et à ses besoins, respectant son consentement éclairé qui doit systématiquement être recherché lorsque la personne est apte à exprimer sa volonté et à participer à la décision ». Le libre choix n'est pas expressément mentionné mais le principe d'une recherche (et non de l'obtention) du consentement est posé, ce qui implique un libre choix : le consentement de l'usager à être accompagné dans un établissement ou par un service induit son choix du principe et du lieu de cette prise en charge. Bien entendu, ce choix est réalisé sous réserve d'éléments pratiques, par exemple en termes de disponibilité de places, ce qui pousse à aborder les limitations que le libre choix peut subir.

B - Exceptions et restrictions au libre choix de l'usager

Il faut distinguer deux types d'exceptions ou de restrictions selon qu'elles sont prévues par les textes juridiques ou qu'elles sont issues de la pratique.

Pour ce qui est des textes juridiques, l'article L.311-3, 2° du CASF prévoit explicitement deux cas dans lesquels un usager ne dispose pas de la liberté de choisir la structure et le type d'accompagnement. Ils correspondent aux situations dans lesquelles un acteur extérieur à la relation d'accompagnement intervient. Le premier cas renvoie aux mineurs en danger qui, dans le cadre de l'aide sociale à l'enfance (ASE) et de la protection de l'enfance, se retrouvent placés par l'autorité judiciaire en familles d'accueil ou dans un établissement sans que ces mineurs ou leurs représentants légaux ne consentent au principe ou aux modalités de ce placement. Le second cas prévu par cette disposition du code de l'action sociale et des familles porte sur les majeurs protégés. Aucune autre précision n'est donnée, ce qui est problématique puisque ces majeurs disposent pourtant du droit de consentir à la mise en place d'un accompagnement, et donc d'exercer un libre choix, quel que soit leur régime de protection (➡ **voir chapitre 4**).

En ce qui concerne la pratique, plusieurs éléments doivent être mentionnés. Certains se fondent sur les déséquilibres qui peuvent exister entre offre et demande d'accompagnement. C'est le cas, évidemment, en matière de prise en charge des personnes en situation de handicap pour lesquelles le nombre de places en établissement tant pour enfants que pour adultes est tout à fait insuffisant. Quel sens le droit au libre choix a-t-il s'il ne peut s'exercer de manière effective faute de structures disponibles ? Ces déséquilibres aboutissent d'ailleurs à des aménagements qui, s'ils sont officialisés, n'en restent pas moins problématiques. C'est le cas des adultes en situation de handicap maintenus en établissement pour enfants dans le cadre de « l'amendement Creton ». C'est aussi le cas des départs forcés en Belgique pour pouvoir enfin bénéficier d'un accompagnement (➡ **voir chapitre 2**). Ces déséquilibres n'existent cependant pas seulement dans le champ du handicap et se rencontrent parfois en matière d'accueil de personnes âgées dépendantes lorsque certains EHPAD connaissent des délais importants avant de pouvoir accueillir de nouveaux usagers. En pratique toujours, le libre choix peut aussi être restreint par des éléments financiers liés au coût élevé de certaines prestations.

À retenir

La liberté de choix

Dans le secteur sanitaire

- Le principe de libre choix a une valeur juridique importante, reconnu comme principe général du droit, « principe fondamental de la législation sanitaire », « principe fondamental de la sécurité sociale » ou principe déontologique fondamental.
- Ce libre choix porte tant sur le type d'établissement et de service que sur le type de professionnel de santé, y compris en psychiatrie.
- Ce droit doit être concilié avec certaines situations ou formes d'organisation des soins qui peuvent le mettre à mal comme les dispositifs d'aide à la coordination (DAC) ou les cessions de clientèle notamment.
- Différentes dérogations existent tant de manière directe (capacités de l'établissement, places disponibles...) qu'indirecte.

Dans le secteur social et médico-social

- L'ensemble des usagers dispose du libre choix quel que soit le champ dont ils relèvent.
- Si le code de l'action sociale et des familles vise spécifiquement le libre choix des prestations, le libre choix de l'établissement ou du service n'en existe pas moins.
- Des exceptions à ce principe existent notamment pour le cas d'usagers placés, par exemple, par l'autorité judiciaire.

Pour aller plus loin

Bourret R., Vialla F., « Libre choix du praticien », *RDS*, n° 71, 2016, p. 425.

Catherine A., « Les droits du patient à l'épreuve des politiques économiques de santé », *RGDM*, déc. 2010, n° spécial, p. 101.

Dupont M., « Le libre choix du médecin : son évolution depuis la loi du 4 mars 2002 », *RDSS*, 2007, p. 759.

Godard Ch., Raja-Roque C., « Libre choix du praticien et concurrence déloyale : de l'autonomie des règles de droit de la santé en droit économique ? », *RDS*, n° 17, 2007, p. 416.

Hazif-Thomas C., « La liberté de choix des personnes faisant l'objet de soins psychiatriques », *RGDM*, n° 61, 2016, p. 133.

Laroque G., « Le libre choix du lieu de vie : une utopie nécessaire », *Gérontologie et société*, vol. 32, n° 131, 2009/4, p. 45.

Lombard F., « Effet relatif de l'exclusivité contractuelle... au regard du droit du malade au libre choix de son médecin et de son établissement de santé », *RDS*, n° 21, 2008, p. 51.

Rebecq G., « Le choix du médecin traitant et le principe d'exercice exclusif de la spécialité », *RDSS*, 2005, p. 602.

Sipos I., « Comment le directeur arrive à concilier libre choix des résidents et contraintes institutionnelles », *Gérontologie et société*, vol. 32, n° 131, 2009/4, p. 129.

Vialla F., « Les principes fondamentaux de la législation sanitaire à l'épreuve de la laïcité et du service public », *Cah. dr. entr.*, 3/2004, p. 26.

Zielinski A., « Le libre choix. De l'autonomie rêvée à l'attention aux capacités », *Gérontologie et société*, vol. 32, n° 131, 2009/4, p. 11.

Chapitre 4

Le consentement et l'expression de la volonté de l'usager

La relation de soin, comme l'accompagnement social et médico-social doivent reposer sur un lien de confiance, permettant d'assurer l'autonomie de l'usager et de le reconnaître comme un véritable acteur de sa prise en charge. Cette confiance, basée sur le principe du libre choix (➡ **voir chapitre 3**), dépend aussi de l'expression de la volonté et du consentement de la personne, en fonction de son degré de maturité et/ou de sa capacité de discernement.

> Le **consentement** est la manifestation de volonté de la personne, par laquelle elle accepte de s'engager dans un lien juridique. Le consentement sert à extérioriser la volonté et à lui faire produire des effets de droit.

Créer une relation de confiance, c'est exprimer ses choix par rapport aux modalités de prise en charge, aux actes de soins réalisés ou encore à l'hébergement choisi. Les lois n° 2002-2 du 2 janvier 2002 et n° 2002-303 du 4 mars 2002 comprennent chacune des dispositions relatives au consentement et à l'expression de la volonté des usagers. En la matière, il est nécessaire de distinguer clairement la situation de la personne majeure juridiquement capable de la situation des personnes vulnérables bénéficiant d'un régime de protection juridique.

1 Expression de la volonté de la personne majeure juridiquement capable

A - Dans le secteur sanitaire

Dans le domaine des soins, l'exigence du consentement est le « plus vieux principe normatif qui soit » (Demichel A., 1992, p. 720). Le principe de respect de la dignité de la personne humaine, comme celui de respect de l'intégrité corporelle imposent d'obtenir le consentement libre et éclairé de la personne avant toute atteinte à son corps, atteinte qui doit également être justifiée par une **nécessité médicale** (C. civ., art. 16-3). L'obligation de recueillir le consentement du patient a d'abord été imposée par la jurisprudence, avant d'être expressément consacrée par la loi, de manière générale dans le code civil (C. civ., art. 16-3, al. 2, issu de la loi n° 94-653 du 29 juillet 1994), puis de manière plus spécifique dans le code de la santé publique (CSP, art. L.1111-4 issu de la loi n° 2002-303 du 4 mars 2002). Il s'agit d'un droit fondamental de la personne humaine et d'une liberté fondamentale de l'usager qui constituent la pierre angulaire de la relation de soin.

En matière de santé, le consentement est l'accord donné par un patient à la réalisation d'un acte de prévention, de dépistage, de diagnostic ou de traitement. Les exigences varient selon que la personne est ou non en état d'exprimer sa volonté, avec des particularités si la personne est en fin de vie (➡ **voir chapitre 8**).

Personne en état d'exprimer sa volonté

Le principe de la codécision ou décision partagée

Selon l'article L.1111-4, alinéa 1er du CSP, « toute personne prend, avec le professionnel de santé et compte tenu des informations et des préconisations qu'il lui fournit, les décisions concernant sa santé ». Le législateur a consacré le principe de codécision ou de décision partagée, fondement d'un véritable partenariat dans la relation de soin. Le professionnel doit à la fois respecter l'autonomie de décision du patient et le conseiller à travers ses préconisations (➡ **voir chapitre 5**). Il ne doit ni l'abandonner face à sa décision, ni lui imposer une décision qui ne serait pas celle souhaitée par la personne. Un équilibre doit être trouvé entre le respect de l'autonomie et la nécessité de guider le patient dans l'expression de sa volonté. Le terme même de consentement n'est toutefois pas oublié et est expressément utilisé quelques lignes plus loin : « Aucun acte médical ni aucun traitement ne peut être pratiqué sans le consentement libre et éclairé de la personne » (CSP, art. L.1111-4, al. 4). Le terme de consentement, ou l'expression de consentement libre et éclairé, est très majoritairement utilisé dans la pratique, comme en doctrine et en jurisprudence. Aucune formalité particulière de recueil du consentement n'est exigée, c'est-à-dire que l'expression du consentement du patient n'est pas subordonnée à l'établissement d'un écrit, sauf dans certains cas particuliers expressément prévus par la loi (par exemple, en matière d'interruption volontaire de grossesse ou de recherches impliquant la personne humaine, le consentement doit obligatoirement être recueilli par écrit). Enfin, il existe deux exceptions au recueil préalable du consentement : l'urgence et l'impossibilité (par exemple dans le cas d'un patient inconscient), auxquelles il faut ajouter les dispositions spécifiques relatives aux injonctions de soins prononcées à titre de sanction pénale et aux hospitalisations sans consentement en établissement psychiatrique.

En dehors de ces exceptions, le consentement du patient doit être obtenu préalablement à toute intervention. Il ne s'agit pas d'un consentement global donné pour l'ensemble d'une prise en charge, sans distinction, mais bien d'un consentement qui doit être recueilli pour chaque acte, au fur et à mesure de la prise en charge. C'est pourquoi le législateur précise que « ce consentement peut être retiré à tout moment » (CSP, art. L.1111-4, al. 4 *in fine*). Le consentement peut donc être révoqué à chaque étape de la prise en charge, si celle-ci s'inscrit dans le temps, sans avoir à justifier sa décision.

Le refus de soins

Le corollaire de la nécessité du recueil préalable du consentement est le **droit du patient de refuser tout traitement**. Ce droit est expressément consacré par la loi : « Toute personne a le droit de refuser ou de ne pas recevoir un traitement » (CSP, art. L.1111-4, al. 2). Dans ce cas, « le médecin a l'obligation de respecter la volonté de la personne après l'avoir informée des conséquences de ses choix et de leur gravité » (CSP, art. L.1111-4, al. 3). Ainsi, tout patient, dûment informé des risques qu'il court dans cette hypothèse, a le droit de refuser ou d'interrompre un traitement. Pour autant, ce refus ne met pas fin *de facto* à la relation qui l'unit au médecin, puisque celui-ci a l'obligation d'assurer le suivi du malade, notamment son accompagnement palliatif (CSP, art. L.1111-4, al. 2 *in fine*). En pratique, si le médecin n'est plus compétent pour assurer ce suivi, il s'agit surtout d'adresser le patient à un autre professionnel ou à une équipe compétente, afin de garantir la continuité de la prise en charge.

Dans le cas particulier où **le refus du patient met sa vie en danger**, l'obligation du médecin subsiste de manière accentuée : il doit demander au patient de réitérer sa décision dans un délai raisonnable, sachant que le patient peut faire appel à un autre membre du corps médical. Si la personne maintient son refus, l'ensemble de la procédure doit être inscrit dans son dossier médical et le médecin « sauvegarde la dignité du mourant et assure la qualité de sa fin de vie en dispensant les soins palliatifs » (CSP, art. L.1111-4, al. 3 *in fine*). La conciliation de ce droit de refuser tout traitement, même au risque de sa propre mort, avec la mission de soins des médecins, est délicate. Elle met en balance l'autonomie du patient et la sauvegarde de sa vie par les professionnels chargés de sa prise en charge. Le législateur a cependant tranché en faveur de l'autonomie de la volonté du malade, mais la mise en pratique de ce principe est éminemment complexe et les décisions jurisprudentielles peuvent parfois surprendre (➡ **voir chapitre 8**).

Personne hors d'état d'exprimer sa volonté

La consultation de l'entourage de la personne

Le législateur envisage expressément le cas de la personne hors d'état d'exprimer sa volonté (par exemple, une personne en situation de coma) : « lorsque la personne est hors d'état d'exprimer sa volonté, aucune intervention ou investigation ne peut être réalisée, sauf urgence ou impossibilité, sans que la personne de confiance [...] ou la famille, ou à défaut, un de ses proches ait été consulté » (CSP, art. L.1111-4, al. 5). Si l'on exclut les hypothèses spécifiques de l'urgence ou de l'impossibilité (par exemple, la personne est isolée et n'a pas de personne de confiance, de famille ou de proches, ou ceux-ci sont injoignables), ce n'est pas parce que le patient ne peut plus exprimer sa volonté que le professionnel de santé peut prendre la décision de manière unilatérale. En effet, la loi l'oblige à consulter certaines personnes, en imposant un ordre :

- la personne de confiance si elle existe ;
- dans le cas contraire, la famille doit être consultée ;
- à défaut, le professionnel devra consulter un proche.

Aucune définition du périmètre de la famille ou des proches n'est donnée, ce qui rend parfois délicat pour le médecin de déterminer quel est l'interlocuteur à privilégier. L'obligation du professionnel consiste à consulter ces personnes, mais **il n'est pas tenu de suivre le témoignage** qu'elles expriment. Il doit en tenir compte dans sa prise de décision et il lui est fortement conseillé de tracer précisément les démarches réalisées et d'expliquer sa décision, notamment s'il lui semble plus opportun de ne pas suivre le témoignage donné par la personne consultée.

La place spécifique de la personne de confiance

Dans ce dispositif, la personne de confiance occupe une place particulière.

> La **personne de confiance**, interlocuteur privilégié du médecin, doit être consultée en priorité si elle a été désignée. Selon l'article L.1111-6, al. 1er du CSP : « Toute personne majeure peut désigner une personne de confiance qui peut être un parent, un proche ou le médecin traitant et qui sera consultée au cas où elle-même serait hors d'état d'exprimer sa volonté et de recevoir l'information nécessaire à cette fin. La personne de confiance rend compte de la volonté de la personne. Son témoignage prévaut sur tout autre témoignage. »

Le dispositif relatif à la personne de confiance est caractérisé par une triple liberté :

- liberté de désigner ou non une personne de confiance ;
- liberté de choisir cette personne de confiance dans son entourage large ;
- liberté de réviser ou de révoquer cette désignation à tout moment.

La seule exigence est celle d'un **document écrit**, cosigné par la personne désignée. Le médecin traitant doit informer ses patients de l'existence de ce dispositif et les inviter à désigner une telle personne. La désignation de la personne de confiance est valable sans limitation de durée, à moins que la personne majeure ou la personne de confiance n'en dispose autrement. En outre, la désignation d'une personne de confiance doit être proposée au patient lors de toute hospitalisation dans un établissement de santé.

Le rôle de la personne de confiance est double :

– d'une part, si le patient est en état d'exprimer sa volonté et s'il le souhaite, la personne de confiance peut l'accompagner dans ses démarches et assister aux entretiens médicaux afin de l'aider dans ses décisions et l'aider dans la connaissance et la compréhension de ses droits si elle rencontre des difficultés ;
– d'autre part, si le patient n'est plus en état d'exprimer sa volonté, la personne de confiance doit être informée et consultée avant toute prise de décision. Elle doit alors rendre compte de ce qu'aurait été la volonté de la personne si elle avait été en mesure de s'exprimer, d'où la nécessité d'instaurer une réflexion et un dialogue préalables et d'indiquer à la personne de confiance ses choix, notamment en matière de fin de vie.

Attention, en aucun cas la personne de confiance ne consent ou ne refuse de consentir à la place du patient, elle n'est pas un représentant légal au sens strict du terme. Son témoignage est requis pour éclairer le médecin dans sa prise de décision et non pour lui imposer un choix.

B - Dans le secteur social et médico-social

Le principe général

Selon l'article L.311-3, alinéa 1er du CASF, les établissements et services sociaux et médico-sociaux doivent garantir à toutes les personnes accompagnées l'exercice de leurs droits et libertés individuels. À ce titre, l'usager a droit à « une prise en charge et un accompagnement individualisé de qualité favorisant son développement, son autonomie et son insertion, adaptés à son âge et à ses besoins, respectant son consentement éclairé qui doit systématiquement être recherché lorsque la personne est apte à exprimer sa volonté et à participer à la décision » (CASF, art. L.311-3, 3°). **La prise en compte de la volonté de l'usager repose sur un critère essentiel : son aptitude à exprimer cette volonté et à participer à la décision**. Si la suite du texte envisage le cas de la personne placée sous un régime de protection (➡ **voir *infra***), en revanche il ne prévoit pas le cas de la personne majeure non placée sous un régime de protection qui serait inapte à exprimer sa volonté : quel sera alors l'interlocuteur des professionnels ? Qui prend les décisions ? De plus, l'article indique expressément que le consentement doit être recherché, et non pas obtenu ou recueilli, ce qui est une différence notable avec les dispositions du CSP. L'utilisation du terme « recherché » montre que l'obtention du consentement de la personne accueillie est davantage une obligation de moyens qu'une obligation de résultat. L'expression de la volonté de l'usager semble revêtir une force juridique moindre qu'en matière sanitaire, ce qui constitue probablement une lacune importante, mais peut s'expliquer par les difficultés particulières rencontrées face à des personnes vulnérables, dont les capacités cognitives peuvent être atteintes, sans pour autant qu'elles bénéficient d'un régime de protection adapté.

Les applications spécifiques

Deux dispositions s'ajoutent à cette exigence générale de consentement éclairé.

Il faut, tout d'abord, mentionner les dispositions relatives à la participation directe de l'usager (➡ **voir chapitre 9**), prévues à l'article L.311-3, 7° du CASF, selon lesquelles les établissements et services doivent garantir « la participation directe de la personne prise en charge à la conception et à la mise en œuvre du projet d'accueil et d'accompagnement qui la concerne ». Aucune précision n'est cependant apportée ni quant à la participation de l'usager en fonction de son aptitude ou non à exprimer sa volonté, ni quant à l'étendue de cette participation.

Il s'agit ensuite des dispositions relatives à la conclusion du contrat de séjour (➡ **voir chapitre 10**). Selon l'article L.311-4, alinéa 3 du CASF, le directeur de l'établissement (ou toute autre personne formellement désignée par lui) doit rechercher le consentement de la personne à être accueillie, lors d'un entretien préalable individuel. En principe, la personne de confiance doit participer à cet entretien, sauf si la personne accueillie s'y oppose. Le législateur traite dans un même ensemble le consentement à l'accueil et la signature du contrat de séjour, ce qui témoigne d'une certaine confusion entre le consentement à l'entrée en établissement, exercice d'une liberté fondamentale, et le consentement à la signature du contrat de séjour, relevant plus spécifiquement du droit des obligations. Surtout, ce n'est là encore qu'une recherche du consentement qui est exigée, et non un recueil, ce qui laisse supposer que l'entrée en établissement pourrait se faire malgré l'absence de consentement de la personne vulnérable, par exemple lorsque sa famille ou ses proches incitent fortement à cette entrée.

La personne de confiance

Dans l'expression de sa volonté, la personne accueillie peut être aidée par une personne de confiance. En effet, le dispositif de la personne de confiance, initialement prévu uniquement par le code de la santé publique pour les actes de soins, a été étendu aux établissements et services sociaux et médico-sociaux par la loi n° 2015-1776 du 28 décembre 2015 relative à l'adaptation de la société au vieillissement. En vertu de l'article L.311-5-1 du CASF, les établissements et services sociaux et médico-sociaux doivent proposer à la personne majeure accueillie de désigner une personne de confiance, dans les conditions prévues par le code de la santé publique. Ce sont les règles précitées de l'article L.1111-6 du CSP qui s'appliquent concernant les modalités de désignation ou de révocation de la personne de confiance.

Encadré 18. La convergence des missions de la personne de confiance entre secteur sanitaire et secteur social et médico-social

Avant la réforme opérée par la loi n° 2024-317 du 8 avril 2024 portant mesures pour bâtir la société du bien vieillir et de l'autonomie, les missions confiées à la personne de confiance variaient à la marge entre le secteur sanitaire (➡ **voir *supra***) et le secteur social et médico-social. Dans ce dernier, la personne de confiance pouvait accompagner l'usager dans ses démarches et assister aux entretiens médicaux relatifs à son accompagnement ; elle était également consultée au cas où la personne rencontrait des difficultés dans la connaissance et la compréhension de ses droits. Désormais, les missions sont exactement calquées sur celles définies par l'article L.1111-6 du CSP, auquel l'article L.311-5-1 du CASF renvoie expressément.

2 Expression de la volonté de la personne vulnérable juridiquement protégée

A - Dans le secteur sanitaire

La question de la prise de décision en matière de soins, par et pour les personnes vulnérables placées sous un régime de protection, pose des difficultés accrues qui impliquent de trouver un équilibre entre la nécessaire protection de la personne et le respect de son autonomie. Cela concerne tant le cas du mineur que du majeur placé sous un régime de protection avec représentation relative à la personne.

La personne mineure

Le principe

En principe, la protection de la santé du mineur relève des devoirs liés à l'autorité parentale, imposés par l'article 372-1 du code civil, ou des devoirs liés à l'exercice d'une tutelle sur le mineur. En conséquence, même s'il est reconnu au mineur un **droit de participer à la prise de décision** le concernant, en fonction de son degré de maturité, ce qui impose la recherche systématique de son consentement s'il est apte à exprimer sa volonté (CSP, art. L.1111-4, al. 7), juridiquement ce sont les représentants légaux (titulaires de l'autorité parentale ou tuteur) qui doivent consentir aux soins réalisés sur le mineur. Le consentement d'un seul des représentants légaux est suffisant lorsqu'il s'agit d'un soin courant (par exemple, une consultation chez le pédiatre, la poursuite d'un traitement habituel ou une vaccination obligatoire), dans la mesure où il existe une présomption d'accord entre les titulaires de l'autorité parentale pour les actes usuels relatifs à la personne de l'enfant (C. civ., art. 372-2). En revanche, pour les actes non usuels (par exemple, une opération chirurgicale ou la mise en œuvre de traitements lourds), le consentement exprès des deux représentants légaux est exigé. En cas de désaccord, le juge aux affaires familiales pourra être saisi afin de déterminer quelle est la décision à prendre. Il faut enfin préciser qu'en cas d'urgence ou d'impossibilité, comme pour le patient majeur capable, le recueil du consentement des représentants légaux n'est pas exigé.

Encadré 19. Intérêt de l'enfant et refus d'un traitement par les représentants légaux

Le devoir de protection de la santé du mineur, lié à l'autorité parentale ou à la tutelle, ne confère pas aux représentants légaux un pouvoir sans limite, car l'**intérêt de l'enfant** doit toujours être l'objectif principal. Ainsi, dans le cas où le **refus d'un traitement** risque d'entraîner des conséquences graves pour la santé du mineur, le médecin délivre les soins indispensables (CSP, art. L.1111-4, al. 9). Dans cette hypothèse, le médecin, considéré comme un protecteur naturel subsidiaire du mineur, peut passer outre le refus des représentants légaux, sans avoir à obtenir une autorisation du juge (il peut aussi saisir le procureur de la République pour obtenir son aval). Ce cas de figure est toutefois réservé aux cas dans lesquels la santé ou l'intégrité corporelle du mineur risquent d'être compromises.

L'exception

La loi n° 2002-303 du 4 mars 2002 a introduit une **exception au principe du consentement** par les représentants légaux, exception dont le domaine a ensuite été étendu par la loi n° 2016-41 du 26 janvier 2016 de modernisation de notre système de santé. Une **autonomie de décision** est désormais reconnue au mineur qui souhaite garder le secret sur son état de santé. En vertu de l'article L.1111-5 du CSP, l'application de cette exception nécessite la réunion de plusieurs conditions :

– Tout d'abord, le mineur doit s'opposer expressément à la consultation des titulaires de l'autorité parentale afin de garder le secret sur son état de santé et maintenir son opposition malgré les tentatives réalisées par les professionnels de santé pour le convaincre d'accepter cette consultation.
– Ensuite, le mineur doit obligatoirement être accompagné par une personne majeure de son choix.

– Enfin, seuls les actes de prévention, le dépistage, le diagnostic, le traitement ou l'intervention, pratiqués par un médecin ou une sage-femme, dans le but de sauvegarder la santé du mineur, peuvent être concernés. La loi n° 2016-41 du 26 janvier 2016 a étendu cette exception à l'infirmier, dans les mêmes conditions, uniquement en ce qui concerne les actions de prévention, le dépistage et le traitement qui s'imposent pour sauvegarder la santé sexuelle et reproductive du mineur (CSP, art. L.1111-5-1).

Il faut aussi préciser que le mineur en rupture familiale, qui bénéficie d'une affiliation personnelle directe au régime de sécurité sociale, consent seul aux soins (CSP, art. L.1111-5, al. 2).

Les applications de ce dispositif soulèvent plusieurs difficultés, liées à sa méconnaissance, à l'absence d'exigence d'un âge minimum et à l'absence de mécanismes de protection spécifiques du mineur.

La personne majeure placée sous un régime de protection

Afin de remédier aux incohérences antérieures des textes concernant le consentement aux soins des personnes majeures protégées, notamment entre le code de la santé publique et le code civil, l'ordonnance n° 2020-232 du 11 mars 2020 relative au régime des décisions prises en matière de santé, de prise en charge ou d'accompagnement social ou médico-social à l'égard des personnes majeures faisant l'objet d'une mesure de protection juridique est venue clarifier les modalités d'expression de la volonté des personnes majeures vulnérables et de leurs représentants. Entrée en vigueur le 1er octobre 2020, cette ordonnance a pour caractéristiques principales de faire une place plus importante à l'**autonomie** de la personne et de viser tous les majeurs protégés, dès lors qu'il existe un régime de protection avec représentation relative à la personne. Il est nécessaire de distinguer deux situations.

Régime de protection sans représentation relative à la personne

En premier lieu, le patient est une personne majeure placée sous un **régime de protection sans représentation relative à la personne**. En pratique, il s'agit de la sauvegarde de justice, de la curatelle, de la tutelle limitée à la gestion patrimoniale, du mandat de protection future limité à la gestion patrimoniale et/ou à l'assistance de la personne et de l'habilitation familiale limitée à la gestion patrimoniale et/ou à l'assistance de la personne. Dans ce cas, aucune disposition particulière n'est prévue : le patient consent seul aux soins, sans intervention de la personne chargée de son assistance et/ou de la gestion de son patrimoine. Il peut désigner seul une personne de confiance, dans les mêmes conditions que le patient majeur capable.

Régime de protection avec représentation relative à la personne

En second lieu, le patient est une personne majeure placée sous un régime de protection avec représentation relative à la personne. En pratique, cela concerne la tutelle, le mandat de protection future avec représentation relative à la personne, l'habilitation familiale avec représentation relative à la personne et, dans des cas particuliers, la curatelle et la sauvegarde de justice lorsqu'une mission de protection de la personne a été confiée à un mandataire spécial. L'article L.1111-4, alinéa 8 du CSP prévoit, dans ce cas, deux hypothèses :

– Si le majeur est apte à exprimer sa volonté, son consentement doit être obtenu, au besoin avec l'assistance de la personne chargée de sa protection.
– Si le majeur est inapte à exprimer sa volonté, c'est la personne chargée de sa protection qui autorise ou non l'acte médical, en tenant compte de l'avis exprimé par la personne protégée. Ainsi, représenter la personne, ce n'est pas consentir pour elle, c'est autoriser un acte médical sur elle.

La personne faisant l'objet d'une mesure de protection juridique avec représentation relative à la personne peut désigner une personne de confiance, avec l'autorisation du juge ou du conseil de famille s'il a été constitué. Si la personne de confiance a été désignée avant la mesure de protection, le conseil de famille ou le juge peut confirmer la désignation de cette personne ou la révoquer (CSP, art. L.1111-6, I, al. 4).

Désaccord et refus de traitement

En cas de désaccord entre la personne protégée et la personne chargée de la protection, c'est le juge qui autorise l'une ou l'autre à prendre la décision. Comme pour le mineur, dans l'hypothèse du refus d'un traitement par la personne chargée de la protection qui risque d'entraîner des conséquences graves pour la santé du majeur protégé, le médecin délivre les soins indispensables (CSP, art. L.1111-4, al. 9).

Encadré 20. Les critiques possibles du dispositif

Si l'ordonnance du 11 mars 2020 s'efforce de mieux respecter l'autonomie de décision du majeur protégé, elle n'est toutefois pas exempte de critiques. En effet, l'article 459, alinéa 1er du code civil précise que la personne protégée prend elle-même les décisions relatives à sa personne, si son état le permet : pourquoi, en matière médicale, le professionnel de santé devrait-il consulter le représentant pour assistance alors que le patient est en état de prendre lui-même la décision, avec le professionnel ? De plus, les professionnels de santé risquent d'être confrontés à de réelles difficultés en pratique, à la fois pour identifier le régime de représentation dont le patient bénéficie, et pour évaluer l'**aptitude de la personne protégée à exprimer sa volonté**, à l'instant précis de la prise de décision. Enfin, cette réforme est méconnue des professionnels et nécessiterait une formation pour pouvoir être appliquée.

B - Dans le secteur social et médico-social

L'ordonnance précitée du 11 mars 2020 ne s'est pas intéressée uniquement à l'expression de la volonté des personnes protégées dans le secteur sanitaire, mais elle a également procédé aux adaptations nécessaires relatives au secteur social et médico-social. Ainsi, l'article L.311-3, 3° *in fine* du CASF précise que si la personne n'est pas apte à exprimer sa volonté et à participer à la décision, « le consentement de son représentant légal s'il s'agit d'un mineur ou, s'il s'agit d'un majeur faisant l'objet d'une mesure de protection juridique avec représentation relative à la personne, de la personne chargée de cette mesure, qui tient compte de l'avis de la personne protégée, doit être recherché ». Dans le même sens, à propos du droit de la personne accueillie de participer directement à l'élaboration de son projet d'accueil et d'accompagnement, l'article L.311-3, 7° *in fine* du CASF indique que « cette personne bénéficie de l'aide de son représentant légal, s'il s'agit d'un mineur ou, s'il s'agit d'un majeur faisant l'objet d'une mesure de protection juridique à la personne qui n'est pas apte à exprimer sa volonté, de la personne chargée de cette mesure, qui tient compte de son avis ».

L'analyse sémantique de ces textes fournit un indice du malaise du législateur, qui alterne différentes expressions contribuant au flou de la règle : tenir compte de l'avis de la personne protégée, rechercher le consentement du représentant, bénéficier de l'aide du représentant... Les termes davantage juridiques de recueil du consentement, d'obtention du consentement ou d'assistance ne sont pas utilisés, témoignant des difficultés réelles, en pratique et en théorie, à poser un cadre juridique en la matière.

Une autre lacune de l'ordonnance du 11 mars 2020 doit être soulignée. En effet, le législateur s'est exclusivement cantonné à mentionner les régimes de protection avec représentation relative à la personne, en occultant totalement le cas des **régimes de protection avec assistance**, ce qui correspond dans la majorité des cas au régime de la curatelle. Ce manque de précision peut être regretté. Certes, la **curatelle** ne porte pas, en principe, sur les décisions relatives à la personne, mais uniquement sur la gestion patrimoniale. Cependant, l'entrée d'une personne protégée en institution n'est pas exclusivement l'exercice d'une liberté fondamentale, elle a également des conséquences importantes en matière financière. Cet engagement financier est matérialisé par le contrat de séjour, pour la signature duquel le représentant légal est le seul mentionné (CASF, art. D.311). Aucune référence n'est faite à l'éventuel organe de protection de la personne accueillie qui serait doté d'un pouvoir d'assistance. En l'absence de dispositions spéciales du CASF, il faut donc appliquer le droit commun des majeurs protégés, ce qui conduirait à requérir l'assistance du curateur pour la signature du contrat de séjour. Il faut toutefois également tenir compte des dispositions de l'article 459-2 du code civil, selon lesquelles « la personne protégée choisit le lieu de sa résidence ». Le texte vise la personne protégée de manière générale, et comme aucune disposition spécifique du CASF ne s'applique au cas de l'assistance, cette règle devrait s'appliquer au majeur sous curatelle. L'imprécision et le manque de cohérence des textes demeurent ainsi d'actualité, malgré la réforme opérée par l'ordonnance du 11 mars 2020.

Encadré 21. Un cadre juridique flou et incomplet

Le cadre juridique, incomplet et flou, est le suivant :

– L'usager est mineur :

- pour la prise en charge et la mise en place d'un accompagnement individualisé, le consentement du représentant légal doit être recherché ;
- pour l'élaboration et la mise en œuvre du projet d'accueil et d'accompagnement, le mineur bénéficie de l'aide de son représentant légal.

– L'usager est un majeur faisant l'objet d'un régime de protection avec représentation relative à la personne :

- pour la prise en charge et la mise en place d'un accompagnement individualisé, le consentement de la personne chargée de la protection, tenant compte de l'avis de la personne protégée, doit être recherché ;
- pour l'élaboration et la mise en œuvre du projet d'accueil et d'accompagnement, le majeur protégé bénéficie de l'aide de la personne chargée de la protection, qui doit tenir compte de l'avis de l'usager.

– L'usager est un majeur faisant l'objet d'un régime de protection sans représentation relative à la personne : aucune disposition spécifique n'est prévue, alors même que la personne peut être inapte à exprimer sa volonté.

À retenir

Le consentement et l'expression de la volonté de l'usager

La personne majeure capable

– En état d'exprimer sa volonté :
  - Elle prend les décisions relatives à sa santé, avec le professionnel de santé ; peut retirer son consentement à tout moment ; elle dispose d'un droit absolu au refus de traitement, même si ce refus met sa vie en danger.
  - Elle bénéficie d'une recherche de son consentement pour sa prise en charge et son accompagnement ; elle dispose d'un droit de participation directe à la conception et à la mise en œuvre de son projet d'accueil et d'accompagnement.

– Hors d'état d'exprimer sa volonté :
  - Le professionnel de santé doit consulter la personne de confiance, la famille ou un des proches (ordre hiérarchisé) avant toute prise de décision.
  - Aucune disposition spécifique n'est prévue dans le secteur social et médico-social.

Le mineur

– Principe :
  - Le mineur participe à la décision en fonction de son degré de maturité.
  - Les représentants légaux consentent aux soins pratiqués sur le mineur.
  - Le médecin peut délivrer les soins indispensables en cas de refus des représentants légaux qui entraîne des risques graves pour la santé du mineur.

– Exceptions :
  - Le mineur qui souhaite conserver le secret sur son état de santé peut bénéficier, sous conditions, de soins sans recueil du consentement des représentants légaux.
  - Le mineur en rupture familiale consent seul aux soins.

Le majeur faisant l'objet d'un régime de protection

– Régime de protection avec représentation relative à la personne :
  - Si le majeur est apte à exprimer sa volonté, son consentement doit être obtenu, au besoin avec l'assistance de la personne chargée de sa protection ; si le majeur est inapte à exprimer sa volonté, c'est la personne chargée de sa protection qui autorise ou non l'acte médical, en tenant compte de l'avis exprimé par la personne protégée.
  - Pour la prise en charge et la mise en place d'un accompagnement individualisé, le consentement de la personne chargée de la protection, tenant compte de l'avis de la personne protégée, doit être recherché.
  - Pour l'élaboration et la mise en œuvre du projet d'accueil et d'accompagnement, le majeur protégé bénéficie de l'aide de la personne chargée de la protection, qui doit tenir compte de son avis.

– Régime de protection sans représentation relative à la personne :
  - Le patient consent seul aux soins.
  - Aucune disposition spécifique n'est prévue dans le secteur social et médico-social.

Pour aller plus loin

Arnal-Capdevielle I., *Le droit des établissements et services sociaux et médico-sociaux*, 2e éd., Presses de l'EHESP, coll. « Fondamentaux », 2023.

Demichel A., « Médecine et droit : bilan provisoire d'une cohabitation problématique », *in Mélanges J.-M. Auby*, Dalloz, 1992, p. 705.

Favier Y., « Vulnérabilité et fragilité : réflexions autour du consentement des personnes âgées », *RDSS*, 2015, p. 702.

Mémeteau G., Girer M., *Cours de droit médical*, 5e éd., LEH, 2016.

Métayer-Cluzel L., « Le droit au consentement dans les lois des 2 janvier et 4 mars 2002 », *RDSS*, 2012, p. 442.

Raoul-Cormeil G., « Le rôle du mandataire dans le choix du logement de la personne âgée protégée », *RDSS*, 2019, p. 658.

Vignon-Barrault A., « Les droits fondamentaux de la personne âgée », *RDSS*, 2018, p. 767.

Commission nationale consultative des droits de l'homme, *Avis sur le consentement des personnes vulnérables*, 16 avril 2015, *JORF* n° 0158 du 10 juillet 2015.

Chapitre 5

Le droit à l'information de l'usager

Pour que l'usager puisse exprimer une volonté éclairée à propos des soins ou de l'accompagnement proposé (sur l'expression de volonté de l'usager, ➡ **voir chapitre 4**), il doit bénéficier d'un certain nombre d'informations lui permettant de comprendre les enjeux et les conséquences de sa décision. Cette information dépend de sa capacité de discernement et doit être adaptée à ses facultés de compréhension et à son degré de maturité. Il faut également prévoir les modalités d'accès à ces informations, pendant et après la prise en charge. C'est pourquoi les lois n° 2002-2 du 2 janvier 2002 et n° 2002-303 du 4 mars 2002 comprennent chacune des dispositions relatives au droit à l'information de l'usager et à l'accès aux informations.

1 L'information de l'usager

A - Dans le secteur sanitaire

L'information constitue un préalable nécessaire à l'expression de la volonté du patient : le consentement libre et éclairé du malade est la pierre angulaire de la relation de soin, et il ne peut y avoir de véritables consentements sans information. L'information s'impose en raison de la qualité de personne humaine du patient et du nécessaire respect de sa dignité[1]. L'obligation d'informer le patient a d'abord été imposée par la jurisprudence, avant d'être expressément consacrée par la loi, dans le code de la santé publique (CSP, art. L.1111-2 issu de la loi n° 2002-303 du 4 mars 2002). Elle constitue également une obligation déontologique pour les professionnels de santé (par exemple pour le médecin : CSP, art. R.4127-35, al. 1er) : le patient doit recevoir une information claire, loyale et appropriée sur son état de santé et sur les investigations et les soins proposés. Le législateur a posé un cadre juridique précis, concernant le contenu de l'information, ses modalités de délivrance et ses destinataires.

Le contenu de l'information

Définition du contenu de l'information

Selon l'article L.1111-2, I, alinéa 1er du CSP, « toute personne a le droit d'être informée sur son état de santé » : il s'agit d'un droit fondamental reconnu au patient. Le texte détaille ensuite le contenu de l'information, qui doit porter non seulement sur l'acte en tant que tel (les investigations, les traitements, les actions de prévention), mais également sur son utilité, son

1. Cass. Req., 28 janvier 1942, *Parcelier c/Teyssier.*

urgence, ses conséquences, les alternatives éventuelles, les conséquences prévisibles en cas de refus et les risques qu'il comporte. L'information sur les risques liés à l'acte médical est source de nombreuses interrogations : si le législateur indique que le professionnel de santé doit délivrer une information sur les **risques fréquents ou graves normalement prévisibles**, il ne donne pas de définition de ces critères. La jurisprudence a tenté d'apporter quelques précisions, sans toutefois clarifier totalement ce point : le risque « normalement prévisible » est le risque connu au moment de l'acte ; les caractères de fréquence et de gravité sont indépendants ; le risque exceptionnel doit être mentionné dès lors qu'il est grave. La doctrine a également proposé une définition des risques graves, entendus comme ceux « qui sont de nature à avoir des **conséquences mortelles, invalidantes, ou même esthétiques graves compte tenu de leurs répercussions psychologiques ou sociales**[2] ». La suite de l'article L.1111-2, I, alinéa 1er du CSP indique que la personne doit également être informée de la possibilité de recevoir les soins, lorsque son état de santé le permet, sous forme ambulatoire ou à domicile. Enfin, le patient a droit à une information sur les frais liés à sa prise en charge (qu'il s'agisse d'activités de prévention, de diagnostic ou de soins) et sur les conditions de remboursement et de dispense d'avance de frais (CSP, art. L.1111-3). Les professionnels de santé exerçant à titre libéral et les centres de santé doivent afficher leurs honoraires sur les lieux de réception des patients et leur remettre, le cas échéant, un devis préalable précisant leurs tarifs au-delà d'un certain montant. Quant aux établissements de santé, ils doivent délivrer ces informations par affichage et sur les sites internet de communication au public (CSP, art. L.1111-3-2).

Sanction du défaut d'information

Le contentieux relatif à la sanction du défaut d'information est abondant : la jurisprudence actuelle retient que le défaut d'information sur un risque qui s'est finalement réalisé et qui a causé un dommage au patient peut constituer une **perte de chance** et/ou un **préjudice d'impréparation** (voir par exemple, Cass. civ. 1re, 3 juin 2010, *Bull. civ. I*, n° 573).

Exceptions à l'obligation d'information

Il existe des **exceptions** à l'obligation d'information, prévues à l'article L.1111-2, I, alinéas 2 et 4 du CSP : il s'agit de l'urgence, de l'impossibilité d'informer (par exemple, lorsque le patient est inconscient et que les proches ne sont pas joignables) et du souhait du patient d'être tenu dans l'ignorance d'un diagnostic ou d'un pronostic, souhait qui doit être respecté sauf lorsque des tiers sont exposés à un risque de transmission (VIH, Hépatite C...).

2. P. Sargos, rapp. sur Cass. 1re civ., 14 octobre 1997, n° 95-19.609.

Encadré 22. L'information postérieure à la prise en charge

Si l'information a pour objectif principal d'éclairer le consentement, et donc d'être antérieure à celui-ci, il existe aussi une information postérieure aux soins ou aux traitements. En effet, le professionnel de santé est tenu d'informer le patient du déroulement de l'acte, de ses conséquences et du suivi nécessaire, notamment par l'intermédiaire de comptes rendus. Il doit également l'informer en cas de découverte de risques nouveaux, postérieurement à l'acte de soins, sauf impossibilité de le retrouver (CSP, art. L.1111-2, I, al. 1er : par exemple pour des patients qui auraient reçu une trop forte dose d'irradiation lors d'examens radiographiques ou en cas d'implantation de produits qui se révèlent défectueux). De plus, l'article L.1142-4 du CSP précise que toute personne s'estimant victime d'un dommage imputable à une prestation de soins, ses ayants droit ou son représentant légal ont droit à une information sur les circonstances et les causes du dommage (information délivrée par entretien dans un délai de quinze jours suivant la découverte du dommage ou la demande, pour favoriser le dialogue et le règlement amiable des litiges). Enfin, lorsque le patient est pris en charge dans un établissement de santé, il doit recevoir au moment de sa sortie un document l'informant du coût de l'ensemble des prestations reçues : part couverte par son régime d'assurance maladie obligatoire, part couverte par son organisme d'assurance complémentaire, solde qu'il doit acquitter (CSP, art. L.1111-3-1).

Les modalités de délivrance de l'information

Nécessité d'un entretien individuel

L'information doit être délivrée au cours d'un entretien individuel (CSP, art. L.1111-2, I, al. 3) : un échange oral, qui permet un dialogue avec le patient, est indispensable pour que celui-ci puisse poser des questions et obtenir les informations qui lui permettront de comprendre les enjeux de sa décision. Ce n'est que dans certains cas particuliers prévus par la loi qu'une information écrite est exigée (par exemple, pour les recherches impliquant la personne humaine). Cependant, le législateur précise qu'en cas de litige, il appartient au professionnel ou à l'établissement de santé d'apporter la preuve que l'information a bien été délivrée à la personne. Cette preuve peut être apportée par tout moyen (CSP, art. L.1111-2, IV). Ainsi, même si l'écrit n'est exigé ni comme modalité de délivrance de l'information, ni comme modalité de preuve de l'information, il peut parfois être utile pour assurer une bonne traçabilité de l'information. Dans ce cas, l'écrit ne pourra être qu'un complément de l'information orale et il n'a pas à être signé par le patient. Il peut aussi être intéressant de mentionner dans le dossier du patient les informations qui ont été transmises ainsi que la date et les participants présents au rendez-vous.

Encadré 23. Les formulaires de consentement et d'information

Depuis le début du XXIe siècle, les formulaires écrits de consentement et d'information se multiplient et il est désormais rare, notamment en matière de chirurgie, que les professionnels de santé se contentent d'une information orale. Cependant, les formulaires écrits ne peuvent pas remplacer l'information orale exigée par le législateur et délivrée lors d'un entretien individuel. Ils peuvent être admis comme mode de preuve, mais seulement en complément, pour synthétiser et fixer des informations transmises oralement.

Ce principe est rappelé par la Haute Autorité de santé (HAS)[3] : l'information est toujours orale et l'écrit ne peut constituer qu'un complément, comportant des informations hiérarchisées, synthétiques et compréhensibles. La HAS précise que l'écrit n'a pas à être signé par le patient et qu'il ne doit d'ailleurs contenir aucune formule destinée à inviter le patient à apposer sa signature.

Professionnels tenus de l'obligation d'information

Cette information incombe à **tout professionnel de santé dans le cadre de ses compétences** et dans le respect des règles professionnelles qui lui sont applicables (CSP, art. L.1111-2, I, al. 2). Cela signifie que chaque professionnel de santé est tenu de délivrer l'information au patient, qu'il exerce seul ou en équipe, comme salarié, professionnel libéral ou agent de la fonction publique, en cabinet, à domicile ou en établissement de santé. Chacun n'est tenu de transmettre que les éléments relevant de son domaine propre de compétences ou de spécialisation, tout en les replaçant dans la démarche globale de soins. La répartition des rôles entre les différents intervenants peut parfois poser problème, en termes de coordination de l'information. Par exemple, c'est le médecin spécialiste qui doit informer directement le patient des investigations et des résultats des examens réalisés, information dont il n'est pas dispensé par la transmission de ces éléments au médecin traitant (voir par exemple, CE, 28 juillet 2011, n° 331126).

Les destinataires de l'information

L'information doit être « loyale, claire et appropriée » (CSP, art. R.4127-35 pour les règles déontologiques applicables aux médecins), ou encore « loyale, adaptée et intelligible » (CSP, art. R.4312-13 pour les règles déontologiques applicables aux infirmiers). Il existe différentes formulations, mais toutes concourent à un même objectif : **la meilleure compréhension possible par le patient des informations communiquées**. L'information doit être

3. HAS, « Délivrance de l'information à la personne sur son état de santé. Principes généraux », Recommandation de bonne pratique, mai 2012.

compréhensible, synthétique, hiérarchisée et personnalisée. Cela nécessite de tenir compte de la personnalité et des capacités du patient. Divers cas de figure doivent donc être distingués.

Patient majeur juridiquement capable

S'il est en état d'exprimer sa volonté, il est en principe le seul destinataire de l'information. Il peut toutefois choisir de se faire accompagner par sa personne de confiance (➡ **voir chapitre 4**), qui pourra assister aux entretiens avec les professionnels de santé et recevoir toutes les informations, en même temps que le patient.

Dans l'hypothèse d'un patient majeur capable hors d'état d'exprimer sa volonté (par exemple, une personne en situation de coma), avant toute prise de décision et sauf urgence ou impossibilité, le professionnel de santé doit consulter la personne de confiance, ou la famille, ou l'un des proches du patient (CSP, art. L.1111-4, al. 5). Il est bien évident que cette consultation implique une information des personnes concernées afin qu'elles puissent témoigner de ce qu'aurait été la volonté du patient s'il avait pu s'exprimer.

Patient majeur avec mesure de protection juridique

Les règles applicables à l'information des patients majeurs protégés ont été clarifiées par l'ordonnance n° 2020-232 du 11 mars 2020 relative au régime des décisions prises en matière de santé, de prise en charge ou d'accompagnement social ou médico-social à l'égard des personnes majeures faisant l'objet d'une mesure de protection juridique. L'article L.1111-2, III du CSP invite à un raisonnement en trois temps :

– Tout d'abord, l'**information doit être délivrée au majeur protégé**, quel que soit le régime de protection mis en place, de manière adaptée à sa capacité de compréhension : le majeur protégé est le premier destinataire de l'information.
– Ensuite, l'**information doit aussi être délivrée à la personne chargée d'une mesure de protection juridique avec représentation relative à la personne** (par exemple, au tuteur ou au mandataire désigné par un mandat de protection future, lorsqu'ils ont pour mission d'assurer la protection de la personne). Ainsi, le secret professionnel (➡ **voir chapitre 6**) n'est pas opposable au représentant à la personne qui bénéficie du même droit à l'information que le majeur.
– Enfin, l'**information peut être délivrée à la personne chargée d'une mesure de protection juridique avec assistance relative à la personne** (par exemple, un curateur), uniquement si le majeur protégé donne son consentement exprès : l'information de l'assistant du patient est soumise au consentement de ce dernier, il s'agit d'un droit conditionné.

Patient mineur

Selon l'article L.1111-2, II du CSP, les droits des mineurs sont exercés par les titulaires de l'autorité parentale ou par le tuteur : ce sont eux qui sont destinataires de l'information. Cependant, la suite du texte précise que les mineurs ont le droit de recevoir eux-mêmes une information et de participer à la prise de décision les concernant, de manière adaptée à leur degré de maturité.

Il faut réserver le cas particulier du mineur désirant garder le secret sur son état de santé (➡ **voir chapitre 4**) : dans cette hypothèse, puisque les soins peuvent être pratiqués sans le consentement des représentants légaux du mineur, il est bien évident que ceux-ci ne sont plus créanciers du droit à l'information et que les informations doivent être communiquées directement au mineur.

Il faut enfin préciser que le mineur en rupture familiale, qui bénéficie d'une affiliation personnelle directe au régime de sécurité sociale, consent seul aux soins (CSP, art. L.1111-5, al. 2) : il est alors le seul destinataire de l'information.

B - Dans le secteur social et médico-social

Principe général

L'exercice des droits et libertés individuels doit être garanti aux usagers pris en charge par les établissements et services sociaux et médico-sociaux. Cependant, il existe peu de dispositions spécifiques relatives à l'information à délivrer aux usagers de ces structures. L'article L.311-3, 3° du CASF indique que le consentement éclairé de la personne doit être systématiquement recherché lorsque la personne est apte à exprimer sa volonté et à participer à la décision, sans aucune précision complémentaire relative à l'information qui doit être communiquée. Les seules indications supplémentaires concernent deux points.

En premier lieu, il s'agit du cas de l'usager mineur ou de l'usager majeur faisant l'objet d'une mesure de protection juridique avec représentation relative à la personne : dans cette hypothèse, c'est le consentement du représentant légal, tenant compte de l'avis de la personne protégée, qui doit être recherché. La question de l'information n'est pas abordée et le consentement a perdu son adjectif « éclairé », mais il est tout de même possible de retenir que l'information doit être transmise à ce représentant légal. Il est toutefois regrettable que le législateur ne le précise pas, comme il est regrettable qu'il se contente de rechercher le consentement du représentant légal et non de le recueillir ou de l'obtenir.

En second lieu, l'article L.311-3, 6° du CASF précise que l'usager a droit à une information sur ses droits fondamentaux, sur les protections particulières légales et contractuelles dont il bénéficie et sur les voies de recours à sa disposition.

La charte des droits et libertés de la personne accueillie

La Charte des droits et libertés de la personne accueillie, mentionnée à l'article L.311-4 du CASF et établie par un arrêté du 8 septembre 2003, tente d'apporter quelques précisions dans son article 3 consacré au droit à l'information (➡ **voir annexes**). Elle indique que la personne a droit à une information claire, compréhensible et adaptée, qui doit porter sur la prise en charge, l'accompagnement, les droits de l'usager, l'organisation et le fonctionnement de l'établissement ou du service, ainsi que sur les associations d'usagers qui œuvrent dans le même domaine. L'article 4 quant à lui insiste sur le consentement éclairé de la personne, qui doit être recherché en l'informant, par tous les moyens adaptés à sa situation, des conditions et conséquences de la prise en charge et de l'accompagnement et en veillant à sa compréhension.

La personne de confiance

Il faut, enfin, rappeler que, comme dans le secteur sanitaire, l'usager peut désigner une personne de confiance (CASF, art. L.311-5-1) : celle-ci pourra l'accompagner dans ses démarches ou ses entretiens médicaux et ainsi recevoir l'information délivrée à l'usager, en même temps que lui. Depuis la réforme opérée par la loi n° 2024-317 du 8 avril 2024 portant mesures pour bâtir la société du bien vieillir et de l'autonomie, les missions de la personne de confiance sont identiques dans le secteur sanitaire et dans le secteur social et médico-social (➡ **voir chapitre 4**).

2 Le droit d'accès aux informations contenues dans le dossier de l'usager

A - Dans le secteur sanitaire

La loi n° 2002-303 du 4 mars 2002 a consacré le droit pour le patient de bénéficier d'un accès direct à ses informations afin de garantir la meilleure autonomie possible du malade. Selon l'article L.1111-7, al. 1er du CSP, « toute personne a accès à l'ensemble des informations concernant sa santé » détenues, à quelque titre que ce soit, par des professionnels et établissements de santé. La suite du texte précise le contenu des informations communicables, les modalités d'accès et les titulaires de ce droit d'accès.

Le contenu des informations communicables

Lors de l'adoption de la loi n° 2002-303 du 4 mars 2002, le législateur n'a pas souhaité utiliser l'expression de « dossier médical », mais il a préféré celle d'« informations concernant sa santé »[4], plus générique et qui permet d'englober tous les types de supports qui centralisent de telles informations, quelle que soit leur dénomination. Il a ensuite choisi de qualifier les informations communicables : ce sont les **informations formalisées**, ou qui ont fait l'objet d'**échanges écrits** entre professionnels de santé, dès lors qu'elles sont détenues « par des professionnels de santé, par des établissements de santé, par des centres de santé, par le service de santé des armées ou par l'Institution nationale des invalides ». Puis il établit une **liste non exhaustive** des informations communicables : il s'agit « notamment des résultats d'examen, comptes rendus de consultation, d'intervention, d'exploration ou d'hospitalisation, des protocoles et prescriptions thérapeutiques mis en œuvre, feuilles de surveillance, correspondances entre professionnels de santé ». Enfin, il exclut du champ de la communication les « informations mentionnant qu'elles ont été recueillies auprès de tiers n'intervenant pas dans la prise en charge thérapeutique ou concernant un tel tiers ». La liste est fournie et témoigne d'une volonté de donner un large champ d'application au droit d'accès aux informations, tout en préservant les droits des personnes extérieures à la relation de soins.

Encadré 24. Les notes personnelles des médecins

L'absence de précision quant à la définition de ce qu'est une information « formalisée » et le caractère non exhaustif de la liste établie par le législateur ont suscité de nombreux débats quant à l'obligation de communiquer ou non les notes personnelles des médecins. Il s'agit en général d'un écrit que le médecin rédige pour lui, afin de conserver une trace de ses réflexions personnelles : le caractère écrit de cette note suffit-il à en faire une information communicable ? C'est le décret n° 2012-694 du 7 mai 2012 portant modification du code de déontologie médicale qui a réglé la question et qui a apporté une réponse négative : l'article R.4127-45, alinéa 2 du CSP modifié par ce décret précise que « les notes personnelles du médecin ne sont ni transmissibles, ni accessibles au patient et aux tiers ».

4. Dans la partie réglementaire du CSP (CSP, art. R.1111-1 et s.), c'est l'expression d'« *informations de santé à caractère personnel* » qui est employée.

Les modalités d'accès à l'information

Choix possible entre accès direct ou accès indirect

Si la loi du 4 mars 2002 a consacré le droit du patient à un accès direct aux informations concernant sa santé, elle n'a toutefois pas imposé cet accès direct : le patient a une possibilité de choix entre l'accès direct et l'accès par l'intermédiaire d'un praticien qu'il désigne.

Si l'usager choisit un accès direct, il a le droit de consulter seul les informations concernant sa santé. Cependant, la présence d'une tierce personne lors de la consultation de certaines informations peut être recommandée par le médecin qui a établi ces informations ou qui en est dépositaire, pour des motifs tenant aux risques que leur connaissance sans accompagnement ferait courir à la personne concernée. Mais le patient peut refuser la présence de la tierce personne et prendre connaissance seul de ces éléments.

À titre exceptionnel, la consultation des informations recueillies dans le cadre d'une hospitalisation sans consentement peut être subordonnée à la présence d'un médecin désigné par le demandeur en cas de risques d'une gravité particulière. En cas de refus du demandeur, la commission départementale des hospitalisations psychiatriques est saisie. Son avis s'impose au détenteur des informations comme au demandeur. C'est la seule vraie exception au droit d'accès direct. Cette disposition vise à satisfaire les revendications des médecins qui faisaient valoir l'importance d'un accompagnement dans l'accès aux informations de santé des personnes souffrant de troubles psychiatriques.

Modalités d'accès

En pratique, la demande doit être adressée directement au professionnel de santé qui détient les informations, si celui-ci exerce à titre individuel. Dans le cas d'un acte de soins ou d'un traitement qui s'est déroulé dans un établissement de santé, la demande doit être envoyée au responsable de cet établissement ou à la personne qu'il a spécifiquement désignée. Le nom de cette personne doit être porté à la connaissance du public par tous moyens appropriés (CSP, art. R.1111-1, al. 2).

Le législateur a imposé des délais de communication des informations : un délai minimum de 48 h doit s'écouler avant toute communication, afin de laisser au patient un temps de réflexion quant à sa volonté réelle d'accéder aux informations. Il existe également un délai maximum, qui est en principe de 8 jours, mais qui peut être porté à deux mois lorsque les informations datent de plus de cinq ans ou lorsque la commission départementale des soins psychiatriques est saisie.

Encadré 25. Les modalités concrètes de consultation des informations

En pratique, le patient peut consulter ces informations soit en se déplaçant chez le professionnel ou dans l'établissement de santé, soit en demandant l'envoi de copies, soit par voie électronique si l'établissement de santé possède les dispositifs techniques adaptés (CSP, art. R.1111-1, al. 2).

Si la consultation a lieu sur place, c'est le principe de gratuité qui s'applique. Si le patient souhaite une remise de copies de documents (soit sur place, soit par envoi), il doit s'acquitter des frais de délivrance de ces copies. L'établissement de santé doit mettre en œuvre un dispositif spécifique d'accompagnement médical : les informations doivent être communiquées, selon les cas, par le médecin responsable de la structure concernée, par tout membre du corps médical de l'établissement désigné par lui à cet effet ou par le médecin responsable de la prise en charge du patient. En l'absence de ce dernier, la communication est assurée par le ou les médecins désignés par la commission ou la conférence médicale (CSP, art. R.1112-1, al. 2).

Les titulaires du droit d'accès à l'information

Pour déterminer quels sont les titulaires du droit d'accès aux informations, il faut distinguer deux situations, selon que le patient est vivant ou non. Dans tous les cas, le destinataire de la demande doit vérifier l'identité du demandeur ainsi que la qualité de médecin de la personne éventuellement désignée comme intermédiaire.

Patient vivant

Lorsque le patient est vivant, le principal titulaire du droit d'accès est bien évidemment l'usager lui-même : il est le seul à pouvoir accéder aux informations, éventuellement accompagné par sa personne de confiance. Il peut également choisir un mandataire spécifiquement désigné à cet effet (mandat exprès). Le législateur a cependant prévu deux cas particuliers, concernant les personnes protégées.

Il s'agit, en premier lieu, du patient mineur (CSP, art. L.1111-7, al. 5) : le droit d'accès est exercé par le ou les titulaires de l'autorité parentale. Ce principe connaît une atténuation : il est possible pour le mineur de demander que cet accès ait lieu par l'intermédiaire d'un médecin. Il connaît également une exception : lorsque le mineur a souhaité conserver le secret sur son état de santé (CSP, art. L.1111-5 et L.1111-5-1 ; ➡ **voir chapitre 4**), les titulaires de l'autorité parentale ne peuvent pas avoir accès aux informations concernant la santé du mineur qui ont été constituées à l'occasion des actes couverts par le secret. Dans cette hypothèse, les professionnels de santé (médecin, sage-femme ou infirmier uniquement) doivent s'efforcer d'obtenir le consentement du mineur à la communication des informations mais, si le mineur maintient son opposition, la communication ne peut pas avoir lieu (CSP, art. R.1111-6). Il est alors possible de se demander si, dans cette hypothèse, le mineur peut lui-même accéder à ces informations, ce qui pourrait sembler logique mais qui n'a malheureusement pas été précisé par le législateur.

Il s'agit, en second lieu, du patient majeur qui fait l'objet d'une mesure de protection juridique. Si la mesure implique une représentation relative à la personne, la personne en charge de la mesure a accès aux informations dans les mêmes conditions que le majeur : l'accès ne peut pas lui être refusé et le secret professionnel ne lui est pas opposable. Si la mesure comporte seulement une assistance, la personne chargée de l'assistance peut avoir accès aux informations, mais uniquement avec le consentement exprès de la personne protégée.

Patient décédé [5]

En cas de décès du malade (CSP, art. L.1111-7, al. 6), le législateur énumère la liste des personnes susceptibles d'avoir accès aux informations[6] : ce sont les ayants droit (il s'agit des héritiers, parmi lesquels figure le conjoint survivant), le concubin et le partenaire lié par un pacte civil de solidarité. Cependant, leur droit d'accès est restreint par les dispositions de l'article L.1110-4, V du CSP, qui instaurent deux limites :

– En premier lieu, le patient ne doit pas s'être opposé à cet accès de son vivant.
– En second lieu, seules peuvent être communiquées les informations nécessaires pour permettre de connaître les causes de la mort, pour défendre la mémoire du défunt ou pour faire valoir les droits des demandeurs (par exemple, pour bénéficier du versement d'une prime d'assurance). Le demandeur doit impérativement préciser le motif pour lequel il a besoin d'avoir connaissance de ces informations.

Le cas spécifique du patient mineur décédé[7] est également prévu (CSP, art. L.1110-4, V) : les titulaires de l'autorité parentale conservent leur droit d'accès à la totalité des informations médicales concernant le mineur, à

5. Sur ce thème, voir aussi le chapitre 6 sur le secret professionnel.

6. La loi n° 2021-1017 du 2 août 2021 relative à la bioéthique a ajouté le cas spécifique de l'accès aux informations par le médecin prenant en charge une personne susceptible de faire l'objet d'un examen des caractéristiques génétiques.

7. Le cas du patient majeur protégé décédé n'est pas spécifiquement abordé, dans la mesure où le régime de protection des majeurs prend fin avec le décès de la personne protégée. Il faut alors appliquer les règles générales relatives à tous les patients décédés.

l'exception des éléments relatifs aux décisions médicales pour lesquelles le mineur aurait demandé que le secret soit assuré à l'égard de ses représentants légaux.

Encadré 26. Le refus de communication des informations concernant la santé

Si le dispositif d'accès aux informations concernant la santé du patient est clairement détaillé par le législateur, aucune sanction n'est cependant prévue en cas de refus de communication. En l'absence de sanction spécifique, il est nécessaire de recourir au droit commun. Ainsi, si le refus de communication émane d'un professionnel de santé exerçant à titre libéral ou d'un établissement de santé privé, le **juge des référés du tribunal judiciaire** pourra être saisi. Si le refus est émis par un établissement public de santé, c'est la **commission d'accès aux documents administratifs** (CADA) qui sera compétente (puis le tribunal administratif en cas de refus persistant).

B - Dans le secteur social et médico-social

Dans le secteur social et médico-social, l'encadrement juridique est beaucoup moins développé. En effet, le législateur se contente d'indiquer, à l'article L.311-3, 5° du CASF, que « l'accès à toute information ou document relatif à sa prise en charge, sauf dispositions législatives contraires » doit être assuré à l'usager. L'article 3 alinéa 2 de la Charte des droits et libertés de la personne accueillie précise que « la personne a accès aux informations la concernant dans les conditions prévues par la loi ou la réglementation. La communication de ces informations ou documents par les personnes habilitées à les communiquer en vertu de la loi s'effectue avec un accompagnement adapté de nature psychologique, médicale, thérapeutique ou socio-éducative » (➡ **voir annexes**). Ces deux textes forment le socle d'un droit d'accès assez flou qui varie selon la nature de l'information.

S'il s'agit des informations relatives à la santé de l'usager, les règles à suivre sont celles exposées précédemment : ces règles s'appliquent à toutes les personnes, quel que soit leur statut (patient au sein d'un établissement de santé ou consultant un professionnel de santé libéral, usager au sein d'un établissement ou d'un service social ou médico-social).

S'il s'agit des informations concernant la prise en charge sociale ou médico-sociale de l'usager, **seul le principe du droit d'accès est posé par le législateur, sans autre précision**. Il faut se reporter aux dispositions relatives à la constitution d'un dossier unique de l'usager, obligatoire dans certains établissements. Ce dossier contient les informations personnelles de l'usager, avec un volet administratif (fiche de renseignements, contrat de séjour, régime de protection mis en place...) et un volet technique (comptes rendus des réunions de suivi et d'accompagnement, projets individuels...). En l'absence de règles particulières de communication des informations, il appartiendra à chaque établissement ou service de définir les règles de consultation et la procédure à suivre. Celles-ci doivent être inscrites dans le règlement de fonctionnement, affiché dans l'établissement et remis aux usagers, dans la mesure où l'un des objectifs de ce règlement est de définir les modalités concrètes d'exercice des droits des usagers (CASF, art. R.311-35). S'agissant de personnes vulnérables, l'accent doit être mis sur la nécessité d'un accompagnement adapté, destiné à aider l'usager dans sa compréhension des informations.

À retenir

Le droit à l'information de l'usager

Dans le secteur sanitaire

– Contenu :
- Information sur l'acte lui-même, l'utilité, l'urgence, les alternatives, les conséquences en cas de refus, les risques fréquents ou graves normalement prévisibles, la forme ambulatoire ou à domicile, les frais liés à la prise en charge, les risques nouveaux découverts après l'acte...
- Exceptions : urgence, impossibilité, refus du patient d'être informé.
- Sanction du défaut d'information : perte de chance et/ou préjudice d'impréparation.

– Modalités de délivrance :
- Entretien individuel.

– Chaque professionnel de santé dans son domaine de compétence. Destinataires :
- Patient majeur juridiquement capable : seul destinataire de l'information.
- Patient majeur protégé :
  - le patient lui-même de manière adaptée à son discernement ;
  - la personne chargée d'une mesure de protection juridique avec représentation relative à la personne ;
  - la personne chargée d'une mesure de protection juridique avec assistance relative à la personne uniquement avec le consentement exprès du patient.
- Patient mineur :
  - Principe :
    · représentants légaux ;
    · mineur de manière adaptée à son degré de maturité.
  - Exception : mineur désirant garder le secret sur son état de santé.

Dans le secteur social et médico-social

– Recherche systématique du consentement éclairé de l'usager apte à exprimer sa volonté et à participer à la décision.
– Usager mineur ou majeur protégé : consentement (et donc information) du représentant légal, tenant compte de l'avis de la personne protégée.
– Droit à une information sur les droits fondamentaux, les protections légales et contractuelles et les voies de recours.

Les titulaires du droit d'accès aux informations contenues dans le dossier de l'usager

Dans le secteur sanitaire

– Le patient est vivant :
- Le patient est un majeur capable : il est le seul titulaire du droit d'accès.
- Le patient est une personne protégée :
  - le patient est un mineur :
    - principe : droit d'accès par les titulaires de l'autorité parentale ;
    - atténuation : possibilité pour le mineur de demander la présence d'un médecin ;
    - exception : mineur désirant garder le secret sur son état de santé ;
  - le patient est un majeur protégé :
    - régime de protection avec représentation relative à la personne : accès par le majeur et par son représentant ;
    - régime de protection avec assistance : accès par le majeur et par l'assistant, uniquement avec le consentement exprès du majeur.

– Le patient est décédé :
- Le patient était majeur :
  - accès par les ayants droit, le concubin ou le partenaire lié par un pacte civil de solidarité ;
  - accès impossible si le majeur s'y est opposé de son vivant ;
  - accès restreint aux informations nécessaires pour permettre de connaître les causes de la mort, pour défendre la mémoire du défunt ou pour faire valoir les droits des demandeurs.
- Le patient était mineur :
  - accès par les titulaires de l'autorité parentale ;
  - accès impossible aux informations relatives aux actes pour lesquels le mineur a demandé le secret sur son état de santé.

Dans le secteur social et médico-social

– Informations relatives à la santé de l'usager : application des règles précédentes.
– Informations relatives à la prise en charge sociale et médico-sociale de l'usager (peu de précisions) :
- accès par l'usager ou son représentant ;
- accompagnement adapté de l'usager.

Pour aller plus loin

Arnal-Capdevielle I., *Le droit des établissements et services sociaux et médico-sociaux*, 2e éd., Presses de l'EHESP, coll. « Fondamentaux », 2023.

Debost C., « L'accès aux informations dans le secteur médico-social », *in* Vialla F. (dir.), *Jurisprudences du secteur social et médico-social*, Dunod, 2012, p. 275.

Ghozia A., « Les modalités d'obtention du dossier médical par le patient ou ses ayants droit », *Gaz. Pal.*, 22 septembre 2020, p. 70.

Mémeteau G., Girer M., *Cours de droit médical*, 5e éd., LEH, 2016.

Porchy-Simon S., *Santé. Responsabilité médicale. Responsabilité pour faute d'éthique médicale. Consentement libre et éclairé du patient. Secret médical*, *JurisClasseur Resp. civ. et assur.*, Fasc. 440-30, 2022.

Reynier M., « L'obligation d'information due par le médecin », *in* Vialla F. (dir.), *Les grandes décisions du droit médical*, 2e éd., LGDJ, 2014, p. 188.

Rousset G., « Le droit à l'information de l'usager et du patient depuis les lois des 2 janvier et 4 mars 2002 », *in* « Les lois des 2 janvier et 4 mars 2002 : dix ans après », *RDSS*, 2012, n° 3, p. 431.

Chapitre 6

Le droit au respect du secret professionnel

Le respect du secret professionnel est une exigence essentielle dans le cadre des soins et de l'accompagnement puisque ce type d'activité met naturellement en jeu l'intimité des personnes. Il correspond à l'**obligation par laquelle les professionnels de santé doivent taire les informations confidentielles dont ils sont les dépositaires**. Ce secret joue aujourd'hui un rôle clef dans la construction des droits des patients et des usagers, même si des dérogations au principe du secret se développent de plus en plus.

1 Le principe du secret professionnel

Plusieurs questions doivent être envisagées afin d'expliquer de manière précise le secret professionnel, traitant tant de ses fondements normatifs que de ses acteurs et des informations ainsi couvertes.

A - Les fondements et enjeux du secret professionnel

Les fondements du secret professionnel

Le secret professionnel en matière de santé est protégé par une **grande diversité de normes**. C'est le cas des normes **déontologiques** puisque, dès le serment d'Hippocrate, la question s'est posée : « Admis(e) dans l'intimité des personnes, je tairai les secrets qui me seront confiés. Reçu(e) à l'intérieur des maisons, je respecterai les secrets des foyers et ma conduite ne servira pas à corrompre les mœurs » ; « je respecterai les secrets qui me seront confiés, même après la mort de mon patient ». De manière plus récente, la déontologie continue de s'en saisir à travers l'article R.4127-4 du CSP si l'on ne prend que l'exemple du code de déontologie médicale (tous les codes de déontologie des professions de santé intégrant ce secret) : « Le secret professionnel, institué dans l'intérêt des patients, s'impose à tout médecin dans les conditions établies par la loi. Le secret couvre tout ce qui est venu à la connaissance du médecin dans l'exercice de sa profession, c'est-à-dire non seulement ce qui lui a été confié, mais aussi ce qu'il a vu, entendu ou compris. » Le devoir de respect du secret est d'ailleurs qualifié de « **principe déontologique fondamental** » par le code de la sécurité sociale dans son article L.162-2.

Le législateur accorde, lui aussi, une place centrale au secret professionnel. Il y a bien évidemment une **dimension pénale** puisque l'article 226-13 du code pénal, qui n'est pas propre au secret professionnel en matière de santé, punit sa violation par celui qui le détient du fait de son état, de sa profession ou en raison d'une fonction ou d'une mission temporaire d'une peine d'un an d'emprisonnement et de 15 000 € d'amende. Naturellement, le **code de la santé publique** s'en saisit aussi avec l'article L.1110-4. L'idée est que tout patient ou tout usager, c'est-à-dire toute personne prise en charge par un professionnel de santé, un établissement ou service, que l'on soit dans le secteur sanitaire ou dans le secteur social et médico-social, a droit « au respect de sa vie privée et au respect du secret des informations la concernant ». L'article L.1110-4 du CSP présente donc le secret professionnel comme une déclinaison du droit au respect de la **vie privée**. Cela est logique puisqu'au-delà de ces dispositions spécifiques, les informations relatives à l'état de santé de la personne sont également protégées par une disposition générale, l'article 9 du **code civil**, selon lequel chacun a droit au respect de sa vie privée, les informations sur la santé d'une personne relevant à coup sûr de la vie privée. Quant au **code de l'action sociale et des familles**, il traite peu de manière explicite de la question du secret mais s'y réfère en accordant de l'importance, dans son article L.311-3, aux questions de respect de la vie privée (présentée comme la vie privée et familiale depuis la loi n° 2024-317 du 8 avril 2024) et de confidentialité.

Il n'y a pas que le droit interne qui régit la question du secret. Le **droit européen**, au sens du droit de la Convention européenne de sauvegarde des droits de l'homme, le fait également. Pourtant, il ne traite pas du secret professionnel de manière autonome et le rattache au droit au respect de la vie privée et familiale protégé par l'article 8 de la Convention. Cette protection ressort de la jurisprudence européenne[1] dont il faut tirer trois idées :

- La première est que la protection des données à caractère personnel, et spécialement des données médicales, revêt une importance fondamentale pour l'exercice du droit au respect de la vie privée et familiale.
- La deuxième se fonde sur le respect du caractère confidentiel des informations sur la santé, lequel constitue un principe essentiel du système juridique de toutes les parties contractantes à la Convention.
- La dernière idée pousse à dire que ce secret est capital non seulement pour protéger la vie privée des patients, mais également pour préserver leur confiance dans le corps médical et les services de santé en général.

Les enjeux du secret professionnel

Le droit au respect du secret professionnel est donc l'un des droits des patients les plus importants probablement, mais qui, en pratique, est l'un des plus fréquemment violés. Quelques affaires médiatiques peuvent en convaincre. Le premier exemple est la fameuse affaire *Gubler*, du nom du

1. Spécialement CEDH *arrêt Z... c/ Finlande* du 25 février 1997 ou *M. S. c/ Suède*, 27 août 1997.

médecin personnel du président Mitterrand qui fera des révélations sur la santé de celui-ci dans un ouvrage intitulé *Le Grand Secret*, publié après le décès de l'ancien président. Tant en première instance[2] qu'en appel[3] et en cassation[4], la violation du secret médical sera retenue, justifiant quatre mois d'emprisonnement avec sursis et l'interdiction du livre. C'est aussi, deuxième exemple, de manière beaucoup plus récente, l'affaire Schumacher dans laquelle des informations sur la santé et l'état de l'ancien champion de formule 1 étaient révélées de manière régulière, sans même parler du vol de son dossier médical... Au-delà de ces exemples médiatiques, c'est aussi, et surtout, des cas quotidiens d'informations révélées à des personnes en dépit du secret.

La diversité de ces fondements normatifs révèle l'importance des enjeux du secret professionnel, spécialement au sein du « colloque singulier », c'est-à-dire au sein de la relation particulière qui unit professionnel et usager. Pour s'en convaincre, il faut citer une phrase souvent reprise mais d'une grande pertinence : « Il n'y a pas de soins sans confidence, de confidence sans confiance et de confiance sans secret[5]. » Cette formule doit être expliquée pour en saisir pleinement le sens. En premier lieu, avancer qu'il n'y a pas de soins sans confidence induit que le patient doit se confier au soignant, lui révéler une part de lui, de son intimité pour que ce professionnel puisse prendre soin de lui. En deuxième lieu, cette phrase relie de manière forte confidence et confiance : un patient ne se confie pas à une personne en qui il n'a pas confiance, naturellement. En dernier lieu, le lien entre confiance et secret : le patient ne va pas se confier, *a priori*, s'il sait que les informations qu'il révèle vont être divulguées à tous. Au final, si l'on reprend cette phrase en enlevant les éléments intermédiaires, cela signifie qu'il n'y a pas de soins sans secret. En somme, le secret est consubstantiel au soin et à l'accompagnement, il est la condition de la confiance, démontrant bien la force des enjeux. Cette force, le droit l'a bien saisie, comme le montre la jurisprudence dans l'arrêt fondateur de la Cour de cassation du 19 décembre 1885, l'affaire *Watelet* : l'objet du secret en matière de santé est la confiance mutuelle au sein de la relation médicale : « en imposant à certaines personnes [...] l'obligation de secret comme un devoir de leur état, le législateur a entendu assurer la confiance qui s'impose dans l'exercice de certaines professions et

2. TGI Paris, 23 octobre 1996, *JCP* 1997. II. 22844, note Derieux.

3. Paris, 27 mai 1997, *JCP* 1997. II. 22894, note Derieux.

4. Civ. 1re, 14 décembre 1999, n° 97-15.756 P, *Dalloz*, 2000, n° 372, note Beignier, *JCP* 2000. II. 10241, concl. Petit.

5. Hoerni B., *Éthique et déontologie médicale*, 2e éd., Masson, 2000.

garantir le repos des familles qui peuvent être amenées à révéler leurs secrets par suite de cette confiance nécessaire[6] ».

B - Les acteurs du secret professionnel

Les acteurs du secret professionnel renvoient tant à celui qui doit le respecter qu'à celui qui en bénéficie.

Personnes tenues au secret professionnel

Au sujet des personnes tenues au secret, le principe est clair : tous les **professionnels intervenant dans le système de santé** et les **travailleurs sociaux** sont débiteurs de cette obligation. Cela concerne :

- les professions médicales telles que définies par le code de la santé publique, c'est-à-dire les médecins, les sages-femmes et les chirurgiens-dentistes ;
- les professions paramédicales (infirmières, masseurs-kinésithérapeutes, pédicures-podologues, psychomotriciens, orthophonistes, orthoptistes...) ;
- les professions pharmaceutiques (pharmaciens d'officine, pharmaciens hospitaliers...) ;
- les travailleurs sociaux (éducateurs spécialisés, moniteurs-éducateurs, assistantes sociales...).

Cette application générale se fonde notamment sur des dispositions spécifiques. L'article L.1110-4, alinéa 2 du CSP indique : « Il [le secret] s'impose à tous les professionnels intervenant dans le système de santé. »

Ces professionnels sont soumis au secret quel que soit le cadre de leur activité. Ainsi, une infirmière, par exemple, devra respecter cette obligation qu'elle exerce dans un établissement de santé, un cabinet libéral, un établissement médico-social comme un EHPAD notamment ou au sein du service de la protection maternelle et infantile (PMI). Ce secret ne cesse d'ailleurs de s'imposer à un professionnel qui continue d'exercer alors qu'il a fait l'objet d'une radiation par la juridiction disciplinaire de l'ordre (ici, pour le cas d'un médecin, CE 17 juin 1998, n° 156532 A).

Cette large application du secret professionnel provient de la diversité forte des dispositions juridiques fondant ce droit des patients et des usagers, fondements normatifs dont il a été question précédemment. De ce fait, il est plus adapté d'utiliser l'expression de « secret professionnel » plutôt que celle de « secret médical ». En effet, si cette dernière expression est la plus utilisée

6. Crim., 19 décembre 1885, *Watelet*, Bull. crim., n° 363 ; *GADS*, 2e éd., *Dalloz*, 2016, n° 101.

en pratique, elle n'est pas la plus précise puisqu'elle peut laisser penser que seuls les médecins ou que seules les professions médicales telles que définies précédemment sont concernés, ce qui n'est pas le cas.

La question pourra surprendre, mais il faut se demander si le secret professionnel doit aussi être respecté par le patient pour les informations qui le concernent. Dit d'une autre manière, le patient qui révèle des informations sur sa santé viole-t-il le droit au respect du secret professionnel ? La jurisprudence permet de savoir que non : rien n'interdit au patient, et par extension à un usager, qui consulte un professionnel de santé (ici un médecin) de faire connaître à autrui le diagnostic posé ou le traitement préconisé par ce professionnel, y compris lorsque cette divulgation se traduit par la transmission d'ordonnances[7].

Personnes bénéficiaires du secret professionnel

Quant aux bénéficiaires du secret professionnel, ce sont toutes les personnes qui sont au contact du système de santé pour y recevoir des soins ou être accompagnées, couvrant donc tant le secteur sanitaire que le secteur social et médico-social. Ce bénéfice ne cesse d'ailleurs pas avec le décès du patient ou de l'usager, la divulgation des informations protégées étant toujours prohibée[8].

C - Informations soumises au secret professionnel

L'article L.1110-4 du CSP prévoit, dans son deuxième alinéa, que le secret professionnel couvre « l'ensemble des informations concernant la personne venues à la connaissance du professionnel, de tout membre du personnel de ces établissements, services ou organismes, et de toute autre personne en relation, de par ses activités, avec ces établissements ou organismes », ces structures concernant tant le secteur sanitaire que social et médico-social. Cela est tout à fait convergeant avec ce que la jurisprudence a pu établir antérieurement sur le fondement des dispositions du code de déontologie médicale : le secret vise tous les éléments qui sont portés à la connaissance du médecin dans l'exercice de sa profession, tant ce qui lui a été directement confié que ce qu'il a pu aussi voir, entendre et comprendre[9]. Plus encore, il faut avoir à l'esprit que le secret porte bien entendu sur les informations médicales mais aussi sur les informations non médicales connues à l'occasion de la relation de soins[10], le cas étant identique au sein du secteur social et

7. Crim., 18 novembre 1986, n° 85-93.308 P.

8. Paris, 27 mai 1997, *LPA*, 9 juillet 1997, p. 26, note Derieux et Gras, à nouveau dans l'affaire du Dr Gubler.

9. CE, 7 février 1994, n° 121290 A, *Dalloz*, 1995. Somm. 99, obs. Penneau.

10. Paris, 19 janvier 1996, n° 5416/95, *DP santé*, étude Secret médical, n° 33.

médico-social. *A contrario*, cela signifie que la transmission d'informations qui sont parvenues à la connaissance d'un professionnel de santé en dehors de l'exercice de son métier, par exemple lors de visites purement amicales, ne contrevient pas au secret professionnel[11].

Une autre interrogation porte sur la notion d'**informations déjà connues**. Certains pourraient croire que le fait qu'un renseignement soit déjà transmis par ailleurs dispense le professionnel de santé ou le travailleur social du nécessaire respect du secret professionnel. Tel n'est pourtant pas le cas : il importe peu que le fait divulgué ait déjà été évoqué par la rumeur publique voire même qu'il soit connu dans son ensemble, le professionnel ne s'en trouve pas dispensé pour autant, au contraire, puisque la divulgation qu'il peut faire tend à confirmer ce qui n'était qu'une rumeur[12]. Dans le même état d'esprit, le fait que des membres de la famille ou les services de secours aient été témoins des éléments qu'un professionnel révèle ne le dispense pas du respect du secret professionnel[13].

2 Les exceptions au secret professionnel

Comme tout principe, le secret professionnel connaît des dérogations. Certaines sont prévues par le code pénal (art. 226-14), tandis que d'autres sont permises par le code de la santé publique (art. L.1110-4).

A - Les exceptions prévues par le code pénal

L'article 226-14 du code pénal vise cinq cas (si l'on exclut le cas du vétérinaire et des mauvais traitements sur les animaux) qui correspondent tous à des permissions et non à des obligations de révélation d'informations couvertes par le secret.

Le premier se fonde sur la situation dans laquelle une personne, quelle que soit sa qualité ou ses fonctions, informe les autorités judiciaires, médicales ou administratives de **privations** ou de **sévices** qu'une personne aurait subis, y compris lorsqu'il s'agit d'atteintes ou de mutilations sexuelles, et dont elle a eu connaissance. Pour que ce signalement soit admis comme une exception au secret professionnel, il faut que ces privations ou sévices aient

11. Civ. 2e, 6 décembre 1978, n° 77-12.573 P.

12. Cas de l'affaire du Dr Gubler, déjà citée, TGI Paris, 5 juillet 1996, *Dalloz*, 1998. Somm. 86, obs. Massis ; de manière plus globale, Crim., 16 mai 2000, n° 99-85.304 P.

13. CE, 15 décembre 2010, n° 330314 B.

été infligés à un mineur ou, plus globalement, à une personne qui n'est pas en mesure de se protéger en raison de son âge ou de son incapacité physique ou psychique. Aucune condition d'accord à la transmission n'est exigée de la personne victime.

Le deuxième cas concerne, à la différence du premier, non seulement le médecin, mais aussi plus globalement, tout professionnel de santé. Il s'agit d'informer certaines autorités des **sévices** ou **privations physiques et/ou psychiques** qu'il a pu constater dans l'exercice de sa profession et qui lui permettent de penser que des **violences physiques, sexuelles ou psychiques** de toute nature ont été commises. Les destinataires de ce signalement sont le procureur de la République ou la cellule de recueil, de traitement et d'évaluation des informations préoccupantes relatives aux mineurs en danger ou qui risquent de l'être, prévue par l'article L.226-3, alinéa 2 du CASF. À la différence du premier cas qui a été présenté, ce signalement doit être réalisé avec l'**accord de la victime.** Par exception, si la victime est mineure ou n'est pas en mesure de se protéger en raison de son âge ou de son incapacité physique ou psychique, son accord n'est pas nécessaire.

Le troisième cas est particulièrement récent puisqu'il date de la loi n° 2024-420 du 10 mai 2024 visant à renforcer la lutte contre les dérives sectaires et à améliorer l'accompagnement des victimes et porte sur les **dérives sectaires**. Cette dérogation au secret concerne tout professionnel de santé, notamment médecin, qui, avec l'accord de la victime, porte à la connaissance du procureur de la République des informations relatives à des « faits de placement, de maintien ou d'abus frauduleux d'une personne dans un état de sujétion psychologique ou physique, au sens de l'article 223-15-3 du présent code [code pénal] » si ce professionnel pense que cette sujétion a « pour effet de causer une altération grave de sa santé physique ou mentale ou de conduire cette personne à un acte ou à une abstention qui lui sont gravement préjudiciables ». L'exigence d'accord de la victime connaît cependant des exceptions dans le cas où la victime est mineure ou si elle n'est pas en mesure de se protéger en raison de son âge ou de son incapacité physique ou psychique. Dans ces hypothèses, le professionnel de santé doit informer la victime du signalement qui est réalisé.

Le quatrième cas vise, là encore, spécifiquement les professionnels de santé dans toute leur diversité et traite d'une possibilité permise par la loi n° 2020-936 du 30 juillet 2020 au sujet des **violences conjugales**. Tout professionnel de santé peut ainsi informer le procureur de la République des violences exercées au sein d'un couple s'il estime qu'elles mettent la vie de la victime majeure en danger immédiat et que celle-ci n'est pas en mesure de se protéger en raison de la contrainte morale résultant de l'emprise exercée par l'auteur des violences. Le professionnel doit s'efforcer d'obtenir l'accord de la victime majeure, exigence qui relève de l'obligation de moyen et non de l'obligation de résultat. S'il ne parvient pas à obtenir cet accord, il doit uniquement informer la victime du signalement qu'il aura réalisé.

Le dernier cas prend en compte les professionnels de la santé, mais aussi ceux de l'action sociale, dans l'hypothèse où ils informeraient le préfet (ou, à Paris, le préfet de police) du **caractère dangereux pour elles-mêmes ou pour autrui** des personnes qui les consultent et dont ils savent qu'elles détiennent une arme ou qu'elles ont manifesté leur intention d'en acquérir une.

Dans toutes ces hypothèses, ce même article 226-14 du code pénal établit clairement que la délivrance d'informations soumises au secret ne peut engager la responsabilité civile, pénale ou disciplinaire de son auteur, à moins qu'il soit démontré qu'il a agi de mauvaise foi.

Encadré 27. Quelles dérogations au secret professionnel hors du champ de la santé ?

Au-delà de ce que prévoient le code pénal et le code de la santé publique, d'autres situations impliquent de se demander si des dérogations au secret sont prévues.

C'est le cas, par exemple, en matière de **droits de la défense** dans le cadre d'un procès. L'idée est de déterminer dans quelle mesure des informations couvertes par le secret peuvent être utilisées par une partie au procès pour se défendre si elles sont utiles pour la manifestation de la vérité. Lorsque la responsabilité d'un professionnel de santé est mise en cause, il peut se fonder sur des informations soumises au secret pour tenter de démontrer son absence de responsabilité.

Une autre illustration porte sur le **domaine des assurances** à travers des situations dans lesquelles un contentieux pose la question de la transmission à l'assureur de chacune des parties d'informations soumises au secret. La jurisprudence est riche d'enseignements. Il ressort ainsi qu'un médecin traitant ne peut pas, dans le cadre d'une procédure contractuelle de conciliation entre un assuré et son assureur, communiquer des informations d'ordre médical, sans l'accord de son patient, au médecin-conseil d'une compagnie d'assurances, même si ces informations sont transmises à un médecin[14]. De la même manière, le consentement du patient quant à la transmission des informations est l'élément clef pour un établissement public de santé qui ne peut pas, sans cet accord, communiquer le dossier d'un patient au médecin expert d'une compagnie d'assurances[15].

14. Metz, 13 mars 2002, *JCP* 2003. IV. 1365.
15. TA Nice, 9 mars 2007, *AJDA*, 2007. 1089, concl. Dieu.

B - Les exceptions prévues par le code de la santé publique

Les exceptions au secret professionnel prévues par le code de la santé publique sont multiples.

Le soutien direct au patient

La première exception porte sur l'information que la famille, les proches et la personne de confiance d'un patient dont le diagnostic ou le pronostic sont graves, reçoivent pour leur permettre de lui apporter un soutien direct. Dans cette hypothèse, seul un médecin est habilité à délivrer ces informations. Il peut les faire délivrer par un autre professionnel, mais ce sera alors sous sa seule responsabilité. Cette exception n'est possible que si le patient ne s'y est pas opposé.

Ce soutien direct peut correspondre, par exemple, à la recherche d'une structure adaptée à l'état de santé du patient et à la volonté de comprendre les circonstances des blessures subies par celui-ci au sein d'un établissement[16]. À l'inverse, si le but recherché par les ayants droit d'un patient mourant consiste à obtenir un avis médical auprès d'un autre établissement, cette demande ne peut être regardée comme motivée par le souci d'apporter un soutien direct au patient[17].

L'accès aux informations postérieures au décès du patient[18]

La seconde dérogation est prévue en cas de décès du patient. Il est alors possible de transmettre des informations à ses ayants droit, son concubin ou son partenaire mais uniquement dans trois buts :

– connaître les causes de la mort ;
– défendre la mémoire du défunt. Dans cette hypothèse, l'ayant droit doit préciser les circonstances qui le conduisent à défendre la mémoire du défunt pour que l'équipe de soins puisse identifier les documents nécessaires à la poursuite de l'objectif correspondant[19] ;
– faire valoir les droits des ayants droit. Comme pour le cas précédent, l'ayant droit doit apporter des précisions, ici sur la nature des droits qu'il souhaite faire valoir pour qu'une réponse adaptée lui soit apportée[20]. Cela

16. CADA, 5 septembre 2019, n° 20192620.
17. CAA Nantes, 30 mars 2007, n° 06NT01154.
18. Cette question est aussi traitée dans le chapitre 5 « Le droit à l'information de l'usager ».
19. CADA, avis, 31 décembre 2019, n° 20192033 et 20192055.
20. *Ibid.*

peut correspondre, par exemple, au souhait d'établir certains faits d'abus de faiblesse ayant pour conséquence une spoliation d'héritage[21].

Pour que cette transmission puisse être effectuée, il est obligatoire qu'aucune volonté contraire n'ait été exprimée par le patient avant son décès, cette volonté relevant de l'appréciation des juges du fond en cas de contentieux[22].

Quel que soit le motif de la demande, les informations transmises ne correspondent pas, par principe, à l'ensemble des informations figurant dans le dossier du patient, mais uniquement à celles qui sont nécessaires à la réalisation de l'objectif poursuivi par les ayants droit[23]. L'équipe de soins n'est donc pas liée par une éventuelle liste de pièces réclamées par le demandeur[24]. Cela ne signifie pour autant pas qu'un médecin dispose de la faculté d'apprécier l'opportunité de la communication de tout ou partie du dossier, il doit seulement vérifier l'adéquation des pièces communiquées par rapport aux motifs légaux de communication invoqués par le demandeur[25].

Le partage d'informations

Précédemment nommé « **secret partagé** », le partage d'informations est une exception fondamentale au secret professionnel en ce qu'il constitue la condition d'une bonne qualité des soins et de l'accompagnement. Comment en effet soigner une personne si les informations dont dispose un membre de l'équipe ne sont pas partagées avec les autres membres ? Cette exception est prévue par l'article L.1110-4 du CSP selon lequel un professionnel peut échanger avec un ou plusieurs professionnels identifiés des informations relatives à une même personne prise en charge si deux conditions sont respectées :

– d'une part, ces professionnels doivent tous participer à la prise en charge du patient, condition qui paraît tout à fait logique ;
– d'autre part, il faut que ces informations soient strictement nécessaires à la coordination ou à la continuité des soins, à la prévention ou à son suivi social et médico-social.

---

21. CADA, avis, 31 décembre 2019, n° 20191577.

22. CE, 21 septembre 2020, n° 427435 B, *AJDA*, 2020. 1759 ; *RDSS*, 2020. 1149, concl. Dieu.

23. CE, 26 septembre 2005, CNOM, n° 270234 A, *GADS*, 2e éd., Dalloz, 2016, n° 72 ; CAA Nantes, 20 octobre 2011, n° 10NT00271, *AJDA* 2012, 98, chron. Degommier.

24. CADA, avis, 31 décembre 2019, n° 20185885 et 20186064.

25. CADA, avis, 27 juin 2019, n° 20185553.

Au-delà de cette idée générale, deux cas sont distingués selon que les professionnels appartiennent ou non à la même équipe de soins. Lorsque ces professionnels appartiennent à la même équipe, ils peuvent partager les informations concernant une personne qui sont strictement nécessaires à la coordination ou à la continuité des soins ou à son suivi social et médico-social sans avoir besoin de demander au patient son consentement. Cette absence de consentement se fonde sur l'idée que les informations sont réputées confiées par la personne à l'ensemble de l'équipe. À l'inverse, dans le second cas, lorsque ces professionnels n'appartiennent pas à la même équipe de soins, le partage d'informations nécessaires à la prise en charge est aussi possible mais avec le consentement préalable du patient.

> La notion clef est donc celle d'**équipe de soins** puisque c'est en fonction d'elle que le **consentement** du patient est exigé ou non. Que recouvre-t-elle ? Le code de la santé publique la définit dans son article L.1110-12 : l'équipe de soins est « un ensemble de professionnels qui participent directement au profit d'un même patient à la réalisation d'un acte diagnostique, thérapeutique, de compensation du handicap, de soulagement de la douleur ou de prévention de perte d'autonomie, ou aux actions nécessaires à la coordination de plusieurs de ces actes ».

Cette phrase amène, avant toute chose, une remarque globale : ce sont tant le secteur sanitaire que le secteur social et médico-social qui sont visés, ce qui ressort des professionnels nommés mais aussi des actes cités. En effet, pour les professionnels, ne sont pas concernés les seuls professionnels de santé mais **l'ensemble des professionnels intervenant dans les secteurs sanitaire, social ou médico-social**. Cela vise donc par exemple tant un établissement de santé (qui compte aussi bien des professionnels de santé que des travailleurs sociaux) qu'un EHPAD ou un établissement accueillant des personnes en situation de handicap (ces établissements accueillants, en sens inverse, des travailleurs sociaux comme des professionnels de santé). Quant aux actes en cause : les actes diagnostiques et thérapeutiques visent les actes médicaux ou paramédicaux assez classiques, et ceux de compensation du handicap ou de prévention de la perte d'autonomie renvoient aux accompagnements médico-sociaux.

Continuons la présentation et l'analyse de l'article L.1110-12 du CSP et la **notion d'équipe de soins** : cet ensemble de professionnels, pour constituer une équipe de soins, peut correspondre à trois hypothèses.

Soit, première hypothèse, ils exercent dans la même structure, que ce soit un établissement de santé, ou un établissement ou service social ou médico-social, ce qui est assez simple à comprendre. Mais, de manière plus extensive, cela vise aussi une structure de coopération, d'exercice partagé ou de coordination sanitaire ou médico-sociale figurant sur une liste fixée par décret, lequel vise une maison de santé, un centre de santé, un groupement hospitalier de territoire (GHT), un groupement de coopération sanitaire (GCS) par exemple (Décret n° 2016-996 du 20 juillet 2016 relatif à la liste des structures de coopération, d'exercice partagé ou de coordination sanitaire ou médico-sociale dans lesquelles peuvent exercer les membres d'une équipe de soins).

Soit, deuxième hypothèse, les professionnels exercent dans un « ensemble, comprenant au moins un professionnel de santé », mais cet ensemble n'est pas juridiquement formalisé par la création d'une personne morale distincte. Un arrêté du 25 novembre 2016 donne des précisions et vise des situations informelles spécifiques, comme une équipe dans le cadre de la régulation médicale partagée, ou, au sujet de l'activité transfusionnelle, une équipe réunissant les professionnels de structures différentes qui collaborent sans qu'une coopération ne soit formalisée (établissements de transfusion sanguine ou du centre de transfusion sanguine des armées, des établissements de santé ou des hôpitaux des armées, des laboratoires de biologie médicale, des centres de référence ; Arrêté du 25 novembre 2016 fixant le cahier des charges de définition de l'équipe de soins visée au 3° de l'article L.1110-12 du code de la santé publique).

Soit, dernière hypothèse, les professionnels se sont vus reconnaître « la qualité de membre de l'équipe de soins par le patient qui s'adresse à eux pour la réalisation des consultations et des actes prescrits par un médecin auquel il a confié sa prise en charge », formule intéressante mais assez énigmatique qui n'est pas assortie de précisions.

Il ressort de ces éléments que le législateur à une notion relativement large de l'équipe de soins, ce qui simplifie la tâche des professionnels pour partager les informations.

Les règles relatives à ce partage d'informations datent d'une loi du 26 janvier 2016 ; est-ce à dire que ce partage était impossible avant ? Non, fort heureusement, puisque le partage d'informations au sein d'une équipe est crucial. Quelle différence alors avec le droit antérieur à 2016 ? Il y en a plusieurs. D'abord, n'étaient visés que les professionnels de santé, ce qui n'excluait pas les établissements ou services sociaux ou médico-sociaux (ESSMS) mais excluait les travailleurs sociaux au sein des établissements de santé et les ESSMS. Ensuite, la notion d'équipe de soins n'était pas du tout mobilisée. Enfin, le consentement de la personne n'était jamais requis, seul un droit d'opposition existait.

La notion d'équipe de soins étant traitée, il faut apporter des précisions sur la question du **consentement**. La première interrogation est la suivante : si le consentement est exigé lorsque le partage a lieu hors de l'équipe de soins, cela signifie-t-il qu'aucun consentement n'est requis lorsque le partage a lieu au sein de l'équipe de soins ? La réponse est positive en se fondant sur la présomption selon laquelle les informations sont réputées confiées par la personne à l'ensemble de l'équipe. Pour autant, d'autres précisions doivent être faites. D'une part, si le partage a lieu au sein de l'équipe, la personne est informée de son droit d'exercer une opposition à l'échange et au partage d'informations la concernant. Elle peut exercer ce droit à tout moment. Ce n'est donc pas un consentement préalable qui est exigé, uniquement un droit d'opposition. D'autre part, quant au consentement, c'est-à-dire dans le cas d'un partage hors de l'équipe de soins, il peut être recueilli par tout moyen, y compris de façon dématérialisée.

À retenir

Le droit au respect du secret professionnel

- Le secret professionnel en matière de santé est protégé par une grande **diversité de normes** tant déontologiques que juridiques, tant de droit commun (au sein des codes civil et pénal) que de droit spécial (au sein des codes de la santé publique ou de l'action sociale et des familles).
- Élément clef du droit au respect de la **vie privée**, le secret professionnel est une condition essentielle de relation entre un professionnel et un patient/usager en tant que facteur de **confiance**.
- **Tous les professionnels de santé et les travailleurs sociaux** sont tenus de respecter cette obligation, ce secret étant professionnel et non pas seulement médical.
- Le secret vise **tous les éléments** qui sont portés à la connaissance du professionnel dans l'exercice de sa profession, tant ce qui lui a été directement confié que ce qu'il a pu aussi voir, entendre et comprendre.
- Les **exceptions** au secret sont nombreuses :
  - Certaines se fondent sur la révélation de privations ou de sévices ; de violences physiques, sexuelles ou psychiques de toute nature qui ont été commises ; de violences conjugales en cas de danger immédiat si la victime subit une contrainte morale l'empêchant de se protéger ; de dérives sectaires ou de possession d'arme ou du projet d'en acquérir une par une personne dangereuse pour elle-même ou pour autrui.
  - D'autres exceptions sont possibles :
    - information de la famille et des proches d'un patient en cas de diagnostic ou de pronostic grave pour permettre de leur apporter un soutien direct, sauf opposition du patient ;
    - en cas du décès du patient, transmission d'informations à ses ayants droit, son concubin ou son partenaire pour permettre de connaître les causes de la mort, de défendre la mémoire du défunt ou de faire valoir leurs droits, sauf volonté contraire exprimée par la personne avant son décès ;
    - partage d'informations entre professionnels et établissements.

Pour aller plus loin

Burnel Ph., « Les nouvelles règles qui président l'échange et le partage d'information entre professionnels en charge d'un même patient », *JDSAM*, n° 27, 2017, p. 114.

Daadouch C., Puech L., *Le partage d'informations sociales. Entre droit et éthique*, Presses de l'EHESP, coll. « Politiques et interventions sociales », 2023.

Jobart J.-C., « Le juge administratif et les limites du secret médical », *RDSS*, 2020, p. 344.

Legros B., Saison J., « Le secret professionnel, un principe assorti de dérogations », *RGDM*, n° 61, 2016, p. 27.

Manaouil C., « Le secret partagé entre professionnels depuis la loi santé du 26 janvier 2016 », *RGDM*, n° 61, 2016, p. 53.

Py B., « Cent ans de secret professionnel », *RDS*, n° 100, 2021, p. 230.

Truchet D., « Le secret médical, obligation obsolète ou exigence actuelle ? », *Mélanges en l'honneur de Michel Bélanger*, LEH Édition, 2015, p. 317.

Vasseur-Lambry F., « Le secret professionnel/médical : une protection forte dans l'intérêt du patient », *RGDM*, n° 69, 2018, p. 97.

Chapitre 7
Le droit à la qualité des soins et de l'accompagnement

La qualité et la sécurité des soins et de l'accompagnement représentent un enjeu collectif majeur pour les acteurs tant du secteur sanitaire que du secteur social et médico-social. De ce fait, les différents textes ont mis en place des outils variés pour atteindre ces objectifs. C'est le cas avec la loi n° 2002-303 du 4 mars 2002 relative aux droits des malades et à la qualité du système de santé qui a reconnu à tout patient le droit de recevoir les soins les plus appropriés (CSP, art. L.1110-5). C'est aussi le cas avec la loi n° 2002-2 du 2 janvier 2002 rénovant l'action sociale et médico-sociale qui a attribué à tout usager le droit à « une prise en charge et un accompagnement individualisé de qualité favorisant son développement, son autonomie et son insertion, adaptés à son âge et à ses besoins » (CASF, art. L.311-3).

Afin de garantir cette qualité et cette sécurité des soins et de l'accompagnement, le législateur a imposé plusieurs exigences, lesquelles peuvent être regroupées selon qu'elles portent sur l'encadrement des pratiques ou sur leur évaluation.

1 La qualité des soins et de l'accompagnement par l'encadrement des pratiques

Les attentes en la matière se traduisent tant au sujet de la vigilance sanitaire que des soins appropriés et des connaissances médicales avérées.

A - La vigilance sanitaire

La vigilance sanitaire se caractérise par la surveillance des risques que les **produits de santé** peuvent engendrer sur la santé et le corps de la personne qui les utilise. Elle se fonde sur un processus continu de recueil, d'enregistrement et d'évaluation des **événements indésirables ou incidents** liés à l'utilisation de ces produits. L'objectif est d'optimiser leur sécurité d'emploi.

Cette vigilance est essentielle tant au sein des différentes structures sanitaires qu'au sein de celles qui, dans le secteur social et médico-social, ont recours aux produits de santé, comme c'est le cas des EHPAD ou d'un certain nombre d'établissements dans le champ du handicap (foyers d'accueil médicalisés [FAM] ; maisons d'accueil spécialisées [MAS]...).

Elle est réalisée grâce à un ensemble d'**acteurs** que sont :

- les professionnels de santé ;
- les industriels ;
- les usagers et associations d'usagers ;

- les réseaux locaux ou régionaux de vigilance ;
- l'Agence nationale de sécurité du médicament et des produits de santé (ANSM).

Elle peut être déclinée de manière spécifique selon le type de produit de santé auquel elle s'applique :

- la **pharmacovigilance** appréhende les médicaments et les produits qui y sont assimilés ;
- la **matériovigilance** vise spécifiquement les dispositifs médicaux ;
- la **réactovigilance** ne porte pas sur l'ensemble des dispositifs médicaux comme le ferait la matériovigilance, mais uniquement sur les dispositifs médicaux de diagnostic *in vitro*. Ces dispositifs sont les produits ou instruments destinés à être utilisés lors de tests réalisés en tube, c'est-à-dire en dehors de l'organisme vivant ou de la cellule, pour analyser des échantillons provenant du corps humain dans le but de fournir une information, notamment, sur l'état physiologique ou pathologique d'une personne ou sur une anomalie congénitale ;
- l'**hémovigilance** porte sur les produits sanguins labiles, c'est-à-dire les produits issus du sang d'un donneur, destinés à être transfusés à un patient, ce qui concerne, notamment, le sang total, le plasma et les cellules sanguines d'origine humaine ;
- la **biovigilance** s'applique aux éléments et produits du corps humain utilisés à des fins thérapeutiques, à l'exclusion des gamètes et des produits sanguins labiles. Elle traite également des produits qui en sont dérivés (autres que les médicaments), des dispositifs médicaux les incorporant et des produits thérapeutiques annexes ;
- la **cosmétovigilance** traite des produits cosmétiques.

La vigilance sanitaire peut également être indépendante d'un produit de santé spécifique, c'est le cas de la **toxicovigilance**.

Encadré 28. L'identitovigilance

Contrairement à ce que son nom laisse penser, l'identitovigilance n'est pas l'une des applications spécifiques de la vigilance sanitaire. Elle porte non pas sur les produits de santé mais sur les patients. Elle constitue un système de surveillance et de gestion des risques d'erreurs liées à l'identification des patients. Le but est d'éviter une confusion entre plusieurs personnes par laquelle le traitement ou l'opération prévus pour l'un serait administré ou réalisé sur l'autre. L'identitovigilance se base, notamment, sur la définition de règles de saisie de l'identité afin de lutter contre les homonymies.

B - Les soins appropriés et les connaissances médicales avérées

L'exigence de qualité des soins se fonde sur une disposition clef : l'article L.1110-5 du CSP. Il pose le principe selon lequel chaque personne dispose du droit de recevoir les traitements et les soins les plus appropriés mais aussi de bénéficier des « thérapeutiques dont l'efficacité est reconnue et qui garantissent la meilleure sécurité sanitaire » au regard des connaissances médicales avérées. Plus précisément, ce droit pour le patient s'exerce en fonction de son état de santé mais aussi de l'urgence des interventions que cet état implique.

Ce droit s'applique sur l'ensemble du territoire, précision ajoutée par la loi n° 2016-87 du 2 février 2016 créant de nouveaux droits en faveur des malades et des personnes en fin de vie portant sur tout type de soins, même si c'est plus spécifiquement le cas des soins palliatifs qui est visé. Cette même loi a aussi ajouté l'exigence du « meilleur apaisement possible de la souffrance » (➡ **voir chapitre 8**).

Ce principe de soins conformes aux connaissances médicales avérées est tout à fait convergent, quelle que soit la différence de formulation, avec ce que prévoit l'article R.4127-32 du CSP dans une disposition issue du code de déontologie médicale : « dès lors qu'il a accepté de répondre à une demande, le médecin s'engage à assurer personnellement au patient des soins consciencieux, dévoués et fondés sur les données acquises de la science, en faisant appel, s'il y a lieu, à l'aide de tiers compétents ».

Les actes de prévention, d'investigation ou de traitements et de soins ne doivent pas, en l'état des connaissances médicales, faire courir au patient des risques disproportionnés par rapport au bénéfice escompté.

Ces exigences concernent parfois de manière spécifique la question de la fin de vie. Ainsi, l'article L.1110-5 *in fine* du CSP indique que « toute personne a le droit d'avoir une fin de vie digne et accompagnée du meilleur apaisement possible de la souffrance. Les professionnels de santé mettent en œuvre tous les moyens à leur disposition pour que ce droit soit respecté » La question de l'accès aux soins palliatifs a été renouvelée à l'occasion des débats parlementaires relatifs à l'« aide à mourir » (➡ **voir chapitre 8**).

Encadré 29. Les recommandations de bonnes pratiques

Les recommandations de bonnes pratiques (RBP) jouent un rôle important tant dans le secteur sanitaire que dans le secteur social et médico-social. Pour l'ancienne Agence nationale de l'évaluation et de la qualité des établissements et services sociaux et médico-sociaux (ANESM), aujourd'hui intégrée à la Haute Autorité de santé (HAS), ces recommandations sont « des propositions développées méthodiquement pour aider le praticien et le patient à rechercher les soins les plus appropriés dans des circonstances cliniques données ». La Haute Autorité de santé les analyse comme « des repères, des orientations, des pistes pour l'action, destinées à permettre aux professionnels de faire évoluer leurs pratiques, pour améliorer la qualité des prestations rendues aux usagers et pour mettre en œuvre la démarche d'évaluation interne ».

En réalité, les RBP n'ont pas de caractère obligatoire dans la mesure où elles préconisent, « recommandent ». Pourtant, selon le Conseil d'État, une RBP peut être assimilée à un acte « faisant grief », ce qui la rend donc susceptible de porter atteinte aux droits d'une personne, dans la mesure où ce texte est censé faire le point sur l'état de la science dans un domaine précis. Elles peuvent être prises en compte dans l'appréciation de la faute en matière de responsabilité.

C - La qualité de l'accompagnement

Le droit à une prise en charge et un accompagnement individualisé de qualité prévu par l'article L.311-3 du CASF est rappelé dans les différentes chartes édictées au sein du secteur social et médico-social, mais avec peu de précisions. Ainsi, la Charte des droits et libertés de la personne accueillie prévoit, dans son article 7, non pas une disposition autonome mais des éléments rattachés au droit à la protection avec « le droit à la sécurité y compris sanitaire et alimentaire » et « le droit à un suivi médical adapté » (➡ **voir annexes**).

La Charte des droits et libertés de la personne âgée, en situation de handicap ou de dépendance l'aborde également, dans son article 10, mais de manière différente, à travers la qualification des intervenants : « Les soins et les aides de compensation des handicaps que requièrent les personnes malades chroniques doivent être dispensés par des intervenants formés, en nombre suffisant, à domicile comme en institution » (➡ **voir annexes**).

2 La qualité des soins et de l'accompagnement par l'évaluation des pratiques

L'exigence de qualité porte sur les soins et l'accompagnement que les professionnels comme établissements et services dispensent.

A - L'évaluation des pratiques des professionnels

L'évaluation des pratiques des professionnels se traduit de trois manières.

La première est la notion d'évaluation des pratiques professionnelles (EPP). L'EPP consiste en une analyse de la pratique professionnelle d'un soignant au regard de recommandations et selon une procédure élaborée ou validée par la Haute Autorité de santé. Elle constitue une obligation pour certains professionnels de santé comme les médecins, quel que soit leur mode d'exercice, dans le cadre du développement professionnel continu (DPC). Les établissements de santé sont tenus de développer une politique en la matière. L'EPP doit respecter les règles déontologiques et l'indépendance professionnelle des praticiens dans l'exercice de leur art.

La deuxième manière renvoie au développement professionnel continu (DPC). Le DPC est un dispositif obligatoire de formation continue des professions de santé. Son objectif est l'amélioration de la qualité et de la sécurité des soins par le maintien et l'actualisation des connaissances et des compétences ainsi que le perfectionnement des pratiques. Plus précisément, chaque professionnel de santé doit justifier, sur une période de trois ans, de son engagement dans une démarche de DPC comportant des actions de formation continue, d'analyse, d'évaluation et d'amélioration de ses pratiques et de gestion des risques (l'engagement dans une démarche d'accréditation valant engagement dans une démarche de DPC). Pour chaque profession ou spécialité, les conseils nationaux professionnels proposent un parcours pluriannuel de DPC qui permet à chaque professionnel de remplir son obligation. Ce dispositif est piloté par l'Agence nationale du développement professionnel continu (ANDPC) pour l'ensemble des professionnels de santé, quel que soit leur statut ou leurs conditions d'exercice.

La troisième et dernière traduction se fonde sur la certification périodique de certains professionnels de santé. En effet, la certification ne concerne pas seulement les établissements mais vise aussi, sous d'autres formes, certains professionnels de santé. En effet, depuis l'ordonnance n° 2021-961 du 19 juillet 2021 relative à la certification périodique de certains professionnels de santé, un nouveau sens a été donné à la certification, développant donc une dimension plus individuelle. Le but est de mettre en place une procédure de certification indépendante permettant, à échéances régulières au cours de la vie professionnelle, de garantir le maintien des compétences, la qualité des pratiques professionnelles, l'actualisation et le niveau des connaissances. Tous les professionnels de santé ne sont pas visés, seuls sont concernés les médecins, chirurgiens-dentistes, sages-femmes, pharmaciens, infirmiers, masseurs-kinésithérapeutes et pédicures-podologues.

Ils doivent suivre, au cours d'une période de six ans, un programme minimal d'actions visant à :

- actualiser leurs connaissances et leurs compétences ;
- renforcer la qualité de leurs pratiques professionnelles ;
- améliorer la relation avec leurs patients ;
- mais aussi « mieux prendre en compte leur santé personnelle ».

Il est à noter que les actions réalisées au titre du développement professionnel continu (DPC), de la formation continue et de l'accréditation sont prises en compte dans l'évaluation du respect de cette obligation de certification. Cette procédure de certification périodique a fait l'objet d'ajustements par le décret n° 2024-258 du 22 mars 2024, lequel précise les professionnels de santé relevant d'un ordre national soumis à l'obligation de certification périodique, ainsi que ceux pouvant bénéficier d'une exonération partielle. Il indique également les modalités de détermination, de réalisation et de prise en compte des actions de certification que le professionnel de santé doit mener, ainsi que les conditions minimales de réalisation de ces actions. Il précise en outre la période de computation nécessaire au respect de l'obligation en distinguant les situations professionnelles qui ne permettent pas de réaliser les actions de manière continue au cours de la période de six ans.

B - L'évaluation des pratiques des établissements et services

Cette adéquation est évaluée dans le cadre de différentes procédures propres à chaque secteur : la certification pour le secteur sanitaire, les évaluations interne et externe pour le secteur social et médico-social.

La certification dans le secteur sanitaire

La certification est un **processus externe d'évaluation de la qualité des pratiques des établissements de santé** mise en place dans un but d'amélioration de l'offre de soins (CSP, art. L.6113-3 et s.). Elle a été créée par la loi n° 2004-810 du 13 août 2004 relative à l'assurance maladie, mais elle se fonde en réalité sur l'expérience antérieure qu'a constituée l'accréditation initiée en 1996. L'organe qui porte la démarche de certification est la Haute Autorité de santé (HAS).

Encadré 30. La Haute Autorité de santé (HAS)

La HAS est une autorité publique indépendante à caractère scientifique dotée de la personnalité morale. Créée par la loi n° 2004-810 du 13 août 2004 relative à l'assurance maladie, elle prend la suite de plusieurs organes préexistants, notamment l'Agence nationale d'accréditation et d'évaluation en santé (ANAES).

Elle a pour but de contribuer à la régulation du système de santé par la qualité et l'efficience. Plus précisément, plusieurs missions lui sont confiées :
– Elle gère les procédures de certification des établissements de santé et d'accréditation des professionnels et des équipes médicales. Depuis la loi n° 2017-1836 du 30 décembre 2017 de financement de la sécurité sociale pour 2018, elle gère également la démarche qualité pour les établissements et services sociaux et médico-sociaux (ESSMS) en lieu et place de l'Agence nationale de l'évaluation et de la qualité des établissements et services sociaux et médico-sociaux (ANESM), aujourd'hui supprimée.
– Elle procède à l'évaluation périodique du service attendu et rendu des produits, actes ou prestations de santé. Elle contribue par ses avis à l'élaboration des décisions relatives à l'inscription, au remboursement et à la prise en charge par l'assurance maladie des produits, actes ou prestations de santé ainsi qu'aux conditions particulières de prise en charge des soins dispensés aux personnes atteintes d'affections de longue durée. Cette mission est assurée par son organe que constitue la Commission de la transparence.
– Elle élabore les guides de bon usage des soins, des médicaments (à l'exclusion des médicaments anticancéreux) ou les recommandations de bonnes pratiques. Elle procède à leur diffusion et contribue à l'information des professionnels de santé et du public dans ces domaines.
– Elle coordonne l'élaboration et assure la diffusion d'une information adaptée sur la qualité des prises en charge dans les établissements de santé à destination des usagers et de leurs représentants.
– Elle doit produire une analyse prospective du système de santé comportant des propositions d'amélioration de sa qualité, de son efficacité et de son efficience.

Pour l'accomplissement de ses missions, la Haute Autorité de santé travaille en liaison notamment avec l'Agence nationale de sécurité du médicament et des produits de santé (ANSM), Santé publique France et l'Agence nationale chargée de la sécurité sanitaire de l'alimentation, de l'environnement et du travail (ANSES).

Plus précisément, la certification est une procédure obligatoire qui vise à porter une appréciation indépendante sur la qualité des soins à l'aide d'indicateurs, de critères et de référentiels relatifs aux procédures, aux bonnes pratiques cliniques et aux résultats des différents services et activités de l'établissement. L'ensemble des établissements de santé est concerné par la démarche, qu'ils soient publics et privés. C'est aussi le cas des composantes de ces établissements (pôles et toute autre structure interne…). La certification s'applique, en outre, aux réseaux de santé et aux groupements de coopération sanitaire (GCS), ainsi qu'aux groupements hospitaliers de territoire (GHT).

Deux phases successives composent cette procédure. La première est une **évaluation interne** (aussi nommée auto-évaluation) pendant laquelle la structure analyse, à son initiative, la conformité de ses pratiques aux référentiels de la HAS. Puis, succède une deuxième phase dans laquelle une **évaluation externe** est réalisée, se traduisant par la venue des experts-visiteurs de la HAS qui procèdent eux-mêmes à cet examen.

Il en ressort un rapport qui mesure les écarts par rapport aux référentiels et peut se conclure de quatre manières différentes :

- certification avec mention ;
- certification ;
- certification sous conditions ;
- non-certification.

Au vu de ces différents éléments, cette procédure est d'une grande importance tant pour les structures que pour les patients qui, indirectement, en bénéficient à travers l'amélioration de la qualité et de la sécurité des soins.

Encadré 31. L'accréditation existe toujours !

Au-delà de l'ancien nom donné à la procédure d'évaluation externe des établissements de santé qu'est aujourd'hui la certification, l'accréditation est une notion toujours en usage dans une dimension non plus collective mais individuelle (CSP, art. L.1414-3-3 et L.4135-1). Elle correspond à la procédure d'évaluation externe des pratiques professionnelles des médecins et des équipes médicales réalisée par la HAS au sein des établissements de santé.

L'accréditation est délivrée aux médecins ou aux équipes médicales d'une même spécialité exerçant en établissement de santé s'ils ont satisfait aux critères suivants :
- avoir procédé à la déclaration des événements considérés comme porteurs de risques médicaux concernant leur activité en établissement de santé ;
- avoir mis en œuvre, le cas échéant, les recommandations individuelles résultant de l'analyse des événements porteurs de risque qu'ils ont déclarés ;
- avoir mis en œuvre les référentiels de qualité des soins ou de pratiques professionnelles élaborés avec la HAS ainsi que les recommandations générales de gestion des risques résultant de l'analyse des événements porteurs de risques enregistrés, des études de risques et de la veille scientifique ;
- avoir satisfait aux exigences de participation aux activités du programme d'amélioration de la sécurité des pratiques de la spécialité dont ils relèvent dans le cadre défini par la HAS.

Ces critères doivent être satisfaits pendant une période de douze mois pour les médecins engagés pour la première fois dans l'accréditation, et de quatre ans pour le renouvellement de l'accréditation.

Cette procédure est facultative et ses résultats sont publics. L'accréditation accordée est valable pour une durée de quatre ans. Elle constitue une modalité de satisfaction à l'obligation d'évaluation des pratiques professionnelles (EPP). Elle concourt, sous certaines conditions, au respect de l'obligation de développement professionnel continu (DPC) pour certaines spécialités médicales.

L'évaluation dans le secteur social et médico-social

Initialement appliqués au secteur sanitaire, les concepts de qualité et de sécurité ont ensuite été déclinés au sein du secteur social et médico-social par la loi n° 2002-2 du 2 janvier 2002 rénovant l'action sociale et médico-sociale. Ce texte a en effet reconnu à tout usager le droit à « une prise en charge et un accompagnement individualisé de qualité favorisant son développement, son autonomie et son insertion, adaptés à son âge et à ses besoins » (CASF, art. L.311-3). La déclinaison de ce droit se traduit notamment par la procédure d'évaluation, qui correspond dans son esprit à la démarche continue d'amélioration de la qualité et de gestion des risques.

La procédure d'évaluation de la qualité a fortement évolué depuis la mise en place du référentiel national commun à tous les ESSMS[1] centré sur la personne accompagnée, publié par la HAS en mars 2022. Il n'existe plus de distinction en tant que telle entre l'évaluation interne et l'évaluation externe. Le calendrier a été revu pour passer d'un rythme des visites d'évaluation tous les sept ans à une visite tous les cinq ans (CASF, art. D.312-204).

L'établissement procède à une auto-évaluation qui consiste, pour la structure, à déterminer elle-même si son activité est conforme, notamment, aux procédures, références et recommandations de bonnes pratiques validées ou élaborées par la Haute Autorité de santé. Cette auto-évaluation n'est pas obligatoire mais fortement recommandée. En effet, l'ESSMS devra mentionner, dans son rapport annuel d'activité (CASF, art. D.312-203), les actions engagées dans le cadre de sa démarche d'amélioration continue de la qualité. La plateforme Synaé permet ainsi aux ESSMS de réaliser leur auto-évaluation en reprenant l'ensemble des critères du référentiel national commun qui leur sont applicables.

1. HAS, « Référentiel d'évaluation de la qualité des établissements et services sociaux et médico-sociaux », 8 mars 2022, [https://www.has-sante.fr/upload/docs/application/pdf/2022-03/referentiel_devaluation_de_la_qualite_essms.pdf].

L'évaluation est, quant à elle, celle par laquelle les établissements et services font procéder à l'analyse de leurs activités et prestations par un organisme extérieur qui n'est pas la HAS, évaluation réalisée selon un nouveau rythme de cinq ans depuis le décret n° 2022-695 du 26 avril 2022. Cet organisme doit être habilité par la HAS et respecter un cahier des charges d'évaluation (CASF, art. L.312-8). Il doit aussi, depuis le décret n° 2022-742 du 28 avril 2022, être accrédité par le Comité français d'accréditation (COFRAC) ou par tout organisme européen équivalent. Les résultats de cette évaluation doivent être communiqués à l'autorité de régulation de la structure (agence régionale de santé [ARS] ; conseil départemental...) ainsi qu'à la HAS (CASF, art. D.312-200). Ils conditionnent, notamment, le renouvellement de ses autorisations d'activité.

Bien que les mots et les procédures diffèrent, l'auto-évaluation et l'évaluation se rapprochent de la démarche de certification appliquée aux établissements de santé, laquelle se fonde sur l'auto-évaluation et la visite de certification par les experts-visiteurs de la Haute Autorité de santé (HAS) (qui est un type d'évaluation externe).

À retenir

Le droit à la qualité des soins et de l'accompagnement

- **Qualité et sécurité** sont des exigences qui s'appliquent tant dans le secteur sanitaire que dans le secteur social et médico-social.
- Qualité et sécurité se traduisent par la mise en place d'un **système de vigilance sanitaire** à travers la surveillance des risques que les produits de santé peuvent engendrer sur la santé et le corps de la personne qui les utilise.
- Les soins délivrés doivent être appropriés et être conformes aux connaissances médicales avérées.
- Sans être d'une valeur juridique certaine, les **recommandations de bonnes pratiques** (RBP) jouent un rôle clef en pratique.
- Quel que soit leur nom, les **évaluations** s'appliquent dans les secteurs sanitaire, social et médico-social dans un esprit globalement convergent même si les formes et procédures varient.

Pour aller plus loin

Arnal-Capdevielle I., *Le droit des établissements et services sociaux et médico-sociaux*, 2e éd., Presses de l'EHESP, coll. « Fondamentaux », 2023.

Loubat J.-R., *La démarche qualité en action sociale et médico-sociale*, 2e éd., Dunod, 2015, 276 p.

Smallwood O., « La normalisation des règles de l'art médical : une nouvelle source de responsabilité pour les professionnels de santé ? », *Médecine et Droit*, n° 79/80, 2006, p. 121.

Tiberghien F., « Droit souple et Haute Autorité de santé », *Actualité juridique droit administratif*, n° 17, 2021, p. 948.

Vialla F. (dir.), Dossier consacré aux recommandations de bonnes pratiques, *RDSS*, n° 15, 2007.

Chapitre 8

Les droits des personnes en fin de vie

La perception de la fin de vie dans notre société contemporaine s'est profondément modifiée, en raison notamment de la métamorphose des conditions de la fin de vie. Face à une médicalisation grandissante de la mort, la personne peut craindre d'être dépossédée d'une fin de vie personnalisée. Les particularités juridiques et les difficultés éthiques soulevées par la situation de l'usager en fin de vie, qui peut donner naissance à des confrontations entre dignité, volonté et pouvoir reconnu aux professionnels de santé, expliquent l'existence d'une législation spécifique consacrée aux droits des personnes en fin de vie. Le législateur est intervenu à deux reprises en la matière, par la loi n° 2005-370 du 22 avril 2005 relative aux droits des malades et à la fin de vie et par la loi n° 2016-87 du 2 février 2016 créant de nouveaux droits en faveur des malades et des personnes en fin de vie. Ces textes concernent les usagers tant du secteur sanitaire que du secteur social et médico-social, notamment les personnes hébergées en EHPAD : on parlera indifféremment dans ce chapitre des patients, usagers ou personnes prises en charge ou accueillies. Lorsque l'établissement ne comporte pas d'unité de soins palliatifs spécifique, la prise en charge de la fin de vie par des équipes mobiles de soins palliatifs est essentielle. La période de la fin de vie est difficile à définir : si le législateur indique qu'il s'agit de la « phase avancée ou terminale d'une affection grave et incurable » (CSP, art. L.1111-12) ou, en matière de sédation profonde et continue, du « pronostic vital engagé à court terme » (CSP, art. L.1110-5-2), aucune autre précision n'est donnée : **c'est la période qui précède la mort**. Il reviendra au médecin et à l'équipe en charge du patient de délimiter plus précisément cette période, au cas par cas, afin de décider si la personne est ou non en fin de vie.

1 Les droits fondamentaux de la personne en fin de vie

A - L'interdiction de l'obstination déraisonnable

L'interdiction de l'**obstination déraisonnable**, autrefois dénommée acharnement thérapeutique, est expressément inscrite dans la loi, à l'article L.1110-5-1, alinéa 1er du CSP : les actes de prévention, d'investigation ou de traitements et de soins « ne doivent pas être mis en œuvre ou poursuivis lorsqu'ils résultent d'une obstination déraisonnable. Lorsqu'ils apparaissent inutiles, disproportionnés ou lorsqu'ils n'ont d'autres effets que le seul maintien artificiel de la vie, ils peuvent être suspendus ou ne pas être entrepris, conformément à la volonté du patient et, si ce dernier est hors d'état d'exprimer sa volonté, à l'issue d'une procédure collégiale définie par voie réglementaire ». En vertu de ce texte, l'obstination déraisonnable est constituée lorsque **les actes envisagés sont inutiles, disproportionnés ou lorsqu'ils ont pour seul effet de maintenir artificiellement la vie**, sans aucune possibilité d'amélioration de l'état de la personne. Dans cette hypothèse, les actes peuvent être suspendus, s'ils avaient été initiés, ou ne pas être entrepris s'ils n'avaient pas encore débuté : la décision motivée de ne pas entreprendre ou de suspendre ces actes doit être inscrite dans le dossier de l'usager. Le médecin doit alors sauvegarder la dignité du mourant et assurer la qualité de sa vie, en dispensant les soins palliatifs nécessaires (CSP, art. L.1110-5-1, al. 3).

Encadré 32. La nutrition et l'hydratation artificielles

Lors des discussions qui ont précédé l'adoption de la loi du 2 février 2016, des débats ont eu lieu à propos de la nutrition et de l'alimentation artificielles. Il s'agissait de savoir si ces actes pouvaient être qualifiés de traitement et pouvaient, en conséquence, être arrêtés ou limités comme les autres soins et traitements. Cette position avait été retenue par le Conseil d'État (CE, 14 février 2014, n° 375081) puis par la CourEDH (CEDH, Grande Chambre, 5 juin 2015, n° 46043/14, *Lambert et autres c/ France*) dans l'affaire « Vincent Lambert ». Si les députés s'étaient ralliés à la solution jurisprudentielle nouvelle, ce n'était cependant pas le cas des sénateurs qui préféraient insister sur la nécessité de considérer l'hydratation artificielle comme un soin pouvant être maintenu jusqu'au décès et de la distinguer de la nutrition artificielle. La commission mixte paritaire a finalement fait le choix de ne pas faire de différence entre nutrition artificielle et hydratation artificielle, de les qualifier toutes deux de traitement et de soumettre leur arrêt à la même procédure que pour tous les autres actes. En conséquence, l'article L.1110-5-1 du CSP comporte un alinéa 2 ainsi rédigé : « La nutrition et l'hydratation artificielles constituent des traitements qui peuvent être arrêtés conformément au premier alinéa du présent article. »

Cette interdiction de l'obstination déraisonnable s'applique à **toutes les personnes**, qu'elles soient ou non en état de manifester leur volonté. Combinées avec les principes relatifs au droit au refus de traitement (➡ **voir *infra***), ces dispositions vont en réalité connaître des applications modulées en fonction des possibilités pour le patient d'exprimer sa volonté. Si la personne est en état d'exprimer sa volonté, celle-ci doit être respectée ; si elle n'est pas en état d'exprimer sa volonté, une procédure collégiale doit être mise en œuvre.

Encadré 33. La procédure collégiale en cas de fin de vie

Le législateur prévoit le recours à une procédure collégiale dans trois hypothèses principales :
– pour toute décision de mise en œuvre d'une sédation profonde et continue (➡ **voir *infra***) ;
– pour toute décision de limitation ou d'arrêt des traitements lorsque la personne est hors d'état d'exprimer sa volonté ;
– lorsque le médecin refuse d'appliquer les directives anticipées rédigées par le patient (➡ **voir *infra***).

Le respect d'une procédure collégiale, détaillée à l'article R.4127-37-2 du CSP, s'impose alors. Le médecin a le pouvoir d'engager la procédure de sa propre initiative ou le devoir de l'engager au vu des directives anticipées ou à la demande de la personne de confiance, de la famille ou à défaut d'un des proches. Il doit informer ces personnes lorsque la procédure est engagée. La décision est prise par le médecin en charge du patient, après concertation avec l'équipe de soins si elle existe et sur avis motivé d'au moins un médecin appelé comme consultant, qui ne doit pas avoir de lien hiérarchique avec le médecin en charge du patient (il est également possible de demander l'avis motivé d'un second consultant). Le médecin doit prendre en compte les souhaits que le patient a pu exprimer antérieurement, en particulier dans les directives anticipées, ainsi que l'avis de la personne de confiance, de la famille ou à défaut d'un proche : ces avis non médicaux sont hiérarchisés (CSP, art. L.1111-12). Il doit également recueillir l'avis des titulaires de l'autorité parentale ou du tuteur si le patient est une personne protégée. **Il s'agit donc bien d'une procédure collégiale, même si la décision revient en dernier lieu au médecin, afin de ne pas en faire peser le poids sur l'entourage du malade.**

B - La prise en charge de la souffrance

Il est reconnu à toute personne le droit de recevoir les soins et les traitements les plus appropriés (➡ **voir chapitre 7**). Ces actes doivent garantir non seulement la meilleure sécurité sanitaire, mais aussi le meilleur apaisement possible de la souffrance, au regard des connaissances médicales avérées (CSP, art. L.1110-5, al. 1er). Afin de mettre en œuvre ce droit au meilleur apaisement possible de la souffrance, plusieurs points sont précisés par le législateur.

Droit à une fin de vie digne et au meilleur apaisement possible de la souffrance

L'article L.1110-5, alinéa 2 du CSP indique que « toute personne a le droit d'avoir une fin de vie digne et accompagnée du meilleur apaisement possible de la souffrance. Les professionnels de santé mettent en œuvre tous les moyens à leur disposition pour que ce droit soit respecté ». Ce **droit à une fin** de vie digne et au meilleur apaisement possible de la souffrance fait naître à la charge des professionnels de santé une obligation qui ne peut être que de moyens, tenant compte des moyens réels disponibles. En pratique, la question essentielle porte sur le financement permettant une mise en œuvre concrète de ce droit, en lien notamment avec le développement des soins palliatifs, la mise en place d'unités spécifiques, y compris d'unités mobiles, et la formation des équipes.

Droit à une sédation profonde et continue

La loi du 2 février 2016 a introduit la possibilité pour la personne de bénéficier d'un **droit à une sédation profonde et continue** dont le but est de provoquer une altération de la conscience maintenue jusqu'au décès, associée à une analgésie et à l'arrêt de l'ensemble des traitements de maintien en vie (CSP, art. L.1110-5-2). Il s'agit d'une application du refus d'une obstination déraisonnable. Selon la Société française d'accompagnement et de soins palliatifs (SFAP), la **sédation est la recherche, par des moyens médicamenteux, d'une diminution de la vigilance pouvant aller jusqu'à la perte de conscience**[1]. Son but est de diminuer ou de faire disparaître la perception d'une situation vécue comme insupportable par le patient, alors que tous les moyens disponibles ou adaptés à cette situation ont pu lui être proposés et/ou mis en œuvre sans permettre d'obtenir le soulagement escompté. Deux situations doivent être distinguées, selon la possibilité pour le patient d'exprimer ou non sa volonté.

Si le patient est en état de manifester sa volonté (CSP, art. L.1110-5-2, al. 1er), il peut demander à recevoir une sédation profonde et continue, afin d'éviter toute souffrance et de ne pas subir d'obstination déraisonnable. Cette demande peut être formulée dans deux cas :

– soit lorsque le patient, atteint d'une affection grave et incurable et dont le pronostic vital est engagé à court terme, présente une souffrance réfractaire aux traitements ;
– soit lorsque la décision du patient, atteint d'une affection grave et incurable, d'arrêter un traitement, engage son pronostic vital à court terme et est susceptible d'entraîner une souffrance insupportable.

Si le patient n'est pas en état d'exprimer sa volonté (CSP, art. L.1110-5-2, al. 2), le médecin qui le prend en charge peut décider d'arrêter un traitement de maintien en vie, au titre du refus de l'obstination déraisonnable. Il applique alors une sédation profonde et continue provoquant une altération de la

1. Société française d'accompagnement et de soins palliatifs (SFAP), *Sédation pour détresse en phase terminale et dans des situations spécifiques et complexes : recommandations chez l'adulte et spécificités au domicile et en gériatrie*, 2009.

conscience maintenue jusqu'au décès, associée à une analgésie. Il pourra ainsi être mis fin aux pratiques controversées de certains services, qui exigeaient, au nom du principe d'autonomie, que le malade soit réveillé, si cela était encore possible, afin qu'il réitère son choix d'être mis sous sédation. De plus, la sédation est obligatoirement associée à l'arrêt de tout traitement de maintien artificiel de la vie, afin d'éviter des incohérences entre les traitements.

Dans les deux cas, la **procédure collégiale** précitée doit être respectée (➡ **voir encadré 33**), permettant à l'équipe soignante de vérifier en amont le respect des conditions légales, et inscrite au dossier médical du patient. En fonction des souhaits du patient, la sédation profonde et continue peut être mise en œuvre à domicile, dans un établissement de santé ou dans un établissement médico-social accueillant des personnes âgées.

Souffrance réfractaire et traitements analgésiques et sédatifs

Le droit au meilleur soulagement possible de la souffrance fait l'objet d'une attention particulière du législateur, qui reconnaît à toute personne un **droit à la prise en charge de la souffrance** (terme préféré à celui de douleur dans les textes actuels) : « Toute personne a le droit de recevoir des traitements et des soins visant à soulager sa souffrance. Celle-ci doit être, en toutes circonstances, prévenue, prise en compte, évaluée et traitée » (CSP, art. L.1110-5-3, al. 1er). Des difficultés peuvent apparaître lorsque le malade en phase avancée ou terminale subit une souffrance réfractaire : dans cette hypothèse, le médecin met en place l'ensemble des traitements analgésiques et sédatifs pour répondre à cette souffrance, même s'ils peuvent avoir comme effet d'abréger la vie (CSP, art. L.1110-5-3, al. 2). L'expression parfois utilisée dans ce cas est celle de « traitements à double effet », dont l'**objectif premier est de soulager la souffrance** du patient, tout en ayant conscience qu'à partir d'une certaine dose, ils peuvent avoir pour effet de provoquer sa mort. Dans l'évaluation de la balance entre l'objectif de soulagement de la douleur et le risque d'abréger la vie, le premier peut avoir la primauté sur le second si aucun autre moyen n'existe et si le malade en phase avancée ou terminale subit des souffrances réfractaires. Le malade, ou à défaut la personne de confiance, la famille ou un des proches, doit en être informé. La procédure suivie est inscrite dans le dossier médical. Ce droit au meilleur soulagement possible de la souffrance doit également être assuré à domicile, dès que l'état du patient le permet et en fonction de sa volonté.

Soins palliatifs et accompagnement

Enfin, selon les dispositions de l'article L.1110-9 du CSP, « toute personne malade dont l'état le requiert a le droit d'accéder à des soins palliatifs et à un accompagnement ». Ce droit fondamental d'accès à des **soins palliatifs** et à un **accompagnement**, qui découle du droit au respect de la dignité humaine (➡ **voir chapitre 1**), est reconnu à toute personne malade dont l'état requiert de tels soins.

> L'article L.1110-10 du CSP propose une définition des **soins palliatifs** : ce sont des soins actifs et continus, destinés à soulager la douleur, apaiser la souffrance psychique, sauvegarder la dignité de la personne malade et soutenir son entourage.

Ces soins sont pratiqués par une **équipe interdisciplinaire**, en institution ou à domicile. Les soins palliatifs participent à l'objectif fixé par l'article L.1110-5, alinéa 2 du CSP d'assurer à chacun une fin de vie digne, non pas en ajoutant « des journées à la vie, mais de la vie aux journées »[2]. L'effectivité de ce droit est parfois remise en question, en raison d'un nombre insuffisant d'équipes et de réelles difficultés en pratique pour accéder à de tels soins. L'article 1er de la loi du 2 février 2016 indique d'ailleurs que la formation initiale et continue des médecins, des pharmaciens, des infirmiers, des aides-soignants, des aides à domicile et des psychologues cliniciens doit comporter un enseignement sur les soins palliatifs.

Il est nécessaire de compléter l'exposé de ces droits fondamentaux en mentionnant, sur un plan un peu différent, un droit plus récent reconnu à la personne en fin de vie : le **droit de visite** (➡ **voir chapitre 1**). La loi n° 2024-317 du 8 avril 2024 portant mesures pour bâtir la société du bien vieillir et de l'autonomie a créé un véritable droit de visite aux articles L.311-5-2 du CASF, L.1112-2-1 et L.1112-4, al. 4 du CSP. Désormais, les établissements de santé, ainsi que les établissements qui accueillent des personnes âgées ou des personnes en situation de handicap « garantissent le droit des personnes qu'ils accueillent de recevoir chaque jour tout visiteur de leur choix ». Lorsque la personne est en fin de vie ou que son état requiert des soins palliatifs, ce droit devient absolu et elle ne peut se voir refuser la visite quotidienne de toute personne de son choix.

2. Bruntik R., cité *in* Pradel J., « La condition civile du malade », *Rev. Internationale de droit comparé*, 1964, spéc. n° 10, p. 458.

2 L'expression de la volonté de la personne en fin de vie

La question du respect de la volonté de la personne en fin de vie demeure éminemment complexe et, malgré l'intervention à deux reprises du législateur, la jurisprudence demeure incertaine. Une distinction essentielle s'impose **selon que la personne est ou non en état d'exprimer sa volonté**.

A - La personne en état d'exprimer sa volonté

Si la personne est en état de manifester sa volonté, elle possède un **droit absolu de refuser tout traitement**, qu'elle soit ou non en fin de vie : « Toute personne a le droit de refuser ou de ne pas recevoir un traitement. Le suivi du malade reste cependant assuré par le médecin, notamment son accompagnement palliatif » (CSP, art. L.1111-4, al. 2). Le médecin a l'obligation d'informer la personne des conséquences de ses choix et de leur gravité (CSP, art. L.1111-4, al. 3). La volonté du patient doit être respectée : le traitement ne doit pas être entrepris ou doit être suspendu, même si cela aboutit à son décès. L'objectif du législateur est clair : ériger le droit au refus de traitement comme un véritable droit du patient. Ce refus n'entraîne pas l'abandon du malade : le médecin doit tout de même assurer le suivi de son patient et déclencher, si besoin, la mise en œuvre des soins palliatifs. Cette affirmation marque expressément la primauté de la volonté du malade, condition indispensable à une relation de confiance avec le professionnel de santé.

Lorsque le refus ou l'interruption de traitement souhaité par la personne **met sa vie en danger**, le législateur exige le respect d'une procédure particulière (CSP, art. L.1111-4, al. 3). Si la loi du 2 février 2016 a supprimé l'obligation du médecin de tout mettre en œuvre pour tenter de convaincre la personne d'accepter les soins indispensables, elle exige cependant que le patient réitère sa décision dans un délai raisonnable. Elle lui permet également, si elle le souhaite, de faire appel à un autre membre du corps médical. L'ensemble de la procédure est inscrit dans le dossier médical du patient. Le médecin sauvegarde la dignité du mourant et assure la qualité de sa fin de vie en dispensant les soins palliatifs.

La reconnaissance d'une telle primauté de la volonté du malade est conforme aux orientations et aux objectifs des lois du 4 mars 2002, du 22 avril 2005 et du 2 février 2016, visant à placer la personne dans un véritable rôle d'**acteur de sa prise en charge**. Elle est cependant source d'importants dilemmes éthiques, moraux, philosophiques, voire religieux pour les professionnels de santé qui doivent s'incliner face à une décision du patient qu'ils ne partagent pas toujours.

B - La personne hors d'état d'exprimer sa volonté

Le principe

Si la personne est hors d'état de manifester sa volonté, la limitation ou l'arrêt de traitement susceptible d'entraîner son décès ne peut être réalisée qu'en respectant la **procédure collégiale** précitée et en **recherchant la volonté exprimée** par la personne (CSP, art. L.1111-4, al. 6). L'article L.1111-12 du CSP précise que lorsqu'une personne, en phase avancée ou terminale d'une affection grave et incurable, quelle qu'en soit la cause, est hors d'état d'exprimer sa volonté, le médecin a l'obligation de s'enquérir de l'expression de la volonté exprimée par le patient. En l'absence de directives anticipées, il recueille le témoignage de la personne de confiance (➡ **voir chapitre 4**) ou, à défaut, tout autre témoignage de la famille ou des proches. Il s'agit d'un ordre imposé par le législateur, qui instaure une véritable hiérarchie des éléments non médicaux qui participent à la prise de décision. Ainsi, le témoignage de la personne de confiance ne semble devoir être recueilli par le médecin qu'en l'absence de directives anticipées. La hiérarchie des modes d'expression de la volonté du patient est clarifiée :

– volonté exprimée par le patient en état de s'exprimer au moment de prendre la décision ;
– s'il ne peut plus s'exprimer au moment de prendre la décision, une hiérarchie doit être respectée :
  - volonté exprimée par le patient au sein de directives anticipées,
  - témoignage recueilli auprès de la personne de confiance,
  - témoignages recueillis auprès de la famille ou des proches.

La responsabilité de la prise de décision n'est pas transférée sur la personne de confiance, ou sur la famille, qui ne sont que des témoins. Elle demeure celle du médecin, dans le respect de la collégialité. La décision motivée de limitation ou d'arrêt de traitement doit être inscrite dans le dossier médical.

Les directives anticipées

Les directives anticipées occupent ici une place essentielle. Mis en place initialement par la loi du 22 avril 2005, le dispositif relatif aux directives anticipées a été amplement modifié par la loi du 2 février 2016, afin de **renforcer la volonté du patient et la force contraignante de ces directives**. Les règles applicables aux directives anticipées sont désormais fixées à l'article L.1111-11 du CSP, qui en propose une définition : il s'agit d'**exprimer la volonté de la personne relative à sa fin de vie en ce qui concerne les conditions de la poursuite, de la limitation, de l'arrêt ou du refus de traitement ou d'acte médicaux, pour le cas où elle serait un jour hors d'état d'exprimer** sa volonté. Le médecin traitant est chargé d'informer ses patients sur ce dispositif.

Qui peut rédiger des directives anticipées ?

Il s'agit de toute personne majeure, ce qui exclut les mineurs non émancipés. Lorsqu'une personne fait l'objet d'une mesure de protection juridique avec représentation relative à la personne, elle peut rédiger des directives anticipées avec l'autorisation du juge ou du conseil de famille s'il a été constitué. La personne chargée de la mesure de protection ne peut ni l'assister ni la représenter à cette occasion : il s'agit d'un acte intimement personnel qui ne peut être rédigé que par la personne elle-même. En l'absence de précisions données par le législateur quant aux personnes placées sous un régime de protection avec assistance relative à la personne, il est possible d'en déduire qu'elles peuvent librement rédiger des directives anticipées. La rédaction de directives anticipées n'est pas une obligation, c'est une possibilité offerte aux personnes qui souhaitent exprimer une volonté anticipée relative à leur fin de vie.

Quel est le contenu des directives anticipées ?

La loi du 2 février 2016 a remplacé le terme de « souhaits » par celui de « volonté » : il ne s'agit plus seulement de souhaits, qui renvoient à une notion facultative, à un simple vœu, mais d'une réelle volonté anticipée, ce qui renforce l'autonomie de la personne et la portée juridique des directives. Les directives anticipées concernent uniquement la fin de vie et peuvent indiquer la volonté de la personne pour l'ensemble de sa prise en charge (poursuite, limitation, arrêt ou refus de traitements ou d'actes médicaux).

Comment rédiger des directives anticipées ?

Les directives anticipées doivent être rédigées dans un document écrit, daté et signé (CSP, art. R.1111-17). Il est possible d'utiliser un modèle établi par arrêté[3], qui permet de préciser le contenu et la situation de la personne, selon qu'elle se sait ou non atteinte d'une affection grave au moment où elle rédige ses directives. Si l'auteur des directives est en état d'exprimer sa volonté, mais dans l'impossibilité d'écrire et de signer lui-même le document, il peut demander à deux témoins, dont son éventuelle personne de confiance, d'attester que le document est bien l'expression de sa volonté libre et éclairée.

3. Arrêté du 3 août 2016 relatif au modèle de directives anticipées prévues à l'article L.1111-11 du code de la santé publique.

Quand rédiger des directives anticipées ?

Les directives anticipées peuvent être rédigées **à tout moment**, tant que la personne possède un discernement suffisant. Elles sont **révisables** et **révocables** à tout moment et par tout moyen. La loi du 22 avril 2005 avait instauré une durée de validité des directives anticipées, fixée à trois ans. Cette durée courte, justifiée par la nécessité de s'assurer que les directives anticipées reflétaient bien une volonté actuelle du patient, avait fait l'objet de nombreuses critiques : source accrue de formalisme, source de découragement pour les personnes obligées de s'interroger tous les trois ans sur leur fin de vie… En conséquence, la loi du 2 février 2016 a purement et simplement supprimé le délai de validité : les directives anticipées continuent d'être valables tant qu'elles n'ont pas été modifiées ou révoquées. Le législateur a insisté sur la nécessité de permettre une liberté totale, pleine et entière, de réviser et de révoquer les directives anticipées, afin qu'elles correspondent le plus fidèlement possible à la volonté de la personne.

Quelle est la force juridique des directives anticipées ?

L'élément central est la **recherche d'un équilibre entre protection de la personne et respect de son autonomie**. Dans ce cadre, le législateur a souhaité renforcer la force juridique des directives anticipées.

En principe, les directives anticipées s'imposent au médecin pour toute décision d'investigation, d'intervention ou de traitement : il a le devoir de respecter la volonté exprimée par anticipation par la personne.

Le législateur prévoit cependant deux hypothèses dans lesquelles le médecin peut passer outre la volonté indiquée dans les directives anticipées.

Il s'agit en premier lieu du cas de l'**urgence vitale**, mais seulement pendant le temps nécessaire à une évaluation complète de la situation : c'est une exception temporaire. Pour le législateur, il est important de ne pas agir trop rapidement et de se donner le temps d'une réelle évaluation.

En second lieu, le médecin pourra écarter les directives anticipées si elles lui apparaissent « **manifestement inappropriées ou non conformes à la situation médicale** », par exemple si la situation clinique ne correspond pas aux circonstances prévues au sein des directives anticipées, ou si un nouveau traitement est disponible alors qu'il n'existait pas au moment de leur rédaction… La formulation est relativement large et sera certainement l'objet d'interprétations divergentes, avec un enjeu fondamental : le pouvoir de décision du médecin en la matière, entre force contraignante et non opposabilité des directives anticipées (➡ **voir encadré 34**). La marge d'interprétation laissée au médecin dans cette seconde exception est cependant strictement encadrée : la décision de refus d'application des directives anticipées ne peut être prise par le médecin qu'à l'issue d'une procédure collégiale (➡ **voir *supra***). Elle doit être inscrite dans le dossier médical et portée à la connaissance de la personne de confiance ou, à défaut, de la famille ou des proches. Cela permet d'éviter de vider le principe de la force contraignante des directives anticipées de toute sa substance : leur refus d'application doit être décidé collégialement, et non individuellement par le médecin prenant en charge le patient, et la décision doit être inscrite dans le dossier médical et communiquée à l'entourage, ce qui implique concrètement une obligation d'explication et de motivation de la position retenue.

Encadré 34. La jurisprudence récente en cas de refus de transfusion sanguine

Le droit au refus de traitement, même au risque de sa propre mort, est un droit « inconditionné » : les motifs du refus du patient sont indifférents et sa volonté doit être respectée, quelle que soit l'origine de sa décision. Cependant, les juges ont dû se prononcer à plusieurs reprises à propos du refus de transfusion sanguine exprimé par des témoins de Jéhovah. Dans une célèbre décision rendue par le Conseil d'État[4], antérieure à la loi du 4 mars 2002 et aux deux lois relatives à la fin de vie, les juges excluaient la responsabilité de l'établissement public de santé en raison des transfusions réalisées par les médecins contre la volonté du patient. La haute juridiction administrative refusait, contrairement à la cour administrative d'appel, de faire prévaloir en toutes circonstances la préservation de la vie sur la volonté de la personne. Cependant, elle retenait en l'espèce que l'établissement n'engageait pas sa responsabilité, dans la mesure où les transfusions constituaient des actes indispensables à la survie du patient et proportionnés à son état, en l'absence d'alternatives thérapeutiques. L'affirmation législative progressive du droit au refus de soins comme un droit fondamental du patient a conduit à penser que dans une hypothèse similaire qui aurait lieu sous l'empire du cadre normatif actuel, la solution serait différente et conduirait à faire prévaloir la volonté du patient. La réalité est plus complexe, ainsi que l'illustrent deux décisions rendues en 2022.

Dans une ordonnance de référé du 20 mai 2022[5], un patient âgé de 47 ans, témoin de Jéhovah, est admis au service des urgences de l'hôpital d'instruction des armées Sainte-Anne de Toulon, à la suite d'un accident qui lui a causé un traumatisme grave et l'empêche d'exprimer sa volonté. Le jour de son arrivée, il est opéré, intubé, ventilé artificiellement et transfusé ; il sera ensuite réopéré et transfusé deux fois. Or, le patient portait sur lui un document écrit et signé, dans lequel il indiquait refuser toute transfusion sanguine, « même si le personnel soignant estime qu'une telle transfusion s'impose pour me sauver la vie », et désignait son frère comme personne de confiance. Celui-ci, ainsi que deux autres membres de sa famille, ont demandé au juge des référés d'obliger l'hôpital à respecter la volonté du patient. Leurs demandes ont été rejetées, malgré le refus clairement exprimé par écrit, de manière anticipée, par le patient. Le juge des

4. CE, Ass., 26 octobre 2001, *Mme S.*, n° 198546.
5. CE, ord. de référé, 20 mai 2022, *Consorts J.*, n° 463713, C.

référés du Conseil d'État a considéré que les médecins n'ont pas porté atteinte au droit fondamental du patient majeur de donner son consentement à un traitement médical, car ils ne se sont écartés de ses instructions écrites que pour pratiquer des actes indispensables à sa survie et proportionnés à son état, alors qu'il était hors d'état d'exprimer sa volonté. Cette décision a été très largement critiquée par la doctrine comme faisant abstraction de toute l'évolution du droit vers la reconnaissance de l'autonomie décisionnelle de la personne, même au risque de sa propre mort. Il faut toutefois relever que le patient n'était pas en état d'exprimer sa volonté au moment de l'acte refusé, ce qui pose davantage la question spécifique du respect de la volonté anticipée exprimée dans un écrit qualifié de directive anticipée.

Quelques mois plus tard, c'est la cour administrative d'appel de Bordeaux qui s'est prononcée[6]. En février 2016, une patiente est admise dans le service de chirurgie digestive d'un établissement rattaché au CHU de Bordeaux pour une ablation de la vésicule biliaire. En amont de l'intervention, elle rédige des « instructions médicales circonstanciées » et précise à l'équipe médicale que, pour des raisons religieuses, elle refuse l'administration de tout produit sanguin mais accepte, si nécessaire, de « bénéficier de techniques alternatives ». Au cours de l'opération, elle est victime d'une perforation qui entraîne une hémorragie massive, impossible à traiter par les techniques alternatives mises en place. Le pronostic vital étant engagé et la patiente étant inconsciente, les médecins décident de réaliser deux transfusions sanguines, l'une lors de l'intervention, l'autre quelques heures plus tard. Après avoir repris conscience, l'équipe médicale tente de la convaincre d'accepter une nouvelle transfusion en raison du risque vital qu'elle court, mais elle réitère son refus en étant clairement informée des conséquences de son choix. Malgré ce refus répété clairement exprimé, une troisième transfusion sanguine est réalisée deux jours plus tard, à l'insu de la patiente, par deux médecins qui ont au préalable procédé à sa sédation. C'est en demandant la communication de son dossier médical que la patiente apprend la réalisation de cette transfusion sanguine et décide de saisir le juge administratif pour demander l'indemnisation de son préjudice.

Le tribunal administratif de Bordeaux refuse toute indemnisation et estime qu'aucune des transfusions ne revêtait un caractère fautif, dès lors que le pronostic vital de la patiente était engagé et que les trois transfusions sanguines étaient indispensables à sa survie et proportionnées à son état[7].

La patiente fait appel de la décision, qui n'est que partiellement confirmée par la CAA de Bordeaux. En effet, les juges d'appel retiennent que les deux premières transfusions ne sont pas fautives, dans la mesure où la patiente était inconsciente et où la situation d'urgence vitale dans laquelle elle se trouvait « ne permettait pas de s'assurer d'une réitération dans un délai raisonnable du refus

6. CAA Bordeaux, 20 octobre 2022, n° 20BX03081.
7. TA Bordeaux, 15 juin 2020, n° 1902340.

de traitement et justifiait de s'écarter des directives anticipées ». En revanche, la réalisation de la troisième transfusion est qualifiée de fautive, car elle a été pratiquée alors que la patiente avait repris connaissance, que l'équipe médicale avait tenté à plusieurs reprises de la convaincre de la nécessité d'une nouvelle transfusion sanguine en l'informant du risque vital auquel elle s'exposait et que la patiente avait réitéré à chaque fois son refus, y compris après l'échec des traitements alternatifs. Le CHU de Bordeaux est condamné à verser à la patiente la somme de 3 000 euros.

Si la doctrine a approuvé très majoritairement le raisonnement retenu par les juges d'appel en ce qui concerne la troisième transfusion, elle a en revanche largement critiqué la solution adoptée pour les deux premières transfusions, qui conduit une fois encore à écarter des directives anticipées, alors même qu'elles ne semblent ni manifestement inappropriées, ni non conformes à la situation médicale, dans la mesure où elles visaient précisément à anticiper une décision dans un cas de risque vital avéré. La possibilité offerte par le législateur d'écarter les directives anticipées en cas d'urgence vitale pendant le temps nécessaire à une évaluation complète de la situation semble prendre une place prépondérante, y compris lorsque le refus du patient est pourtant porté à la connaissance de l'équipe médicale en amont de la prise en charge. On aurait au contraire pu penser que dans ce cas, la situation avait été prévue antérieurement à l'intervention, que le risque prévisible de devoir pratiquer une transfusion sanguine avait été anticipé et que l'équipe médicale avait été informée du refus du patient : l'évaluation de la situation avait déjà été réalisée et ne justifiait plus d'écarter les directives anticipées.

Au final, ces deux arrêts conduisent à s'interroger sur la valeur réelle des directives anticipées, dont la portée juridique est considérablement réduite, dans une sorte d'interprétation *contra legem* de la garantie apportée par le législateur.

Comment les directives anticipées sont-elles conservées ?

La loi du 2 février 2016 avait prévu la création d'un registre national faisant l'objet d'un traitement informatisé, qui permettrait de conserver les directives anticipées de la personne et de lui rappeler régulièrement leur existence. Ce registre n'a cependant pas été créé pour l'instant. Il est conseillé de **conserver les directives anticipées dans le dossier du patient**, éventuellement dans son dossier médical partagé, ainsi que sur son espace numérique de santé, et de les confier également à la personne de confiance, si elle a été désignée.

Encadré 35. Fin de vie et personne de confiance

Les modalités de désignation et le rôle de la personne de confiance ont été étudiés dans le chapitre 4 consacré à l'expression de la volonté de l'usager. Il s'agit simplement ici de préciser quelques éléments spécifiques relatifs à la période de fin de vie. Pour rappel, l'article L.1111-6 du CSP indique que la personne de confiance « rend compte de la volonté de la personne. Son témoignage prévaut sur tout autre témoignage ». Dans le dispositif antérieur à la loi du 2 février 2016, la personne de confiance exprimait un « avis » et non un « témoignage ». Le changement de vocabulaire n'est pas seulement symbolique : la personne de confiance ne fait pas part de son propre positionnement vis-à-vis de la situation, de son propre choix, mais elle doit témoigner de la volonté du malade, de la position qui aurait été celle de l'usager, le plus objectivement possible. À travers la personne de confiance, c'est un dialogue indirect avec le malade qui est établi, lorsque ce dernier ne peut plus exprimer sa volonté. Si les dispositions juridiques sont parfaitement claires sur ce point, le contexte particulier d'une prise de décision en fin de vie, conduisant au décès du malade, rend le positionnement de la personne de confiance parfois complexe, et toujours délicat sur un plan moral. Pour un bon fonctionnement du dispositif, la personne de confiance ne doit ni être désignée, ni accepter son rôle sans réflexion et dialogue préalables.

De plus, le témoignage de la personne de confiance possède une force juridique supérieure aux autres avis ou témoignages exprimés par les membres de la famille et les proches du malade. Une hiérarchie est clairement établie, ce qui permettra de trancher les conflits potentiels en cas d'avis divergents dans l'entourage de la personne. La personne de confiance est l'interlocuteur privilégié des professionnels de santé. Elle n'est toutefois pas assimilée au patient lui-même, dans la mesure où la décision d'arrêt ou de limitation de traitement appartient toujours, après respect d'une procédure collégiale, au médecin. Témoigner n'est pas consentir ; témoigner n'est pas endosser, seul, la décision d'arrêt ou de maintien des traitements. La décision demeure celle du médecin, dans le respect de la collégialité.

Cas du mineur en fin de vie

Les dispositions applicables à la personne majeure capable en fin de vie hors d'état d'exprimer sa volonté sont applicables au mineur en fin de vie placé dans la même situation, soit en raison de son degré de maturité, soit en raison de son inconscience. Il faut cependant y ajouter les dispositions spécifiques prévues par l'article R.4127-37-2 du CSP : lorsque la décision de limitation ou d'arrêt de traitement concerne un mineur, le médecin recueille en outre l'avis des **titulaires de l'autorité parentale** ou du tuteur, selon les cas, hormis les situations où l'urgence rend impossible cette consultation. Ainsi, dans l'hypothèse d'une obstination déraisonnable, la décision de limitation ou d'arrêt des traitements est prise par le médecin en charge du patient mineur, après respect de la procédure collégiale et recueil de l'**avis des représentants légaux**.

Que se passe-t-il si les représentants légaux s'opposent à l'arrêt des traitements ? En la matière, deux affaires particulièrement médiatisées ont été soumises aux juges.

Il s'agit en premier lieu de l'affaire *Marwa*, concernant une très jeune enfant. Dans son ordonnance, le Conseil d'État a refusé de valider la décision d'arrêt des traitements prise par le médecin après respect de la procédure collégiale, estimant qu'il ne s'agissait pas en l'espèce d'une obstination déraisonnable. Il affirme que l'avis des parents revêt « une importance particulière », mais reste ambiguë sur la véritable hiérarchie entre les avis parentaux et médicaux[8].

Il s'agit en second lieu de l'affaire *Inès*, concernant une mineure de 14 ans hors d'état d'exprimer sa volonté. En l'espèce, le médecin en charge de la patiente, après avoir constaté une situation d'obstination déraisonnable et avoir mis en œuvre la procédure collégiale, décide d'un arrêt des traitements, auquel les parents s'opposent. Dans son ordonnance, le Conseil d'État précise que le médecin doit s'efforcer de trouver un accord avec les parents. Si le désaccord persiste, en cas d'obstination déraisonnable et après respect de la procédure collégiale, la décision revient au médecin en dernier ressort[9]. La décision du médecin prime donc sur celle des représentants légaux. La Cour européenne des droits de l'homme a estimé que l'article 2 de la Convention (droit à la vie) n'est pas violé par ce dispositif[10].

Cette position de la haute juridiction administrative a été confirmée ultérieurement : les parents ne peuvent s'opposer à une décision médicale d'arrêt des traitements de leur enfant mineur, dès lors que l'obstination déraisonnable est qualifiée et que la procédure collégiale est respectée[11].

Aucune décision de justice ne s'est cependant prononcée dans le cas d'un patient mineur capable d'exprimer sa volonté avec un discernement et un degré de maturité suffisants.

Cas du majeur protégé en fin de vie

En cas d'obstination déraisonnable, lorsque la décision de limitation ou d'arrêt de traitement concerne une personne faisant l'objet d'une mesure de protection juridique avec représentation relative à la personne, le médecin doit non seulement respecter la procédure collégiale prévue pour toute

8. CE, ord., 8 mars 2017, *Assistance Publique-Hôpitaux de Marseille*, n° 408146.
9. CE, ord., 5 janvier 2018, *Mme B. et M. D.*, n° 416689.
10. CEDH, req. n° 1828/18, 25 janvier 2018, *D. Afiri et M. Biddari c/ France.*
11. Voir par exemple : CE, ord., 24 avril 2023, n° 469669.

personne, mais il doit en outre recueillir l'**avis de la personne chargée de la mesure**, hormis les situations où l'urgence rend impossible cette consultation (CSP, art. R.4127-37-2 modifié par le décret n° 2021-684 du 28 mai 2021 relatif au régime des décisions prises en matière de santé, de prise en charge ou d'accompagnement social ou médico-social à l'égard des personnes majeures faisant l'objet d'une mesure de protection juridique). Le même processus s'applique à la période de fin de vie, selon que le patient est apte ou non à s'exprimer et selon qu'il existe ou non une représentation relative à la personne.

Encadré 36. Vers une évolution du cadre juridique relatif à la fin de vie ?

L'encadrement juridique de la fin de vie constitue un sujet de débats depuis de nombreuses années, avec un regain d'actualité depuis le début du XXIe siècle. Plusieurs instances se sont récemment prononcées sur ce thème[12] et une Convention citoyenne sur la fin de vie s'est réunie et a rendu un rapport[13] en avril 2023. Deux axes principaux sont classiquement abordés : d'une part, l'accès aux **soins palliatifs** et à un accompagnement, et d'autre part, le **suicide assisté** et l'**euthanasie** ou l'**aide (active) à mourir**. En 2024, ces débats ont été portés devant le Parlement : le projet de loi relatif à l'accompagnement des malades et de la fin de vie (n° 2462, enregistré à la présidence de l'Assemblée nationale le 10 avril 2024) a été examiné en Commission spéciale en mai 2024. Un vote solennel des députés était prévu le 18 juin 2024, mais il n'a pas pu se tenir, en raison de la dissolution de l'Assemblée nationale le 9 juin 2024. Au moment de l'écriture de ces lignes, la plus grande incertitude demeure quant à la poursuite des débats devant l'Assemblée nationale et le Sénat et quant à l'adoption de ce projet. À titre indicatif, ce projet contient deux propositions : en premier lieu, renforcer les soins d'accompagnement, qui englobent les soins palliatifs, et les droits des malades (par exemple avec la mise en place d'un plan personnalisé d'accompagnement) ; en second lieu, mettre en place une « aide à mourir », qui consisterait « à autoriser et à accompagner la mise à disposition, à une personne qui en a exprimé la demande, d'une substance létale [...], afin qu'elle se l'administre ou, lorsqu'elle n'est pas en mesure physiquement d'y procéder, se la fasse

12. Voir par exemple : Comité consultatif national d'éthique pour les sciences de la vie et de la santé, « Questions éthiques relatives aux situations de fin de vie : autonomie et solidarité », Avis 139, septembre 2022 ; Falorni O., Fiat C. , Martin D., « Rapport d'information déposé à l'Assemblée nationale en conclusion des travaux d'une mission d'information sur l'évaluation de la loi n° 2016-87 du 2 février 2016 créant de nouveaux droits en faveur des malades et des personnes en fin de vie », mars 2023 ; Conseil économique, social et environnemental, Joseph D. (rapporteur), « Fin de vie : faire évoluer la loi ? », Avis, mai 2023 ; Académie nationale de médecine, « Favoriser une fin de vie digne et apaisée : répondre à la souffrance inhumaine et protéger les personnes les plus vulnérables », Avis 23-17, juin 2023.

13. Conseil économique social et environnemental, « Rapport de la convention citoyenne sur la fin de vie », avril 2023.

administrer par un médecin, un infirmier ou une personne volontaire qu'elle désigne ». L'accès à l'aide à mourir serait strictement encadré (conditions, procédure) et certains professionnels pourraient bénéficier d'une clause de conscience. Il faudra suivre l'évolution des discussions avec attention.

Conclusion

Les progrès des connaissances et des techniques médicales ont fait naître l'espoir de « mieux mourir » et de maîtriser sa fin de vie. Ils ont dans le même temps obligé notre société à s'interroger sur la place accordée à la volonté de chacun face à la mort. Le désir de maîtriser les derniers instants de sa vie en exprimant son autonomie et en se réappropriant sa propre mort est légitime. Le dispositif spécifique mis en place en matière de droits des personnes en fin de vie est guidé par la recherche d'un meilleur équilibre entre autonomie et protection. Il ne résout cependant pas toutes les controverses et les débats relatifs à la fin de vie, notamment sur des sujets tels que le suicide assisté ou l'euthanasie. L'interdit de donner volontairement la mort demeure, pour l'instant, un principe cardinal de notre dispositif juridique.

À retenir

Les droits des personnes en fin de vie

Les droits fondamentaux de la personne en fin de vie

- Interdiction de l'obstination déraisonnable :
  - Traitements inutiles, disproportionnés ou ayant pour seul effet le maintien artificiel de la vie.
  - La nutrition et l'alimentation artificielles font partie de ces traitements.
  - Une procédure collégiale doit être respectée pour l'arrêt ou la limitation des traitements si la personne est hors d'état d'exprimer sa volonté.
- Prise en charge de la douleur :
  - Droit à une fin de vie digne et au meilleur apaisement possible de la souffrance.
  - Droit à une sédation profonde et continue.
  - Souffrance réfractaire et traitements analgésiques et sédatifs.
  - Soins palliatifs et accompagnement.

L'expression de la volonté de la personne en fin de vie

- Personne en état d'exprimer sa volonté :
  - Droit absolu de refuser tout traitement.
  - Respect d'une procédure particulière si le refus met en danger la vie de la personne (réitération de la décision dans un délai raisonnable, possibilité d'appel à un autre membre du corps médical).

– Personne hors d'état d'exprimer sa volonté :
  - Possibilité de limitation ou d'arrêt des traitements en respectant une procédure collégiale.
  - Prise en compte des directives anticipées, du témoignage de la personne de confiance, de la famille ou des proches.

Pour aller plus loin

Comité consultatif national d'éthique pour les sciences de la vie et de la santé, « Fin de vie, autonomie de la personne, volonté de mourir », Avis 121, 1er juillet 2013.

Comité consultation national d'éthique pour les sciences de la vie et de la santé, « Questions éthiques relatives aux situations de fin de vie : autonomie et solidarité », Avis 139, 13 septembre 2022.

Bévière-Boyer B., Belrhomari N. (dir.), *Les enjeux de la fin de vie dans le domaine de la santé. Regards partagés entre politique, médecine, droit et éthique*, LEH, 2015.

Coelho J., *Les droits des malades en fin de vie*, LEH, coll. « Essentiel », 2007.

Larribau-Terneyre V., « De 2005 à 2016, les lois françaises sur la fin de vie », *Les cahiers de droit de la santé*, n° 23, 2016, p. 19.

Lassalas C., « Les directives anticipées : une aide pour la fin de vie des personnes âgées ? », *RDS*, n° 97, 2020, p. 844.

Legros B., *Les « droits » des malades en fin de vie*, LEH, coll. « Thèses », n° 2, 1999.

Leroyer A.-M., « Fin de vie de l'enfant : la décision médicale prévaut », *Revue trimestrielle de droit civil*, 2023, n° 3, p. 600.

Leuzzi-Louchart C., « Vulnérabilités et fin de vie : de la protection de la dignité du mourant aux limites de l'encadrement juridique de la fin de vie », *RDS*, n° 67, 2015, p. 665.

Mémeteau G., « Suicide assisté : un piège ? », *RGDM*, n° 91, 2024, p. 91.

Morange J., « Les obstacles juridiques à la légalisation du suicide assisté et de l'euthanasie », *RFDA*, 2023, p. 493.

Raoul-Cormeil G., « Cent ans de droit des patients, à l'aune de la fin de vie », *RDS*, n° 100, 2021, p. 251.

Sicard D. (dir.), Rapport de la Commission de réflexion sur la fin de vie en France, « Penser solidairement la fin de vie », 18 décembre 2012.

Vialla F., « Et la douleur devint souffrance », *in* Py B. (dir.), *20 ans de la loi du 4 mars 2002 : Droits des patients, Quid novi ?*, LEH, coll. « À la croisée des regards », 2022, p. 47.

Vialla F., « Refus transfusionnel. *Anima in sanguine est* », *Méd. & Droit*, 2022, p. 95.

Vigneau D., « Le projet de loi relatif à l'accompagnement des malades et de la fin de vie », *Dalloz Actualité*, 21 mai 2024.

Chapitre 9
Droits collectifs et participation des usagers

La participation de l'usager au fonctionnement du système sanitaire, social et médico-social est devenue incontournable. C'est une **obligation** tant pratique que juridique qui consacre la dimension collective de la démocratie sanitaire. Cependant, si son principe est globalement acquis, les **conditions** de son application sont parfois incertaines. Les pratiques actuelles varient en effet d'une implication réelle à une « **participation-alibi** ». Si l'esprit est convergent, les règles et les modalités d'application de cette participation varient selon le secteur visé, sanitaire ou social et médico-social.

1 La participation du patient au fonctionnement du secteur sanitaire

À la différence du secteur social et médico-social dans lequel l'usager participe de manière directe à certaines instances des établissements, le secteur sanitaire se caractérise par une **participation indirecte** : ce sont non pas des patients mais des représentants de ces patients qui s'impliquent dans les instances hospitalières et de santé publique (par instances hospitalières ou de santé, il faut entendre les commissions, comités et tout autre lieu consultatif ou décisionnel mis en place tant au sein des établissements de santé qu'en dehors, au niveau local, régional ou national). De ce fait, les associations d'usagers jouent un rôle clef.

Dans ce contexte, il est important de présenter, d'abord, les conditions relatives à l'agrément que doivent respecter les associations pour que leurs membres puissent représenter les patients avant d'envisager, ensuite, les instances hospitalières et de santé publique dans lesquelles cette participation est prévue. Il faudra, enfin, examiner les conditions d'intervention qui doivent être réunies pour que cette participation soit effective.

A - L'agrément des associations de patients

L'**enjeu** de cet agrément est fondamental puisque seules les associations agréées sont autorisées à représenter les patients au sein des instances hospitalières ou de santé publique, cet agrément pouvant être accordé au niveau régional ou national.

Conditions d'agrément

Ces conditions sont prévues par l'article L.1114-1 du code de la santé publique et les articles R.1114-1 à R.1114-4 du même code. Elles sont de plusieurs ordres.

D'abord, il faut noter l'existence de **conditions préalables**, lesquelles portent sur deux points :

– En premier lieu, de manière logique, l'association doit être régulièrement déclarée, c'est-à-dire respecter les règles propres au droit des associations en termes de création et d'enregistrement notamment.
– En second lieu, l'association ne peut solliciter cet agrément que si elle dispose d'une activité dans le domaine de la qualité de la santé et de la prise en charge des malades, notion simple dans son idée mais qui n'est pas définie par les textes.

Ensuite, l'agrément est subordonné à plusieurs **éléments clefs**. À titre principal, est exigée une **activité effective** et publique en vue de la défense des droits des patients durant les trois années précédant la demande d'agrément (sauf exceptions, par exemple pour les unions d'associations). Cette activité s'apprécie notamment au regard des actions menées en faveur de la promotion des droits des patients auprès des pouvoirs publics et au sein du système de santé ou en matière de prévention, d'aide et de soutien des patients. Les autres éléments qui déterminent l'agrément sont la réalisation d'**actions de formation** (à destination des membres notamment) et d'information (publications, réunions d'information, permanences), la **transparence de la gestion** de l'association, mais aussi sa **représentativité** (nombre de membres cotisant eu égard au public cible) et son **indépendance** (à l'égard des professionnels et établissements de santé par exemple). En outre, l'agrément ne peut pas être prononcé sans l'avis conforme de la commission nationale d'agrément.

Enfin, il faut noter des conditions qui varient selon que l'agrément demandé est **national** ou **régional**. Pour obtenir un agrément national (délivré par arrêté du ministre en charge de la santé), l'association doit justifier d'au moins 5 000 membres cotisant individuellement ou établir que ses membres cotisant individuellement sont répartis sur au moins quatre régions dont aucune ne représente plus de 50 % du nombre total de membres. L'agrément national peut aussi être attribué si l'association démontre le caractère national de son activité. Pour bénéficier d'un agrément régional, aucune condition spécifique n'existe, cet agrément étant accordé par le directeur général de l'agence régionale de santé (ARS) de la région dans laquelle l'association exerce son activité.

Procédure d'agrément

Lorsque l'agrément demandé est national, cette procédure est portée par un organe clef : la **commission nationale d'agrément**, laquelle est encadrée par les articles R.1114-5 à R.1114-8 du code de la santé publique. Elle est composée de deux catégories de personnes :

– quatre membres de droit correspondent aux principaux organes ministériels concernés (Direction générale de la santé, Direction générale de l'offre de soins, Direction de la vie associative, de l'emploi et de la formation, Mission interministérielle de vigilance et de lutte contre les dérives sectaires ou son représentant) ;
– dix membres sont nommés par le ministre chargé de la santé : un représentant tant de l'Assemblée nationale que du Sénat, de la Cour de cassation et d'une juridiction administrative ;
– trois personnalités choisies en raison de leur compétence dans le domaine de la santé ou des associations ;
– trois personnalités choisies en raison de leur expérience de la vie associative.

Ces membres sont nommés pour une durée de cinq ans renouvelable. Ils exercent leurs fonctions à titre gracieux, si ce n'est le président qui reçoit une indemnité de fonction (ou lorsqu'il le supplée, le vice-président). Afin d'éviter tout conflit d'intérêts, les membres de la commission ne peuvent pas siéger lorsqu'ils ont un intérêt direct ou indirect avec l'affaire examinée.

Conséquences de l'agrément

Les associations sont agréées pour une durée de cinq ans à compter de la date de la décision d'agrément. Dans le cas où c'est une union d'associations qui est agréée, cet agrément n'entraîne pas automatiquement l'agrément des associations qui la composent. L'effet de cet agrément varie selon son champ. Si l'association est agréée au niveau **national**, ses membres peuvent représenter les patients tant dans les instances hospitalières ou de santé publique nationales que régionales, départementales ou locales. Elle peut également exercer les droits reconnus à la partie civile pour certaines infractions portant un préjudice à l'intérêt collectif des patients lorsque l'action publique a été mise en mouvement par le ministère public ou la partie lésée, et sous réserve de l'accord de la victime (CSP, art. L.1114-2). Les associations agréées au plan national peuvent adhérer à l'Union nationale des associations agréées d'usagers du système de santé (UNASS) créée par la loi n° 2016-41 du 26 janvier 2016 de modernisation de notre système de santé (CSP, art. L.1114-6).

Si l'agrément est **régional**, les membres ne peuvent représenter les patients que dans les instances hospitalières ou de santé publique régionales, départementales ou locales de cette région. Un cas spécifique est prévu lorsque l'association agréée ou l'association membre d'une union agréée gère un service ou une structure assurant des actes de prévention, de diagnostic ou de soins : dans ce cas, ses membres ne peuvent pas représenter les patients dans les instances d'un service ou d'une structure ayant un champ d'activité analogue dans le même département.

Naturellement, l'**agrément peut être retiré**, sur avis conforme de la Commission nationale d'agrément, lorsque l'association cesse de satisfaire aux conditions requises pour l'agrément ou lorsqu'elle ne rend pas compte annuellement de son activité. Ce retrait, comme la dissolution de l'association, entraîne la déchéance des mandats exercés par les représentants des usagers nommés sur proposition de cette association dans les lieux de représentation.

Encadré 37 : L'Union nationale des associations agréées d'usagers du système de santé (UNAASS)

Depuis la loi du 4 mars 2002, la création en 2016 de l'Union nationale des associations agréées d'usagers du système de santé (UNAASS) est probablement l'une des évolutions majeures au sujet de la représentation des usagers. En effet, si la représentation des usagers est historiquement imbriquée avec le mouvement associatif, la structuration de ce mouvement s'est toujours réalisée sur la base d'initiatives privées uniquement. D'abord, les associations se sont constituées sur la base d'actions individuelles, certes parfois coordonnées. Ensuite, des unions d'associations se sont mises en place, par exemple avec le collectif interassociatif sur la santé (CISS) créé en 1996. Avec l'UNAASS, un cap est ici franchi puisqu'il s'agit d'une instance qui a notamment pour mission d'être un interlocuteur officiel des pouvoirs publics. L'originalité de cet outil se fonde sur sa nature : l'UNAASS ne constitue pas une obligation, mais une simple faculté fondée sur l'initiative privée, disposant du statut d'association dont les acteurs associatifs peuvent se saisir s'ils le souhaitent. Cette union est en réalité un outil créé par les pouvoirs publics pour favoriser une structuration plus forte encore du mouvement associatif en santé. Il répond à la volonté des pouvoirs publics de disposer d'un interlocuteur centralisé, voire unique, dans l'élaboration et la mise en œuvre des politiques de santé. C'est dans cet esprit qu'il est utile de préciser certaines des missions de cette union :

– rendre des avis aux pouvoirs publics sur les questions relatives au fonctionnement du système de santé ;
– animer le réseau des associations agréées d'usagers aux niveaux national et régional ;
– représenter les usagers auprès des pouvoirs publics, notamment en vue de la désignation des délégués dans les conseils, assemblées et organismes institués par les pouvoirs publics.

Les acteurs associatifs se sont saisis de cet outil et 72 associations nationales ont constitué « France Assos Santé ».

B - Les lieux de représentation

Les deux conceptions théoriques de la représentation

Deux conceptions de la représentation des patients peuvent exister quant à son étendue.

D'abord, une vision à tendance « impérialiste » selon laquelle le patient doit être représenté au sein de toutes les instances hospitalières et de santé publique, que ce soit dans les organes principaux ou bien dans les structures internes, même si celles-ci sont fortement spécialisées et représentent une catégorie spécifique de personnels ou d'acteurs du système de santé. Si l'on tend à considérer le patient comme un acteur du système de santé, il doit alors être présent de manière systématique sous peine de subir une sorte de « sous-statut ».

Dans cette conception, il est choquant de constater l'absence des représentants des patients au sein de la commission médicale d'établissement (CME, composition prévue par l'art. R.6144-3 du CSP modifié par le décret n° 2021-675 du 27 mai 2021) ou bien du comité social d'établissement (CSE, composition prévue par le décret n° 2021-1570 du 3 décembre 2021) puisque ces organes ont un rôle à jouer dans l'organisation de l'établissement, même si celui-ci est parfois consultatif. De la même manière, parce que la commission du service des soins infirmiers, de rééducation et médico-techniques (CSIRMT, composition prévue par l'art. R.6146-11 du CSP) a un rôle important à jouer en déterminant la politique à appliquer sur ces soins spécifiques, un ou plusieurs représentants des patients devraient intervenir et tenter de protéger l'intérêt des patients sur ce point.

Ensuite, une autre tendance semble exister et paraît devoir rencontrer une approbation bien supérieure. Le patient ou son représentant ne doivent être intégrés au travail des différentes instances que si celui-ci porte sur un domaine qui intéresse de manière directe les patients. Il ne sert à rien de vouloir impliquer des représentants dans tout type d'organe, cela pour plusieurs raisons.

D'une part, une intégration démesurée pourrait être contre-productive pour les intérêts mêmes des patients car les autres acteurs du système de santé (et qui sont les « décideurs naturels » de ce système) risqueraient de ressentir cette présence comme une intrusion que rien ne justifie sur le fond. Par exemple, la commission médicale d'établissement est l'instance représentative des professionnels médicaux tout comme le comité social d'établissement peut être analysé comme l'organe représentatif des autres personnels de l'établissement, il serait alors curieux de vouloir intégrer des représentants des usagers puisque les questions qui y sont traitées sont d'ordre interne à ces catégories spécifiques d'acteurs de l'établissement, sans que l'usager ne puisse y trouver une source directe d'améliorations ou de troubles vis-à-vis de ses intérêts et de ses droits. Un fort problème de légitimité s'opposerait donc à une telle intégration.

D'autre part, au-delà même de cette question de légitimité, les représentants des patients n'auraient, à vrai dire, qu'un intérêt limité à participer à l'intégralité des instances en cause, ou en tout cas à celles qui n'intéressent pas directement les intérêts qu'ils défendent au vu du fond des domaines qui y sont traités. Cette « surreprésentation » serait particulièrement inutile si l'on prend en compte les moyens limités tant en temps qu'en personnels que peuvent connaître les associations et qui doivent empêcher une représentation mal ciblée et non pertinente.

Les applications pratiques de la représentation

C'est la seconde vision que les pouvoirs publics ont retenue, permettant une **participation indirecte des patients** dans un certain nombre d'instances hospitalières et de santé publique. Parmi les instances hospitalières, il est possible de citer, à titre d'exemple :

– le conseil de surveillance des établissements publics de santé (CSP, art. R.6143-1 et s., 2 représentants des usagers sur un total de 9 membres) ;
– la commission des usagers que l'on retrouve dans tous les établissements de santé, qu'ils soient publics ou privés (CSP, art. R.1112-81, 2 représentants des usagers sur un total de 5 membres).

Pour ce qui est des instances de santé publique, on peut mentionner :

– au niveau régional :
- la Conférence régionale de santé et de l'autonomie (CRSA) qui dispose d'un collège dédié aux représentants d'usagers (CSP, art. D.1432-28),
- la Commission de conciliation et d'indemnisation des accidents médicaux, des affections iatrogènes et des infections nosocomiales (CCI), avec 3 représentants sur un total de 13 membres (CSP, art. R.1142-5) ;

– au niveau national :
- la Haute Autorité de santé (HAS), des représentants des patients étant présents tant dans la commission de la transparence que dans la commission de certification des établissements de santé ou la commission technique des vaccinations...
- l'Agence nationale de sécurité des médicaments et des produits de santé (ANSM) dont le conseil d'administration comprend 2 représentants des usagers sur un total de 22 membres (CSP, art. R.5322-1).

Au-delà de ces instances, et sans appliquer la vision « impérialiste » citée, il existe des organes pour lesquels l'absence de représentants des patients peut poser question. L'exemple type, de notre point de vue, est le directoire des établissements publics de santé. Le droit positif ne prévoit en effet aucune présence obligatoire de représentants des patients alors que l'importance décisionnelle de cet organe est très forte au sein du système de gouvernance hospitalière. Cela n'empêche cependant pas certains établissements d'intégrer des représentants d'usagers à cette instance sur la base de leur seule initiative, même si ce sont des cas très isolés[1] ou, depuis la loi n° 2021-502 du 26 avril 2021 visant à améliorer le système de santé par la confiance et la simplification, sur le fondement d'une simple faculté (nommé par le directeur sur avis conforme du président de la commission médicale d'établissement, après consultation du directoire, dans la limite de trois personnalités qualifiées, qui peuvent notamment être des représentants des usagers ou des étudiants).

C - Les conditions d'une participation effective

Pour que la participation des représentants des patients aux instances hospitalières et de santé publique soit effective, plusieurs conditions d'intervention doivent être réunies dans une optique de gestion commune du système de santé. Parmi d'autres, l'attention peut se concentrer ici sur la formation des représentants des patients et sur leur disponibilité.

Une formation indispensable

Être représentant des patients ne s'improvise pas. Participer à un conseil de surveillance ou à une commission de conciliation et d'indemnisation, par exemple, nécessite des compétences parfois très poussées dans une grande variété de domaines : compétences juridiques, administratives, financières, médicales, techniques... Or les représentants des patients ne disposent pas forcément de ces connaissances de manière naturelle. Si ces compétences ne sont pas acquises initialement du fait de leurs expériences personnelles et professionnelles, il est essentiel de compenser leur absence car elles constituent une condition de crédibilité et de légitimité de la participation mais aussi de qualité de la représentation : un représentant insuffisamment formé n'est pas un interlocuteur crédible et ne peut pas représenter correctement les patients.

Le législateur a bien saisi cette préoccupation : « les représentants des usagers dans les instances mentionnées au I [c'est-à-dire les instances hospitalières ou de santé publique] suivent une formation de base délivrée par les associations de représentants d'usagers agréées » (CSP, art. L.1114-1). Cette formation est conforme à un cahier des charges qui est arrêté par le

1. Par exemple : Nayrac C., « Le CHU de Bordeaux ouvre son directoire aux usagers des services hospitaliers », *Hospimédia*, 10 décembre 2018.

ministre chargé de la santé et donne droit à une indemnité versée au représentant des patients par l'association assurant la formation.

Une disponibilité essentielle

La disponibilité est un autre élément fondamental car les représentants des patients sont souvent des **bénévoles** qui peuvent avoir une activité professionnelle par ailleurs. Assister aux réunions prend du temps et il est nécessaire pour le représentant de se libérer de sa charge habituelle de travail. Il faut alors lui donner les moyens de se rendre disponible pour que le temps ne soit pas un facteur d'absentéisme. Le mécanisme choisi par la loi du 4 mars 2002 relative aux droits des malades et à la qualité du système de santé pour compenser cela est le **congé de représentation**, dispositif préexistant en droit du travail (CSP, art. L.1114-3). Les représentants des patients qui disposent du statut de salarié en bénéficient lorsqu'ils sont appelés à siéger au conseil de surveillance, ou à l'instance habilitée à cet effet, d'un établissement de santé public ou privé, ou aux commissions et instances statutaires des établissements. Tel est aussi le cas pour les instances consultatives régionales ou nationales et les établissements publics nationaux prévus par le code de la santé publique.

Ce congé est une autorisation d'absence accordée par une entreprise à l'un des salariés qui est membre d'une association déclarée. Il permet de participer aux réunions de l'organisme concerné. Concrètement, la durée du congé ne peut dépasser neuf jours ouvrables par an mais il peut être fractionné en demi-journées. Il est assimilé à une période de travail effectif pour la détermination de la durée des congés payés comme pour l'ensemble des autres droits de l'intéressé résultant de son contrat et ne peut être imputé sur la durée du congé payé annuel.

Ce dispositif est **utile** pour deux raisons. D'abord, il favorise une meilleure disponibilité des représentants qui peuvent assumer leurs fonctions plus facilement. Ensuite, il assure une représentation équilibrée entre les différents types de populations, évitant l'écueil de l'exclusion des personnes en activité et d'une surreprésentation des personnes inactives.

Cependant, l'intérêt de ce mécanisme ne doit pas faire oublier deux **écueils** qui semblent majeurs. D'une part, il présente un caractère tardif puisque son principe n'a été posé qu'en 2002 et que ses modalités techniques d'application ne sont prévues que depuis un arrêté en date du 9 janvier 2006[2]. D'autre part, sont exclus de son application les actifs non salariés. Puisque seuls les salariés, membres d'une association, sont concernés, *a contrario*,

2. Arrêté du 9 janvier 2006 modifiant l'arrêté du 19 avril 1994 fixant la liste des instances mentionnées à l'article L.225-8 du code du travail relatif au congé de représentation en faveur des associations relevant du ministère des affaires sociales, de la santé et de la ville.

les autres personnes considérées comme actives mais qui ne rentrent pas dans le cadre du salariat en sont exclues, même si elles sont membres d'une association. Sont ainsi privés du bénéfice du congé de représentation les travailleurs indépendants et les professions libérales, par exemple. Cette exclusion se comprend très bien d'un point de vue purement technique mais elle est problématique car elle est à l'origine d'un risque d'inégalité sociale parmi les représentants. Au sein de la catégorie des personnes actives, les conditions d'effectivité ne sont recherchées que pour les seuls salariés, causant de manière inéluctable une sous présence des professions indépendantes par leur non-implication ou par l'absentéisme que favorise l'absence de mesure correctrice. Le danger porte donc sur une **absence de diversité** au sein des personnes actives alors que la diversité des profils rend leur implication essentielle.

2 La participation de l'usager au fonctionnement du secteur social et médico-social

Alors que la participation du patient au fonctionnement des instances hospitalières et de santé publique se fonde sur un système de représentation, dans le secteur social et médico-social, c'est l'usager lui-même, en plus de son représentant, qui est intégré dans les instances. Le lieu principal de participation au sein des établissements et services sociaux et médico-sociaux (ESSMS) est le **conseil de la vie sociale** (CVS) qu'il faut définir avant d'en préciser les missions, la composition et le fonctionnement.

A - Définition et champ d'application du conseil de la vie sociale

Créé par la loi n° 2002-2 du 2 janvier 2002 rénovant l'action sociale et médico-sociale, le CVS est régi par l'article L.311-6 mais aussi les articles D.311-3 et suivants du CASF. Il se substitue au conseil d'établissement encadré par l'ancien article 8 bis de la loi n° 75-535 du 30 juin 1975 relative aux institutions sociales et médico-sociales. Il a été récemment modifié de manière assez importante par le décret n° 2022-688 du 25 avril 2022 portant modification du conseil de la vie sociale et autres formes de participation, réforme entrée en vigueur le 1er janvier 2023. Cette dernière réforme a pour but de renforcer le rôle du CVS, lequel a montré ses limites pendant la crise sanitaire et, plus encore, dans le contexte de scandale médiatique lié aux conditions de vie des personnes âgées dans certains EHPAD.

Le **but du CVS** est d'associer les usagers au fonctionnement de l'établissement ou du service.

Caractère obligatoire ou facultatif du conseil de la vie sociale

Deux types de structures peuvent se saisir de cet outil selon qu'il est obligatoire ou facultatif.

Les établissements et services pour lesquels la création du CVS est une **obligation** sont précisés par le code de l'action sociale et des familles (art. D.311-3). Il s'agit de ceux qui assurent un hébergement ou un accueil de jour continu, par exemple un établissement d'hébergement pour personnes âgées dépendantes (EHPAD), mais aussi de ceux qui proposent une activité d'aide par le travail, c'est-à-dire les établissements et services d'accompagnement par le travail (ESAT).

À l'inverse, les établissements et services pour lesquels la mise en place du CVS est **facultative** sont tous ceux qui ne correspondent pas à la qualification citée mais aussi plusieurs autres types d'établissements et services. C'est le cas, d'abord, de ceux qui accueillent majoritairement certains types de publics :

– les mineurs de moins de 11 ans ;
– ou les mineurs faisant l'objet de mesures éducatives ordonnées par l'autorité judiciaire dans le cadre de l'enfance délinquante ou de l'assistance éducative.

Naturellement, le code de l'action sociale et des familles n'explique pas l'absence d'obligation pour ce type de structure. Pour les mineurs de moins de 11 ans, la chose peut éventuellement être justifiée par le degré de maturité relatif des usagers accueillis. Pour autant, l'idée n'est pas totalement convaincante puisqu'une participation peut être pertinente en prenant en compte la spécificité que l'âge peut induire sur la volonté d'implication et le mode d'expression. Dans le même esprit, l'absence d'obligation pour les structures accueillant les mineurs dans le cadre des mesures éducatives n'est pas simple à expliquer. Est-ce la vulnérabilité particulière de ces publics qui le commande ? Il n'est pas aisé de le croire puisque les publics accueillis dans d'autres ESSMS n'ont pas forcément une vulnérabilité moindre (personnes âgées dépendantes, personnes en situation de handicap). Quel autre motif alors ? Est-ce la contrainte qui est à l'origine de la présence de l'usager dans la structure, ce dernier n'ayant choisi d'être accueilli ? Cela n'est pas davantage convaincant puisque cette absence de volonté de l'usager devrait justifier plus encore sa participation au fonctionnement de la structure pour tenter de vivre cette présence au mieux.

Ensuite, les autres structures pour lesquelles la création du CVS n'est pas une obligation correspondent à une diversité importante :

– les établissements et services accompagnants, notamment en urgence, des personnes ou des familles en difficulté ou en situation de détresse sociale ;
– les établissements et services qui prennent en charge les personnes dont les difficultés sociales se cumulent à des problèmes de santé forts (centres de soins, d'accompagnement et de prévention en addictologie ; centres d'accueil et d'accompagnement à la réduction des risques pour usagers de drogue ; structures de type « lits halte soins santé », les lits d'accueil médicalisés ou les appartements de coordination thérapeutique) ;
– les centres d'accueil pour demandeurs d'asile (CADA) ;
– les établissements et services accompagnant des personnes ou familles sans domicile lorsque cet accompagnement est inférieur à une certaine durée ;
– les établissements et services qui accueillent majoritairement des personnes nécessitant une traduction pour participer à une instance ;
– les lieux de vie et d'accueil qui ne constituent pas des établissements et services sociaux ou médico-sociaux, règle logique mais que le code de l'action sociale et des familles prend soin de préciser explicitement (art. D.311-3, al. 1er).

Autres formes de participation

L'absence d'obligation de création du CVS ne signifie pas que ces structures ne peuvent pas le mettre en place, elles le peuvent si elles le souhaitent. Si elles ne le font pas, elles peuvent instituer « toute autre forme de participation » ce qui peut se traduire de trois manières. D'abord, c'est le cas de ce que le code de l'action sociale et des familles appelle, sans le définir, un « **groupe d'expression** » (art. D.311-21). Ce groupe peut être institué sur l'ensemble de la structure, au sein d'une ou de plusieurs de ses composantes. Ensuite, les autres formes de participation peuvent se traduire par l'organisation de **consultations des personnes accompagnées** mais aussi, selon le type de structure, des familles ou des représentants légaux au sujet de l'organisation ou du fonctionnement de la structure. Enfin, cette participation peut être réalisée à travers la mise en œuvre d'**enquêtes de satisfaction** qui seront obligatoires pour les services prenant en charge à domicile des personnes dont la situation ne permet pas de recourir aux autres formes de participation prévues.

B - Missions, composition et fonctionnement du conseil de la vie sociale

Missions du CVS

Les missions du CVS portent sur une grande diversité de thèmes. Cette instance consultative donne son avis et peut faire des propositions sur toute question intéressant le fonctionnement de l'établissement ou du service. Plus précisément, cela renvoie à la vie quotidienne (activités, animation socioculturelle, animation de la vie institutionnelle, services d'accompagnement, y compris quant à leur nature, leur prix ou les modifications substantielles qu'ils peuvent connaître...) mais aussi à l'organisation intérieure (projets de travaux et d'équipements, affectation des locaux collectifs, entretien des locaux, relogements prévus en cas de travaux ou de fermeture...).

Ce conseil est également associé à un certain nombre d'actes importants de la vie de la structure. C'est le cas, par exemple, lors de l'élaboration ou de la révision du projet d'établissement ou de service, spécialement pour son volet relatif à la prévention et à la lutte contre la maltraitance (compétence accrue par le décret du 25 avril 2022 puisqu'auparavant, le CVS était uniquement consulté). Depuis 2022 également, cet organe doit être entendu lors de la procédure d'évaluation, être informé des résultats mais aussi être associé aux mesures correctrices qui doivent être mises en place.

Dans certains établissements, spécialement les foyers d'accueil médicalisés (FAM), le conseil est aussi consulté sur le plan d'organisation des transports des personnes adultes en situation de handicap bénéficiant d'un accueil de jour.

Composition du CVS

La composition du conseil de la vie sociale a fait l'objet de modifications importantes par le décret du 25 avril 2022. Elle est très essentiellement centrée sur les usagers puisqu'il doit comprendre plus que la majorité de représentants des personnes accompagnées et de leur famille ou de leurs représentants légaux (et non plus la majorité).

Cela signifie que cet organe est composé d'au moins :

- deux usagers en tant que représentants des personnes accompagnées. Lorsque les personnes accueillies sont dans l'impossibilité de participer directement au conseil, en raison de leur très jeune âge, leurs sièges sont attribués aux représentants des familles ou aux représentants légaux ;
- un représentant des professionnels employés par l'établissement ou le service, lequel est élu par ses collègues ;
- un représentant de l'organisme gestionnaire.

En plus de ces membres, si la nature de l'établissement ou du service le justifie, le CVS comprend également une variété intéressante de personnes dont la présence est prévue par la réforme de 2022. Certaines relèvent de la sphère de la personne accompagnée avec, pour chaque catégorie, un représentant du groupement des personnes accompagnées ; des familles ou des proches aidants ; des représentants légaux ; des mandataires judiciaires à la protection des majeurs ; ou des bénévoles accompagnant les personnes s'ils interviennent dans la structure. D'autres relèvent de la catégorie des professionnels avec le médecin coordonnateur de l'établissement ou le représentant des membres de l'équipe médico-soignante.

En outre, d'autres personnes peuvent assister aux séances du CVS, sans être membres. C'est le cas du représentant élu de la commune d'implantation de l'activité ou d'un groupement de coopération intercommunal. C'est aussi le cas d'un représentant pour chacune des organisations suivantes :

- le conseil départemental ;
- l'autorité compétente pour délivrer l'autorisation ;
- le conseil départemental de la citoyenneté et de l'autonomie ainsi que le défenseur des droits.

La participation d'une personne qualifiée est également prévue.

Au-delà de la répartition des sièges, les membres représentant les usagers ou les familles ont une importance particulière puisque si leurs sièges ne peuvent être pourvus, en raison notamment des difficultés de représentation, le CVS ne peut être constitué, contraignant le directeur de l'établissement ou du service à dresser un constat de carence. Cette importance se retrouve également dans l'exécution des missions puisque les avis du CVS ne sont valablement émis que si le nombre des représentants des usagers, des représentants de groupement de personnes accompagnées ou des représentants des représentants légaux présents est supérieur à la moitié des membres. Si tel n'est pas le cas, l'examen de la question est inscrit à une séance ultérieure.

Comment ces membres sont-ils **désignés** ? Les règles varient selon la catégorie de membres.

Pour les **représentants des usagers**, toute personne âgée de plus de 11 ans est éligible. Souvenons-nous que cet âge est celui en dessous duquel le CVS n'est pas obligatoire pour les établissements ou services dont la population accueillie est majoritairement composée de personnes dont l'âge est inférieur à 11 ans. Pour les autres représentants, peuvent être élus tout parent, même allié, d'un usager jusqu'au quatrième degré, mais aussi toute personne disposant de l'autorité parentale, tout représentant légal.

Ces membres sont élus par **vote à bulletin secret** à la majorité des votants respectivement par l'ensemble des usagers et par l'ensemble des familles ou des représentants légaux. Des suppléants sont aussi élus selon les mêmes modalités. Plus précisément, sont élus les candidats ayant obtenu le plus grand nombre de voix et, en cas d'égalité de voix, un tirage au sort est réalisé.

Par exception, le mode de désignation des usagers peut ne pas être l'élection mais une simple **nomination**. C'est le cas dans :

– les centres d'accueil pour demandeurs d'asile (CADA) ;
– les établissements et services accompagnants, notamment en urgence, des personnes ou des familles en difficulté ou en situation de détresse sociale ;
– les établissements et services accompagnant des personnes ou familles sans domicile ;
– les établissements et services qui prennent en charge les personnes dont les difficultés sociales se cumulent à des problèmes de santé forts (les centres de soins, d'accompagnement et de prévention en addictologie ; les centres d'accueil et d'accompagnement à la réduction des risques pour usagers de drogue ; les structures de type « lits halte soins santé », les lits d'accueil médicalisés ou les appartements de coordination thérapeutique).

Cette nomination doit naturellement être réalisée avec l'accord de la personne concernée et selon des modalités que le code de l'action sociale et des familles ne fixe pas, renvoyant au règlement de fonctionnement.

Un cas particulier doit être noté puisque dans les établissements et services accompagnant des mineurs qui font l'objet de mesures éducatives ordonnées par l'autorité judiciaire (enfance délinquante ou assistance éducative), il est possible qu'il n'y ait ni élection ni désignation. Le directeur peut en effet convier la totalité des personnes accueillies ou prises en charge au fonctionnement des instances (CASF, art. D.311-30).

Pour les **représentants des professionnels**, le mode de désignation ne varie plus, depuis 2022, selon que l'établissement ou le service est de droit privé ou de droit public. Les règles sont désormais identiques et prévoient qu'ils sont élus par l'ensemble des salariés ou agents nommés dans des emplois permanents. Les candidats doivent avoir une ancienneté au moins égale à six mois au sein de la structure ou dans la profession s'il s'agit d'une création. Le scrutin est secret et majoritaire à un tour. En cas d'égal partage des voix, le candidat ayant la plus grande ancienneté dans la structure ou dans la profession est considéré comme élu.

Élection du président du CVS

Au sein du CVS, un **président** doit être élu. Il est obligatoirement issu des membres représentant les usagers. Ce n'est qu'en cas d'impossibilité ou d'empêchement, qu'il peut être élu au sein des représentants des groupements de famille ou les représentants légaux. Par exception, dans les établissements et services accompagnant des mineurs faisant l'objet de mesures éducatives ordonnées par l'autorité judiciaire, le président est le directeur ou son représentant, siégeant avec voix délibérative. Quoi qu'il en soit, depuis la réforme de 2022, il est clairement prévu que ce président « assure l'expression libre de tous les membres ».

Fonctionnement du CVS

Le CVS doit se réunir au moins trois fois par an. Ces séances ont lieu sur convocation du président ou du directeur dans certains types d'établissements. Par exception, il peut se réunir de plein droit à la demande, selon le cas, de la majorité de ses membres ou de la personne gestionnaire. L'ordre du jour pour les séances est fixé par celui qui a autorité pour convoquer cet organe. Il doit être communiqué au moins quinze jours avant la tenue du conseil et être accompagné des informations nécessaires (CASF, art. D.311-16). Par ailleurs, autre nouveauté, chaque année, un rapport d'activité doit être rédigé, transmis et présenté par le président du CVS à l'instance compétente de l'organisme gestionnaire de la structure. Cela n'empêche cependant pas cet organe d'être critiqué, notamment pour ne pas avoir permis d'identifier les dysfonctionnements au sein des EHPAD pendant la crise sanitaire[3].

À retenir

Droits collectifs et participation des usagers

La participation du patient au fonctionnement du secteur sanitaire

- Ce système de participation est indirect puisque ce ne sont pas des patients qui sont impliqués dans les instances hospitalières et de santé publique mais leurs représentants.
- Ces représentants sont issus d'associations qui doivent être agréées au niveau national ou local.
- La procédure d'agrément implique un organe clef : la commission nationale d'agrément.
- Les représentants des patients ne participent pas à toutes les instances hospitalières et de santé publique, mais à certaines d'entre elles seulement.
- Pour que leur participation soit effective, plusieurs conditions doivent être réunies, centrées notamment sur la formation des représentants et leur disponibilité.

3. Frémont L., « Liens entravés, adieux interdits – Droit de recevoir ses proches, droit de visiter les siens », Mission « Droit de visite et lien de confiance », 2023, p. 118.

La participation de l'usager au fonctionnement du secteur social et médico-social

- Ce système de participation est direct la plupart du temps puisque ce sont les usagers de l'établissement ou du service qui sont membres des instances de représentation. Quand l'usager ne peut participer directement au CVS en raison de son très jeune âge, son siège est attribué aux représentants des familles ou aux représentants légaux.
- Le principal lieu de représentation est le conseil de la vie sociale (CVS), mais d'autres formes de participation peuvent exister (« groupes d'expression », consultations, enquêtes de satisfaction).
- La mise en place du CVS est obligatoire ou facultative selon le type d'établissement ou de service concerné.
- La composition du CVS est très essentiellement centrée sur les usagers et leurs familles ou les représentants légaux.

Pour aller plus loin

Bataille P., « Le sujet malade : un acteur politique de droit », *Actu. JuriSanté*, n° 39-40, décembre 2002-janvier 2003, p. 33.

Bréchat P.-H., Gros J., Haon M. *et al.*, « Représentants d'associations d'usagers et loi "Hôpital, patients, santé et territoires" : enjeux et douze propositions », *Santé publique*, n° 1, janvier-février 2010, p. 131.

Caniard E., *La place des usagers dans le système de santé*, La Documentation française, 2000.

Caniard E., « La place de l'usager dans le système de santé », *Actualité et dossier en santé publique*, n° 31, juin 2000, p. 12.

Compagnon C., *Pour l'An II de la Démocratie sanitaire*, Ministère des affaires sociales et de la santé, 2014.

Dusehu E., « Évolution des rapports entre usagers et institutions hospitalières – Une transition culturelle à réussir », *Gestion hospitalière*, octobre 2001, p. 645.

Frémont L., « Liens entravés, adieux interdits – Droit de recevoir ses proches, droit de visiter les siens », Mission « Droit de visite et lien de confiance », 2023.

Got Ch., « La représentation institutionnelle des usagers à l'hôpital : introduction ou intrusion ? », *Actu. JuriSanté*, n° 38, octobre 2002, p. 4.

Got Ch., « Pour un véritable statut des représentants des usagers – Libre opinion », *Gestion hospitalière*, octobre 2001, p. 639.

Hassenteufel P., « La résistible affirmation d'un pouvoir collectif des patients », *RDSS*, 2012, p. 477.

Krauth S., Got Ch., « Droits des patients et démocratie sanitaire : l'émergence du nombre », *Gestion hospitalière*, octobre 2001, p. 636.

Jobert B., « Les institutions sanitaires à l'épreuve : quatre dimensions de l'action démocratique », *RF aff. soc.*, n° 2, avril-juin 2000, n° spécial « La démocratie sanitaire », p. 33.

Juan T., *Les associations d'usagers et le service public hospitalier*, thèse Université Aix-Marseille III, 2003, 567 p.

Lascoumes P., « L'usager dans le système de santé : réformateur social ou fiction utile ? », *Politiques et management public*, vol. 15, n° 2, septembre 2007, p. 129.

Laude A., « Les droits collectifs des usagers du système de santé », *LPA*, n° 122, 19 juin 2002, p. 23.

Laude A., « Les associations d'usagers : un rôle nouveau », *Actu. JuriSanté*, n° 34, décembre 2001-janvier 2002, p. 14.

Moquet-Anger M.-L., « La représentation des usagers dans les instances hospitalières ou de santé publique », *JCP A*, 2006, n° 15, p. 518, étude n° 1094.

Roelant J.-L., *La démocratie sanitaire dans le champ de la santé mentale*, La Documentation française, 2002.

Vareille F., « Les usagers doivent-ils siéger au conseil d'administration des établissements d'hospitalisation publics ? », *RDSS*, 1985, p. 342.

Zémor P., « La représentation participative des malades », *Actualité et dossier en santé publique*, n° 58, mars 2007, p. 6.

Chapitre 10
Les outils de respect des droits des usagers

L'énoncé des droits des usagers, tant par la loi n° 2002-2 du 2 janvier 2002 que par la loi n° 2002-303 du 4 mars 2002, est une étape essentielle et indispensable dans leur affirmation. Il ne suffit cependant pas à assurer leur connaissance, leur respect et leur mise en œuvre lors de la prise en charge et de l'accompagnement des usagers. C'est pourquoi plusieurs outils ont été spécifiquement prévus par le législateur pour garantir l'effectivité de ces droits.

1 Les outils de respect des droits des usagers dans le secteur sanitaire

Dans le secteur sanitaire, au-delà de l'outil général de rappel des droits des patients qu'est la Charte de la personne hospitalisée, trois dispositifs essentiels sont mis en place afin d'assurer le respect de ces droits : le livret d'accueil, la personne de confiance et la commission des usagers (CDU).

Encadré 38. La Charte de la personne hospitalisée

Après la publication d'une première « Charte du malade hospitalisé » en 1974 par le ministère en charge de la santé, et suite aux revendications de nombreuses associations de patients, une nouvelle « Charte du patient hospitalisé » a été adoptée par une circulaire du 6 mai 1995. L'objectif principal de la charte était que chacun puisse connaître ses droits pour pouvoir les exercer de manière effective. Une circulaire du 2 mars 2006, prenant en compte les évolutions relatives aux droits des patients, a modifié le texte et l'a rebaptisé « Charte de la personne hospitalisée » (➡ **voir annexes**), toujours dans le but d'informer les usagers sur leurs droits. La Charte définit son champ d'application : il s'agit de l'**ensemble des personnes prises en charge par un établissement de santé, admises en hospitalisation (au sein d'un établissement ou à domicile), accueillies en consultation externe ou prises en charge dans le cadre des urgences**. La Charte de la personne hospitalisée comprend onze articles, qui s'appuient sur les droits énoncés par la loi du 4 mars 2002 : droit au libre choix de son établissement ; droit à la qualité de l'accueil, des traitements et des soins ; droit à une information accessible et loyale ; droit au consentement libre et éclairé ; droit à un consentement spécifique pour certains actes (don et utilisation des éléments et produits du corps humain...) ; droit de consentir à une recherche biomédicale ; droit de quitter l'établissement à tout moment ; droit d'être traité avec égards (respect de l'intimité et des convictions, interdiction du prosélytisme...) ; droit au respect de la vie privée ; droit d'accès direct aux informations ; droit d'exprimer ses observations sur les soins et l'accueil. Un résumé de la Charte doit être annexé au livret d'accueil et affiché dans les lieux de passage de l'établissement et le document intégral de la Charte doit être remis, gratuitement et sans délai, sur simple demande, par le service chargé de l'accueil.

A - Le livret d'accueil

Selon l'article L.1112-2, alinéa 2 du CSP, chaque établissement de santé doit remettre au patient (ou à l'un de ses proches), lors de son admission, un livret d'accueil auquel est annexée la charte de la personne hospitalisée. Le contenu du livret d'accueil est détaillé par un arrêté du 15 avril 2008 relatif au contenu du livret d'accueil des établissements de santé, qui précise également que deux autres annexes doivent être jointes au livret d'accueil : un contrat d'engagement contre la douleur et le programme annuel de lutte contre les infections nosocomiales de l'établissement (CSP, art. R.6111-9).

Le livret a pour objet de **présenter l'établissement de santé et de fournir des informations utiles à l'ensemble des personnes hospitalisées sur leurs conditions de prise en charge**. Ainsi, les informations contenues dans le livret d'accueil portent sur la nature des activités de l'établissement, son organisation générale (situation géographique, coordonnées, moyens de mise en relation avec les représentants des usagers...), les formalités administratives à accomplir et les droits reconnus aux usagers (rappel des droits issus de la Charte de la personne hospitalisée, règles relatives au respect de la vie collective interne de l'établissement, règles d'accessibilité aux informations personnelles, possibilité de rédiger des directives anticipées, informations utiles en cas de plainte ou de réclamation...).

B - La personne de confiance

L'article L.1111-6, alinéa 1er du CSP permet à toute personne majeure de désigner une personne de confiance. L'étude de la personne de confiance est réalisée au sein du chapitre 4 relatif à l'expression de la volonté de l'usager. Il sera simplement rappelé ici que le rôle de la personne de confiance est double. D'une part, si le patient est en état d'exprimer sa volonté et s'il le souhaite, la personne de confiance peut l'accompagner dans ses démarches et assister aux entretiens médicaux afin de l'aider dans ses décisions et à la connaissance et à la compréhension de ses droits s'il rencontre des difficultés. D'autre part, si le patient n'est plus en état d'exprimer sa volonté, la personne de confiance doit être informée et consultée avant toute prise de décision. La personne de confiance participe donc bien au dispositif de respect des droits des usagers.

C - La commission des usagers

La **nécessité d'instaurer un dialogue entre professionnels et établissements de santé et les patients** a depuis longtemps été soulignée, afin de favoriser l'information, la conciliation et la médiation. Dès 1996, une commission de conciliation avait été instaurée au sein de chaque établissement de santé, remplacée, lors de l'adoption de la loi du 4 mars 2002, par une commission des relations avec les usagers et de la qualité de la prise en charge (ancien article L.1112-3 du CSP), devenue depuis la loi n° 2016-41 du 26 janvier 2016 de modernisation de notre système de santé, la commission des usagers (CDU).

Le champ d'application et la composition de la CDU

Une CDU doit être mise en place **dans chaque établissement de santé, public ou privé**, ainsi que dans les groupements de coopération sanitaire autorisés à assurer les missions d'un établissement de santé (CSP, art. L.1112-3 et R.1112-79). Son champ d'application est donc très large. La composition de la CDU est précisée par l'article R.1112-81 du CSP, l'idée générale étant de faire dialoguer des représentants de l'établissement, du personnel médical, du personnel non-médical et des usagers. Alors que le directeur de l'établissement était président de droit de la commission, la loi du 26 janvier 2016 a ouvert la possibilité pour un représentant des usagers de présider la CDU. Tous les membres de la CDU sont tenus au respect du secret professionnel.

Les missions de la CDU

Véritable organe de représentation des usagers dans l'établissement de santé (➡ **voir chapitre 9**), la CDU a deux missions principales (CSP, art. L.1112-3) :

– **Veiller au respect des droits des usagers et faciliter leurs démarches** : la CDU doit s'assurer que les usagers et leurs proches puissent exprimer leurs griefs auprès des responsables de l'établissement, entendre les explications de ces responsables et être informés des suites de leurs demandes. De plus, la CDU doit être informée de l'ensemble des plaintes et réclamations formées par les usagers de l'établissement ainsi que des suites qui leur sont données. Elle peut avoir accès aux données médicales relatives à ces plaintes ou à ces réclamations, sous réserve de l'obtention préalable de l'accord écrit de la personne concernée ou de ses ayants droit si elle est décédée.

– **Contribuer à l'amélioration de la qualité de l'accueil et de la prise en charge des personnes malades et de leurs proches** : la CDU participe à l'élaboration de la politique menée dans l'établissement en ce qui concerne l'accueil, la prise en charge, l'information et les droits des usagers. Elle est associée à l'organisation des parcours de soins ainsi qu'à la politique de qualité et de sécurité élaborée par la commission ou la conférence médicale d'établissement. Elle fait des propositions sur ces sujets et est informée des suites qui leur sont données. La CDU peut se saisir de tout sujet se rapportant à la politique de qualité et de sécurité élaborée par la commission ou la conférence médicale d'établissement et faire des propositions. En cas de survenue d'événements indésirables graves, la CDU est informée des actions menées par l'établissement pour y remédier.

Si la CDU a ainsi un rôle de vigilance et d'alerte, elle ne possède cependant aucun réel pouvoir de décision : elle ne peut qu'émettre des propositions, qui seront suivies ou non en fonction des décisions de la direction de l'établissement.

2 Les outils de respect des droits des usagers dans le secteur social et médico-social

Après avoir énoncé les droits des usagers au sein de l'article L.311-3 du CASF, le législateur prévoit plusieurs outils destinés à garantir l'exercice effectif de ces droits et à prévenir tout risque de maltraitance (sur les dispositifs de lutte contre la maltraitance, ➡ **voir chapitre 1**). Certains outils permettent la participation de l'usager, d'autres l'organisation de sa vie en établissement ou service.

Encadré 39. Les Chartes : des outils généraux de rappel des droits des usagers

La Charte des droits et libertés de la personne accueillie résulte d'une annexe à un arrêté du 8 septembre 2003 (➡ **voir annexes**). La Charte comprend douze articles, chacun traitant d'un droit garanti à tous les usagers par l'article L.311-3 du CASF :
- principe de non-discrimination ;
- droit à une prise en charge ou à un accompagnement adapté ;
- droit à l'information ;
- principe du libre choix ;
- principe du consentement éclairé et de la participation de la personne ;
- droit à la renonciation ;
- droit au respect des liens familiaux ;
- droit à la protection ;
- droit à l'autonomie ;
- principe de prévention et de soutien ;
- droit à l'exercice des droits civiques attribués à la personne accueillie ;
- droit à la pratique religieuse ;
- respect de la dignité de la personne et de son intimité.

L'article L.311-4 du CASF précise que la Charte doit être annexée au livret d'accueil et affichée dans les établissements et services. Elle permet de garantir la connaissance et l'exercice effectif de ses droits par l'usager, de lutter contre les risques de maltraitance et de promouvoir la bientraitance.

La **Charte des droits et libertés de la personne âgée, en situation de handicap ou de dépendance** (➡ **voir annexes**) ne découle pas d'un texte juridique, mais de la pratique. Elle a été rédigée en 1987 par la Fondation nationale de gérontologie, avec le soutien du ministère en charge des affaires sociales, dans un but de pédagogie et de diffusion de la connaissance des droits spécifiques des personnes âgées. La Charte s'articule autour de quatorze thèmes :

- choix de vie ;
- domicile et environnement ;
- vie sociale malgré les handicaps ;
- présence et rôle des proches ;
- patrimoine et revenus ;
- valorisation de l'activité ;
- liberté de conscience et pratique religieuse ;
- préservation de l'autonomie et prévention de la dépendance ;
- droit aux soins ;
- qualification des intervenants ;
- respect de la fin de vie ;
- la recherche ;
- exercice des droits et protection juridique de la personne ;
- l'information.

Il n'existe aucune obligation d'affichage ou de remise de la Charte des droits et libertés de la personne âgée, en situation de handicap ou de dépendance, mais en pratique elle est affichée dans de nombreux établissements d'hébergement pour personnes âgées dépendantes (EHPAD).

A - Les outils de participation de l'usager

La loi n° 2002-2 du 2 janvier 2002 rénovant l'action sociale et médico-sociale a mis en place trois outils principaux de participation de l'usager à sa prise en charge : le contrat de séjour (ou document individuel de prise en charge), le recours à une personne qualifiée et le conseil de la vie sociale (ou autres formes de participation).

Le contrat de séjour ou le document individuel de prise en charge

Le contrat de séjour est prévu à l'article L.311-4 du CASF et précisé aux articles D.311-0-1 et suivants du CASF. Il doit **définir les objectifs et la nature de la prise en charge ou de l'accompagnement, les prestations offertes et leur coût prévisionnel, ainsi que les conditions de séjour de l'usager au sein de l'établissement**. Son principal intérêt est de formaliser les droits et obligations des établissements et des usagers. Lorsqu'il est conclu dans un établissement ou service d'accompagnement par le travail (ESAT), ce contrat est dénommé contrat de soutien et d'aide par le travail : il doit prendre en compte l'expression des besoins et des attentes du travailleur en situation de handicap ainsi que les conditions d'organisation et de fonctionnement propres à l'ESAT.

Le champ d'application du contrat de séjour

Le champ d'application du contrat de séjour est précisé par l'article D.311 du CASF, qui énumère les établissements concernés, dès lors qu'il s'agit d'un **séjour continu ou discontinu d'une durée prévisionnelle supérieure à deux mois**. Ainsi, sous réserve de remplir cette condition de durée de séjour, la quasi-totalité des établissements et services sociaux et médico-sociaux est soumise à l'obligation de signature d'un contrat de séjour : il s'agit des établissements hébergeant des personnes âgées, des personnes majeures ou mineures en situation de handicap, des mineurs ou des jeunes majeurs au titre de la protection administrative de l'enfance, des personnes en difficulté sociale... mais aussi des services autonomie à domicile (CASF, art. L.313-1-3).

Encadré 40. Le document individuel de prise en charge

Un document individuel de prise en charge doit être **établi chaque fois qu'un contrat de séjour ne peut pas être conclu** : il s'agit en pratique des services qui ne comportent aucun hébergement (par exemple, les centres d'action médico-sociale précoce [CAMSP]), des établissements de protection de l'enfance qui accueillent des mineurs confiés par décision judiciaire, des services de protection des majeurs, des séjours d'une durée prévisionnelle inférieure à deux mois, ou, enfin, du refus de l'usager de signer le contrat de séjour proposé par l'établissement. Dans ces hypothèses, le document individuel de prise en charge est établi et signé par le directeur du service ou de l'établissement ou son représentant. Le contenu du document est identique à celui du contrat de séjour.

Lorsqu'il s'agit d'un service mettant en œuvre les mesures de protection juridique des majeurs, l'article L.471-6, 2° du CASF prévoit que le mandataire judiciaire à la protection des majeurs remet à la personne protégée (ou, si elle n'est pas en mesure d'en comprendre la portée, à un membre du conseil de famille ou un parent, un allié ou une personne de son entourage) un **document individuel de protection des majeurs**, qui vaut document individuel de prise en charge. Ce document définit les objectifs et la nature de la mesure de protection.

L'élaboration du contrat de séjour

Selon l'article D.311 du CASF, le contrat de séjour (ou le document individuel de prise en charge) est établi lors de l'admission et remis à la personne accueillie et, le cas échéant, à son représentant légal, au plus tard dans les quinze jours qui suivent l'admission. Le contrat est signé dans le mois qui suit l'admission. Il est signé entre le représentant de l'établissement d'une part, et la personne accueillie ou son représentant légal d'autre part, éventuellement accompagnée par sa personne de confiance. La participation de la personne admise et, si nécessaire, de sa famille ou de son représentant légal est obligatoirement requise pour l'établissement du contrat ou document, à peine de nullité de celui-ci. L'avis du mineur doit être recueilli.

De plus, l'article L.311-4, alinéa 3 du CASF modifié par la loi n° 2024-317 du 8 avril 2024, précise désormais que la personne de confiance (➡ **voir chapitre 4**) doit en principe être présente lors de l'entretien relatif à la conclusion du contrat de séjour, sauf si la personne accueillie s'y oppose. Le principe est ainsi inversé par rapport au dispositif antérieur, qui prévoyait que l'entretien devait avoir lieu hors de la présence de toute autre personne, sauf si la personne accueillie choisissait de se faire accompagner par sa personne de confiance. Lors de cet entretien, le directeur de l'établissement ou toute autre personne formellement désignée par lui recherche, chaque fois que nécessaire avec la participation du médecin coordonnateur de l'établissement, le consentement de la personne à être accueillie (en cas de difficulté et s'il s'agit d'un majeur bénéficiant d'un régime de protection, c'est le conseil de famille ou le juge qui statue). Il l'informe de ses droits et s'assure de leur compréhension par la personne accueillie.

Enfin, la loi n° 2024-317 du 8 avril 2024 a ajouté une nouvelle disposition au sein de l'article L.311-4, al. 5, du CASF, en vertu de laquelle la personne accueillie ou son représentant légal doit donner son accord de principe ou au contraire faire connaître son refus pour le contrôle effectué dans son espace privatif. En pratique, cela concerne les services d'inspection qui pourraient procéder à des contrôles au sein de l'établissement : en cas de refus, une autorisation de l'autorité judiciaire devient nécessaire. L'accord ou le refus doit également être recueilli pour la collecte, la conservation et le traitement des données personnelles recueillies au cours de la prise en charge. Dans les deux cas, cet accord ou ce refus doivent être consignés par écrit et demeurent révocables à tout moment.

Le contenu du contrat de séjour

Le contrat de séjour doit prévoir sa durée, ainsi que les conditions et modalités de sa résiliation ou de sa révision. Un avenant précise dans un délai maximum de six mois **les objectifs et les prestations adaptées à la personne**. Chaque année, la définition des objectifs et des prestations est réactualisée. L'article D.311, V du CASF précise le contenu du contrat de séjour :

- objectifs de la prise en charge ;
- prestations offertes, quelle que soit leur nature (prestations d'action sociale ou médico-sociale, éducatives, pédagogiques, de soins et thérapeutiques, de soutien ou d'accompagnement) ;
- conditions de séjour et d'accueil ;
- conditions de la participation financière du bénéficiaire.

La fin du contrat de séjour

Selon l'article L.311-4-1 du CASF, actualisé par la loi n° 2024-317 du 8 avril 2024, la personne accueillie ou la personne chargée à son égard d'une mesure de protection juridique avec représentation, bénéficie d'un **droit de rétractation** sans préavis dans un délai de quinze jours après sa signature ou après l'admission dans l'établissement si celle-ci est postérieure à la signature, puis d'un **droit de résiliation** qui peut intervenir à tout moment, sous réserve de respecter un délai de préavis qui ne peut être supérieur à un mois. Dans le sens inverse, le droit de résiliation du contrat de séjour par l'établissement d'accueil est strictement encadré :

> – inexécution par la personne accueillie d'une obligation lui incombant au titre de son contrat ou manquement grave ou répété au règlement de fonctionnement de l'établissement, sauf lorsqu'un avis médical constate que cette inexécution ou ce manquement résulte de l'altération des facultés mentales ou corporelles de la personne accueillie ;
> – cessation totale d'activité de l'établissement ;
> – cas dans lequel la personne accueillie cesse de remplir les conditions d'admission dans l'établissement, lorsque son état de santé nécessite durablement des équipements ou des soins non disponibles dans cet établissement, après que le gestionnaire s'est assuré que la personne dispose d'une solution d'accueil adaptée.

Encadré 41. L'annexe au contrat de séjour en EHPAD

L'article 27 de la loi n° 2015-1776 du 28 décembre 2015 relative à l'adaptation de la société au vieillissement, codifié à l'article L.311-4-1, I du CASF, a ouvert la possibilité, pour les établissements accueillant des personnes âgées, d'ajouter une annexe au contrat de séjour. Cette annexe a pour objectif de définir les mesures particulières à prendre pour assurer l'intégrité physique et la sécurité de la personne et pour soutenir l'exercice de sa liberté d'aller et de venir. Ces mesures ne peuvent être prévues que dans l'intérêt des personnes accueillies, si elles s'avèrent strictement nécessaires, et ne doivent pas être disproportionnées par rapport aux risques courus. Ces mesures sont définies après examen du résident et au terme d'une procédure collégiale mise en œuvre à l'initiative du médecin coordonnateur de l'établissement, ou, à défaut, du médecin traitant. Il existe un modèle prévu à l'annexe 3-9-1 du CASF.

Le recours à une personne qualifiée

Il est parfois difficile pour un usager du secteur social et médico-social de **faire valoir ses droits**. C'est pourquoi le législateur a mis en place un dispositif spécifique, prévu à l'article L.311-5 du CASF, qui permet de faire appel à une personne qualifiée, choisie sur une liste établie par le représentant de l'État dans le département (préfet), le directeur général de l'agence régionale de santé et le président du conseil départemental. Pour figurer sur cette liste, il faut présenter des garanties de moralité, de neutralité et d'indépendance. Ces personnes doivent œuvrer ou avoir œuvré dans le domaine social ou médico-social ou avoir des connaissances en matière de droits sociaux.

Il ne s'agit pas de proposer une médiation ou une conciliation, mais d'aider l'usager, ou son représentant, à résoudre un conflit né de la prise en charge en établissement ou service. La personne qualifiée doit rendre compte de ses interventions à l'usager lui-même ou à son représentant (démarches entreprises, mesures suggérées, suites données à la demande) et aux autorités chargées du contrôle des établissements et services. Elle peut aussi informer l'autorité judiciaire si elle l'estime nécessaire.

Le conseil de la vie sociale (CVS) ou les autres formes de participation

Afin de faire participer les usagers au fonctionnement des structures qui les prennent en charge, le législateur a prévu à l'article L.311-6 du CASF l'institution d'un conseil de la vie sociale ou d'autres formes de participation. Les éléments relatifs à ces deux modes de participation des usagers sont détaillés au sein du chapitre 9.

B - Les outils d'organisation de la vie de l'usager

La loi n° 2002-2 du 2 janvier 2002 rénovant l'action sociale et médico-sociale a mis en place d'autres outils qui ont davantage pour vocation d'assurer le respect des droits de l'usager dans l'organisation de sa vie en établissement. Il s'agit essentiellement du livret d'accueil, du règlement de fonctionnement et du projet d'établissement ou de service.

Le livret d'accueil

Le livret d'accueil a pour objectif principal d'informer l'usager à propos de ses droits, notamment quant à l'organisation de sa vie au sein de l'établissement ou du service. Il constitue la garantie d'un exercice effectif des droits, joue un rôle de prévention de la maltraitance et permet à la personne accueillie d'exercer sa liberté de choix des prestations. Le livret d'accueil est prévu par l'article L.311-4 du CASF et son contenu est précisé par la circulaire n° DGAS/SD5/2004/138 du 24 mars 2004 relative à la mise en place du livret d'accueil prévu à l'article L.311-4 du CASF. Il doit obligatoirement comprendre deux annexes : la Charte des droits et libertés de la personne accueillie (➡ **voir annexes**) et le règlement de fonctionnement. Il doit être remis à jour régulièrement et obligatoirement tous les cinq ans.

Le livret d'accueil est en quelque sorte la **carte d'identité de l'établissement ou du service**. Il contient deux séries d'informations :

– **Des informations concernant l'établissement** : situation géographique ; noms du directeur, des responsables et des personnes référentes ; organisation générale ou organigramme de l'établissement ; assurances ; conditions de facturation des prestations...
– **Des informations concernant les personnes prises en charge et leurs représentants légaux** : conditions et modalités d'admission, de prise en charge ou d'accompagnement ; conditions d'hébergement, de repas, de loisirs, de sorties, de visites ; possibilités de recours de l'usager en cas de difficultés...

Encadré 42. Notice d'information pour les personnes bénéficiant d'un régime de protection juridique

L'article L.471-6, 1° du CASF prévoit que le mandataire judiciaire à la protection des majeurs (MJPM) remet à la personne protégée (ou, si elle n'est pas en mesure d'en comprendre la portée, à un membre du conseil de famille, un parent, un allié ou une personne de son entourage), une notice d'information, dont le contenu est fixé à l'annexe 4-2 du CASF (présentation du dispositif de protection des majeurs, éléments d'information relatifs au MJPM et aux droits de la personne protégée). La Charte des droits et libertés de la personne majeure protégée, adoptée par décret en 2008, doit être annexée à la notice d'information. Cette Charte figure à l'annexe 4-3 du CASF et rappelle l'ensemble des droits et libertés de la personne protégée. Le mandataire judiciaire à la protection des majeurs doit accompagner cette remise d'explications orales, adaptées au degré de compréhension du majeur (CASF, art. D.471-7).

Le règlement de fonctionnement

Un règlement de fonctionnement, obligatoirement annexé au livret d'accueil, doit être élaboré dans chaque établissement et service social ou médico-social.

L'article L.311-7 du CASF précise que le règlement de fonctionnement définit les droits de la personne accueillie et les obligations et devoirs nécessaires au respect des règles de vie collective au sein de l'établissement ou du service. La loi n° 2024-317 du 8 avril 2024 a procédé à un ajout au sein de cet article : le règlement de fonctionnement doit déterminer les modalités de respect du droit de visite désormais instauré à l'article L.311-5-2 du CASF (➡ **voir chapitre 1**). Son principal objectif est de faire connaître les principes qui régissent la vie collective et les modalités pratiques d'organisation et de fonctionnement des services.

L'élaboration du règlement de fonctionnement

Selon l'article R.311-33 du CASF, le règlement de fonctionnement est arrêté par l'instance compétente de l'organisme gestionnaire, c'est-à-dire le plus souvent par le **conseil d'administration**. Il est nécessaire de procéder au préalable à la consultation des instances représentatives du personnel de l'établissement ou du service et du conseil de la vie sociale ou des autres instances de participation. Le règlement doit prévoir une révision périodique, qui est au maximum de cinq ans. Il doit être affiché dans les locaux et être remis en mains propres aux personnes accueillies et à leurs représentants, ainsi qu'à toute personne exerçant dans l'établissement à titre libéral, salarié (de droit public ou de droit privé) ou bénévole.

Le contenu du règlement de fonctionnement

Les articles R.311-35 et suivants du CASF énumèrent le contenu du règlement de fonctionnement, qui comprend trois domaines principaux :

– **Les principales modalités concrètes d'exercice des droits** : il s'agit de tous les droits énoncés à l'article L.311-3 du CASF (par exemple, pour le droit à l'information, le règlement doit préciser les modalités concrètes d'accès au dossier, les règles permettant d'assurer la confidentialité...). Le règlement précise également les modalités d'association de la famille à la vie de l'établissement ou du service.

– **Les modalités d'organisation ou de fonctionnement de l'établissement ou du service** : le règlement doit préciser l'organisation, l'usage et l'accès aux locaux ; les mesures relatives à la sûreté des personnes et des biens ; les mesures à prendre en cas d'urgence ou de situations exceptionnelles ; les modalités de rétablissement des prestations lorsqu'elles ont été interrompues (par exemple à la suite d'une hospitalisation)...

– **Les règles essentielles de vie collective** : le règlement fixe les obligations des usagers concernant le respect des décisions de prise en charge, des termes du contrat de séjour ou du document individuel de prise en charge, des rythmes de vie collectifs, d'exigence d'un comportement civil à l'égard des autres usagers et du personnel, de respect des biens et équipements, des prescriptions d'hygiène de vie nécessaires... Il rappelle que les faits de violence sur autrui sont susceptibles d'entraîner des procédures administratives et judiciaires. Il précise enfin les obligations de l'établissement ou du service en matière de protection des mineurs, les temps de sorties autorisées, ainsi que les procédures de signalement déclenchées en cas de sortie non autorisée.

Le règlement de fonctionnement est un **outil essentiel en matière de droits et obligations des usagers**. Le plus difficile est de concilier la liberté et la sécurité des usagers : le règlement ne peut apporter aux droits des personnes et aux libertés individuelles et collectives des restrictions qui ne seraient pas justifiées par la nature de la tâche à accomplir et proportionnées au but poursuivi. La recherche d'un équilibre entre les libertés et les obligations de l'usager doit guider l'élaboration du règlement de fonctionnement.

Le projet d'établissement ou de service

En vertu de l'article L.311-8 du CASF, chaque établissement ou service social ou médico-social doit élaborer un projet d'établissement ou de service qui **définit ses objectifs, notamment en matière de coordination, de coopération et d'évaluation des activités et de la qualité des prestations, ainsi que ses modalités d'organisation et de fonctionnement**. Ce projet doit également préciser quelle est la politique de prévention et de lutte contre la maltraitance au sein de l'établissement ou du service, notamment en matière de gestion du personnel, de formation et de contrôle. En outre, il doit désigner une autorité extérieure à l'établissement ou au service, choisie sur une liste spécifique et indépendante du conseil départemental, à laquelle les personnes accueillies peuvent faire appel en cas de difficulté et qui est autorisée à visiter l'établissement à tout moment. Enfin, le cas échéant, le projet doit identifier les services au sein desquels sont dispensés des soins palliatifs. Le projet est établi après consultation du conseil de la vie sociale ou après mise en œuvre d'une autre forme de participation, pour une durée maximale de cinq ans.

Le projet d'établissement ou de service présente des liens étroits avec les droits des usagers, dans la mesure où il précise les modalités d'organisation et de fonctionnement de la structure. Il se compose de plusieurs types de projets : pédagogique, éducatif, thérapeutique, d'insertion, professionnel... et permet d'affirmer les valeurs mises en œuvre lors de la prise en charge.

À retenir

Les outils de respect des droits des usagers

Les outils de respect des droits des usagers dans le secteur sanitaire

Rappel général des droits : Charte de la personne hospitalisée.

- *Livret d'accueil* : présentation de l'établissement de santé et informations relatives aux conditions de prise en charge.
- *Personne de confiance* : accompagnement dans les démarches ou interlocuteur privilégié si l'usager est hors d'état d'exprimer sa volonté.
- *Commission des usagers* :
  - veille au respect des droits des usagers et facilite leurs démarches ;
  - contribue à améliorer la qualité de l'accueil et de la prise en charge.

Les outils de respect des droits des usagers dans le secteur social et médico-social

Rappel général des droits : Charte des droits et libertés de la personne accueillie ; Charte des droits et libertés de la personne âgée, en situation de handicap ou de dépendance.

– *Outils de participation des usagers* :
  - Contrat de séjour ou document individuel de prise en charge : définition des objectifs et de la nature de la prise en charge, des prestations offertes et de leur coût prévisionnel, et des conditions de séjour.
  - Recours à une personne qualifiée : permet de faire valoir les droits de l'usager et aide à la résolution d'un conflit potentiel né de la prise en charge.
  - Conseil de la vie sociale ou autres formes de participation : participation des usagers au fonctionnement des établissements et services.

– *Outils d'organisation de la vie des usagers* :
  - Livret d'accueil : information de l'usager à propos de ses droits et de l'organisation de sa vie au sein de l'établissement ou du service.
  - Règlement de fonctionnement : faire connaître les principes qui régissent la vie collective et les modalités pratiques d'organisation et de fonctionnement des services.
  - Projet d'établissement ou de service : précise les modalités d'organisation et de fonctionnement de la structure.

Pour aller plus loin

Janvier R., Matho Y., *Le droit des usagers*, Dunod, 2013.

Janvier R., Matho Y., *Comprendre la participation des usagers dans les organisations sociales et médico-sociales*, Dunod, 2011.

Lhuillier J.-M., *Le droit des usagers dans les établissements et services sociaux et médico-sociaux*, 5e éd., Presses de l'EHESP, 2015.

Lhuillier J.-M., « Libertés individuelles et règlement de fonctionnement des établissements et des services sociaux et médico-sociaux », *RDSS*, 1999, p. 811.

Poinsot O., « Pour une théorie du contrat de séjour », *RGDM*, n° 44, 2012, p. 523 et *RGDM*, n° 45, 2012, p. 358.

Chapitre 11

Les droits des usagers liés à la procréation

Le champ de la procréation a depuis longtemps suscité des questions juridiques et éthiques au sein de la société, nécessitant une intervention régulière du législateur. Ces interrogations se sont accentuées avec l'évolution des techniques et des connaissances, comme le montre, de manière relativement récente, le cas de l'assistance médicale à la procréation (AMP) ou, de façon plus ancienne, l'interruption de grossesse et la stérilisation à visée contraceptive. Tous ces actes doivent, le plus souvent, être réalisés en établissement de santé et peuvent concerner tant les personnes soignées que les personnes accompagnées.

1 Favoriser la procréation : l'assistance médicale à la procréation (AMP)

L'évolution des techniques scientifiques et médicales dans le domaine de la procréation a fait naître de nouvelles questions éthiques, morales, sociologiques et juridiques, ainsi que de nouvelles formes de prise en charge pour les établissements de santé et de nouveaux droits pour les usagers.

> Selon l'alinéa 1er de l'article L.2141-1 du CSP, « l'assistance médicale à la procréation s'entend des pratiques cliniques et biologiques permettant la conception *in vitro*, la conservation des gamètes, des tissus germinaux et des embryons, le transfert d'embryons et l'insémination artificielle ». Ainsi, il s'agit de l'**ensemble des techniques qui permettent la conception d'un être humain en dehors du processus de procréation naturelle**, dans lequel l'union sexuelle entre un homme et une femme suffit.

L'encadrement juridique de l'AMP a considérablement évolué depuis la première loi qui a régi ce domaine, la loi n° 94-654 du 29 juillet 1994 relative au don et à l'utilisation des éléments et produits du corps humain, à l'assistance médicale à la procréation et au diagnostic prénatal, à travers plusieurs révisions, dont la dernière a été consacrée par la loi n° 2021-1017 du 2 août 2021 relative à la bioéthique (ses principales dispositions sont entrées en vigueur le 1er septembre 2022). Le législateur est intervenu à toutes les étapes du processus, en imposant des règles strictes relatives au recueil des gamètes, aux bénéficiaires de l'AMP et aux conséquences juridiques pour les enfants nés d'une AMP.

A - Le recueil des gamètes

L'assistance médicale à la procréation (AMP) peut être réalisée en utilisant les gamètes du couple (AMP intraconjugale) : il s'agit alors de techniques endogènes, qui ne nécessitent pas d'apport de gamètes extérieurs. Dans cette hypothèse, qui représente pour l'instant la grande majorité des AMP, aucune condition particulière ne s'applique concernant les gamètes, hormis celles relatives au consentement des parents de manière générale. En revanche, dès que le recours à un tiers donneur, homme ou femme, est nécessaire, autrement dit lorsqu'il s'agit de techniques exogènes (AMP hétérologue), de nombreuses règles spécifiques sont posées, relatives au don de gamètes, à la conservation des gamètes et à l'accueil d'embryons.

Le don de gamètes

Le don et l'utilisation des éléments et produits du corps humain sont strictement réglementés par les articles L.1211-1 et suivants du CSP, tant en ce qui concerne les organes et le sang humain, qu'à propos des tissus, cellules et produits du corps humain (et leurs dérivés). Les gamètes appartiennent à cette dernière catégorie et font l'objet d'un encadrement spécifique (CSP, art. L.1244-1 à L.1244-9).

> Le législateur donne une définition du **don de gamètes** à l'article L.1244-1 du CSP : « Le don de gamètes consiste en l'apport par un tiers de spermatozoïdes ou d'ovocytes en vue d'une assistance médicale à la procréation. » En la matière, les droits des patients ont évolué vers un élargissement progressif du domaine du don de gamètes.

En premier lieu, le cercle des donneurs potentiels de gamètes, masculins ou féminins, a été étendu. Alors qu'initialement, seules les personnes qui avaient déjà procréé pouvaient donner leurs gamètes (ancien article L.1244-2, al. 1er du CSP), le texte se contente désormais de préciser que « Le donneur est majeur. Le mineur émancipé ne peut être donneur ». Il supprime ainsi toute référence à la notion de procréation antérieure : tous les majeurs, hommes ou femmes, sont potentiellement des donneurs ; à l'inverse, les mineurs, émancipés ou non, ne peuvent jamais donner leurs gamètes. Cependant, le cas des majeurs protégés a fait l'objet de discussions importantes, tranchées par l'article L.1241-2 du CSP : les majeurs faisant l'objet d'une mesure de protection juridique avec représentation relative à la personne ne peuvent pas être donneurs. Il est possible d'en déduire que lorsque la mesure de protection ne concerne que les biens ou une assistance à la personne, le majeur peut être donneur.

En second lieu, la pratique du double don de gamètes a été progressivement autorisée. Il s'agit de la conception d'un embryon à partir de gamètes masculins et féminins extérieurs au couple receveur. À l'origine, un embryon ne pouvait être conçu *in vitro* avec des gamètes ne provenant pas d'un au moins des membres du couple, afin de maintenir un lien biologique avec au minimum l'un des deux parents. La loi du 2 août 2021 a supprimé l'exigence de gamètes provenant de l'un au moins des membres du couple (CSP, art. L.2141-3).

Encadré 43. Les principes fondamentaux encadrant le don de gamètes

Le don de gamètes est soumis au respect de trois principes fondamentaux : le don doit être volontaire, gratuit et anonyme.

Tout d'abord, le don de gamètes doit être **volontaire** : aucune contrainte ne peut être exercée sur les donneurs. Dans son ancienne version, l'article L.1244-2, alinéa 1er du CSP précisait que « le consentement des donneurs et, s'ils font partie d'un couple, celui de l'autre membre du couple sont recueillis par écrit et peuvent être révoqués à tout moment jusqu'à l'utilisation des gamètes ». Le consentement du donneur devait être recueilli par écrit, comme celui de son conjoint, de son concubin ou de son partenaire lié par un pacte civil de solidarité (PACS), si le donneur (ou la donneuse) était en couple. La loi du 2 août 2021 a supprimé l'exigence du consentement de l'autre membre du couple. Le don est désormais envisagé comme un acte exclusivement personnel, qui dépend de la seule volonté du donneur, homme ou femme. Le consentement au don est révocable à tout moment, sans justification particulière, jusqu'à l'utilisation des gamètes.

Ensuite, le don de gamètes est **gratuit**. En effet, le principe de gratuité est instauré pour tous les dons d'éléments et produits du corps humain et prévu par l'article L.1211-4 du CSP : « Aucun paiement, quelle qu'en soit la forme, ne peut être alloué à celui qui se prête au prélèvement d'éléments de son corps ou à la collecte de ses produits. » Le don de gamètes ne déroge pas à ce principe général, même si de nombreuses discussions ont eu lieu au sujet de la rémunération du don d'ovocytes, compte tenu de la lourdeur du processus de prélèvement des ovocytes sur les donneuses. Le législateur a cependant préféré conserver le principe de gratuité afin d'éviter toute contrainte financière en la matière.

Enfin, le don de gamètes est **anonyme**, même si ce principe a fait l'objet d'une véritable « révolution » au sein de la loi du 2 août 2021. Il est nécessaire de bien distinguer l'anonymat du don à l'égard du ou des receveurs et l'anonymat du don à l'égard de l'enfant né de l'AMP (➡ **voir *infra***). Au stade du don de gamètes proprement dit, deux points sont essentiels. D'une part, il doit être fait application du principe général prévu pour tous les dons d'éléments et produits du corps humain : « Le donneur ne peut connaître l'identité du receveur, ni le receveur celle du donneur. Aucune information permettant d'identifier à la fois celui qui a fait don d'un élément ou d'un produit de son corps et celui qui l'a reçu ne peut être divulguée » (CSP, art. L.1211-5, al. 1er). Ce principe d'anonymat connaît cependant une atténuation, en cas de nécessité médicale, qui permet au médecin d'accéder à des informations médicales non identifiantes, au bénéfice soit de la personne issue du don de gamètes, soit du donneur lui-même (CSP, art. L.1244-6). L'anonymat est donc préservé au moment du don afin d'éviter toute pression, sélection ou compensation financière. D'autre part, la loi du

2 août 2021 a ajouté une condition supplémentaire à la validité d'un don de gamètes : préalablement au don, le donneur doit être informé des dispositions relatives à l'accès des personnes majeures conçues par AMP avec tiers donneur soit aux données non identifiantes, soit à l'identité du tiers donneur (CSP, art. L.1244-2, al. 2). Surtout, le donneur doit consentir expressément et préalablement au don de gamètes à la communication de ces données et de son identité. Le législateur est particulièrement clair à ce sujet : « En cas de refus, ces personnes ne peuvent procéder à ce don » (CSP, art. L.2143-2, al. 2). Désormais, la validité du don est subordonnée au consentement exprès du donneur, homme ou femme, à un accès futur à son identité et à des informations le concernant, afin de pouvoir mettre en œuvre le droit d'accès aux origines personnelles (➡ **voir *infra***).

La conservation des gamètes

Le législateur envisage trois hypothèses dans lesquelles il est possible de conserver ses gamètes, pour soi-même, qu'il s'agisse de spermatozoïdes ou d'ovocytes : on parle d'**autoconservation**.

L'autoconservation des gamètes en cas de risque d'atteinte à la fertilité

L'article L.2141-11, I du CSP indique que « toute personne dont la prise en charge médicale est susceptible d'altérer la fertilité ou dont la fertilité risque d'être prématurément altérée peut bénéficier du recueil ou du prélèvement et de la conservation de ses gamètes ou de ses tissus germinaux en vue de la réalisation ultérieure, à son bénéfice, d'une assistance médicale à la procréation, en vue de la préservation ou de la restauration de sa fertilité ou en vue du rétablissement d'une fonction hormonale ». Le consentement de la personne doit être recueilli, selon des modalités particulières lorsqu'il s'agit d'un mineur ou d'un majeur protégé avec régime de représentation relative à la personne. La loi du 2 août 2021 précise que la modification de la mention du sexe à l'état civil ne fait pas obstacle à l'application de ce texte : les personnes engagées dans un processus de changement de sexe peuvent bénéficier de cette autoconservation.

L'autoconservation des ovocytes en cas d'AMP

Selon l'article L.2141-2 *in fine* du CSP, lorsqu'un recueil d'ovocytes par ponction a lieu dans le cadre d'une AMP, il peut être proposé à la femme de réaliser dans le même temps une autoconservation ovocytaire.

L'autoconservation des gamètes (masculins ou féminins) en dehors de toute indication médicale

La loi du 2 août 2021 a introduit une nouvelle hypothèse d'autoconservation qui a fait l'objet de nombreux débats : il s'agit de l'autoconservation des gamètes (masculins et féminins) en dehors de toute indication médicale, du fait de la seule volonté de la personne. C'est surtout la question de l'autoconservation des gamètes féminins, dite **autoconservation ovocytaire**, qui a été âprement discutée, en raison de la baisse de fertilité liée à l'âge pour les femmes et du recul progressif de l'âge de la maternité. Parfois dénommée autoconservation « de pur confort », elle vise à permettre à la femme de mieux maîtriser sa vie procréative. Elle n'est toutefois pas exempte de risques, comme l'avait souligné le Comité consultatif national d'éthique pour les sciences de la vie et de la santé (CCNE) dans son avis n° 126 du 15 juin 2017, « Avis du CCNE sur les demandes sociétales de recours à l'assistance médicale à la procréation » : il s'agit d'un acte invasif qui ne présente pas de nécessité médicale et qui pourrait, de plus, entraîner une pression professionnelle sur la femme de la part des employeurs. Le législateur a choisi d'autoriser cette pratique, tant pour les gamètes masculins que féminins, en l'entourant de certaines garanties. Ainsi, une personne majeure peut bénéficier, « après une prise en charge médicale par l'équipe clinicobiologique pluridisciplinaire, du recueil, du prélèvement et de la conservation de ses gamètes en vue de la réalisation ultérieure, à son bénéfice, d'une assistance médicale à la procréation » (CSP, art. L.2141-12, I). Il existe toutefois des limites d'âge pour le prélèvement des gamètes en vue d'une autoconservation, fixées par le décret n° 2021-1243 du 28 septembre 2021 à l'article R.2141-37 du CSP : ce prélèvement peut avoir lieu chez la femme de son 29e à son 37e anniversaire et chez l'homme de son 29e à son 45e anniversaire. De plus, afin d'éviter toute pression potentielle d'un employeur sur une femme pour lui faire reculer son projet de procréation, l'article L.2141-12, I, al. 4 du CSP précise que les frais relatifs à l'autoconservation des gamètes ne peuvent pas être pris en charge ou compensés, de manière directe ou indirecte, par l'employeur ou par toute personne envers laquelle l'homme ou la femme serait en situation de dépendance économique. Enfin, pour prévenir toute immixtion du secteur marchand et commercial dans ce domaine, seuls les établissements publics de santé ou privés à but non lucratif habilités à assurer le service public hospitalier sont autorisés, sauf exception en cas d'offre insuffisante sur un territoire, à réaliser le prélèvement, le recueil et la conservation des gamètes dans cette hypothèse (CSP, art. L.2141-12, I, al. 5).

Un dernier élément doit être souligné : les frais de conservation des gamètes, dans le cas d'une autoconservation purement volontaire, ne seront pas pris en charge par la sécurité sociale (CSS, art. L.160-8, 7°).

Quelle que soit l'hypothèse d'autoconservation des gamètes, la personne doit être consultée chaque année pour déterminer le sort des gamètes : poursuite de la conservation, don pour une AMP, don pour la recherche, destruction (CSP, art. L.2141-12, L.2141-11, III et IV).

L'accueil d'embryons

Dans le respect du cadre et des objectifs prévus pour l'AMP, des embryons peuvent être conçus *in vitro* (CSP, art. L.2141-3, al. 1er). La conservation d'embryons peut alors être nécessaire, en nombre limité « à ce qui est strictement nécessaire à la réussite de l'assistance médicale à la procréation compte tenu du procédé mis en œuvre » (CSP, art. L.2141-3, al. 2). Le devenir de ces embryons, à propos duquel les deux membres du couple ou la femme sont consultés chaque année, est soumis aux règles de l'article L.2141-4 du CSP : les embryons peuvent être conservés si le **projet parental** est maintenu ; dans le cas contraire, les embryons peuvent soit être accueillis par un autre couple ou une autre femme, soit être donnés pour la recherche, soit être détruits. Le consentement doit impérativement être donné par écrit, selon des règles strictes d'encadrement (délai de réflexion, révocation, décès d'un des membres du couple).

Il est donc possible de donner des embryons surnuméraires, qui pourront être accueillis par un autre couple, hétérosexuel ou homosexuel, ou par une femme seule non mariée. Le don d'embryon est une pratique marginale (difficultés techniques, psychologiques et administratives) qui devrait tendre à se raréfier encore plus dans la mesure où le double don de gamètes comme l'autoconservation des gamètes sans indication médicale ont été ouverts par la loi du 2 août 2021. Lorsqu'un **don d'embryon** est réalisé, il est soumis aux mêmes règles qu'un don de gamètes : anonymat lors du transfert d'embryon (CSP, art. L.2141-6, al. 3) avec une levée possible à la majorité de l'enfant (CSP, art. L.2141-5, al. 2), gratuité du don (CSP, art. L.2141-6, al. 5).

B - Les bénéficiaires de l'assistance médicale à la procréation (AMP)

Depuis son encadrement juridique par la loi du 29 juillet 1994, la finalité de l'AMP était exclusivement thérapeutique : l'assistance médicale à la procréation (AMP) n'était envisagée que comme un procédé de procréation subsidiaire à la procréation naturelle et elle était par conséquent réservée « aux couples qui, naturellement, devraient être en mesure de procréer mais qui ne le peuvent en raison d'une pathologie »[1]. Lors de la révision de la loi de bioéthique en 2011, après de nombreux débats, cette vision médicale a été maintenue, conduisant au refus de prendre en compte une finalité plus large qui aurait consisté à ouvrir l'AMP à des personnes touchées par une « infertilité sociale » (femmes célibataires, couples de personnes de même

1. Dionisi-Peyrusse A., « Brèves remarques sur la question de l'ouverture de l'AMP aux couples de même sexe », *A.J. Famille*, 2013, p. 127.

sexe). La loi du 2 août 2021 a profondément bouleversé cet encadrement en modifiant radicalement les conditions relatives aux bénéficiaires potentiels d'une AMP, tout en maintenant un certain nombre de limites.

L'élargissement des conditions relatives aux bénéficiaires de l'AMP

C'est à propos des conditions de recours à l'AMP applicables aux bénéficiaires de l'AMP que la loi du 2 août 2021 a apporté les modifications les plus importantes au dispositif antérieur.

Encadré 44. Une exigence traditionnelle de finalité exclusivement médicale

Dans sa version issue de la loi du 7 juillet 2011, l'article L.2141-2, al. 1er du CSP indiquait que « l'assistance médicale à la procréation a pour objet de remédier à l'infertilité d'un couple ou d'éviter la transmission à l'enfant ou à un membre du couple d'une maladie d'une particulière gravité. Le caractère pathologique de l'infertilité doit être médicalement diagnostiqué ». Ainsi, l'accès à l'AMP était réservé à deux hypothèses : une infertilité du couple, établie par un diagnostic médical, ou le risque de transmission d'une maladie grave à l'enfant ou à l'autre membre du couple. Dans le premier cas, l'AMP était envisagée comme un palliatif à la stérilité du couple, autrement dit comme un procédé médical de lutte contre une infertilité pathologique. Dans le second cas, il s'agissait soit d'éviter la transmission d'une maladie ou d'une anomalie génétique à l'enfant (en recourant à un tiers donneur ou en réalisant un diagnostic préimplantatoire afin de ne retenir que les embryons indemnes de la maladie), soit d'éviter la transmission d'une maladie virale à l'autre membre du couple, en évitant les rapports sexuels non protégés et la contamination qui pourrait en découler.

En conséquence, le recours à l'AMP n'était ouvert qu'à un homme et une femme vivants et formant un couple. Ce texte interdisait, *de facto*, le recours à l'AMP pour les couples formés de deux personnes du même sexe, ainsi que pour les femmes célibataires (CSP, ancien art. L.2141-2, al. 2).

La loi du 2 août 2021 a complètement modifié la finalité de l'AMP, puisque le nouvel article L.2141-2 al. 1er du CSP dispose désormais que « l'assistance médicale à la procréation est destinée à répondre à un projet parental ». Le projet parental devient le pivot de l'AMP. Bien évidemment, cela ne signifie pas que la finalité médicale disparaît : l'infertilité du couple ou le risque de transmission d'une maladie demeurent toujours des motifs de recours à l'AMP. Mais c'est le souhait d'avoir un enfant qui domine tout autre motif, qu'il se combine ou non avec un motif médical. Ce projet parental doit être exposé par la ou les candidats à l'AMP lors d'entretiens particuliers avec une équipe médicale clinico-biologique pluridisciplinaire. L'article L.2141-10 du CSP détaille la composition de cette équipe : les entretiens doivent avoir lieu avec un ou plusieurs médecins du centre d'AMP et d'autres professionnels de santé de l'équipe, notamment un psychiatre, un psychologue ou un infirmier ayant une compétence en psychiatrie ou un assistant de service social. Lors de ces entretiens, les médecins doivent notamment vérifier la motivation des demandeurs et procéder à une évaluation médicale. La conséquence de l'abandon de la finalité médicale au profit du projet parental est l'extension du cercle des bénéficiaires potentiels de l'AMP.

L'ouverture de l'AMP aux couples de femmes et aux femmes non mariées

En vertu de l'article L.2141-2, al. 2 du CSP, « tout couple formé d'un homme et d'une femme ou de deux femmes ou toute femme non mariée ont accès à l'assistance médicale à la procréation » ; la loi du 2 août 2021 consacre tant « l'homoparentalité assistée » pour les couples de femmes que la « monoparentalité assistée » pour la femme célibataire.

En ce qui concerne les **couples**, l'AMP est ouverte tant aux couples hétérosexuels qu'aux couples homosexuels, qu'ils soient mariés, partenaires liés par un pacte civil de solidarité ou concubins. La condition d'altérité sexuelle disparaît. Le législateur insiste sur cette ouverture, en précisant à l'article L.2141-2, al. 2 du CSP que l'accès à l'AMP « ne peut faire l'objet d'aucune différence de traitement, notamment au regard du statut matrimonial ou de l'orientation sexuelle des demandeurs ». Il subsiste toutefois une limite : les couples d'hommes ne pourront pas recourir à l'AMP dans la mesure où celle-ci suppose que l'un au moins des membres du couple puisse avoir vocation à porter l'enfant. C'est alors le recours à la gestation pour autrui qui sera la seule voie possible, en dehors de l'adoption, mais elle est à l'heure actuelle interdite en France.

En ce qui concerne la **femme seule**, la seule condition est l'absence de mariage. La femme mariée ne peut pas recourir seule à l'AMP, c'est-à-dire sans l'engagement de son conjoint ou de sa conjointe dans le projet parental. En revanche, si la femme est célibataire, partenaire liée par un pacte civil de solidarité ou en concubinage, elle peut recourir seule à l'AMP. Cette exclusion de la femme mariée, fondée sur le jeu de la présomption de paternité au profit du mari, est parfois discutée.

Les conditions relatives au consentement

L'article L.2141-2, al. 3 du CSP indique que « les deux membres du couple ou la femme non mariée doivent consentir préalablement à l'insémination artificielle ou au transfert des embryons ». Ce consentement doit être confirmé par écrit à l'expiration d'un délai de réflexion d'un mois à compter de la réalisation des entretiens avec l'équipe clinico-biologique (CSP, art. L.2141-10, al. 3).

Lorsque la procédure d'AMP implique le recours à un tiers donneur ou l'accueil d'un embryon, les exigences relatives au consentement sont renforcées : les deux membres du couple ou la femme non mariée doivent donner préalablement leur consentement devant un **notaire** (CSP, art. L.2141-6, al. 2), dans les conditions prévues par l'article 342-10 du code civil. Le notaire doit informer les demandeurs des conséquences de leur acte au regard de la **filiation**, ainsi que des conditions dans lesquelles l'enfant pourra, s'il le souhaite, accéder à sa majorité aux données non identifiantes et à l'identité de ce tiers donneur. Le consentement peut être révoqué par écrit, avant la réalisation de l'AMP, soit auprès du médecin chargé de mettre en œuvre l'insémination ou le transfert d'embryon, soit auprès du notaire.

C - Le maintien de limites applicables aux bénéficiaires de l'assistance médicale à la procréation (AMP)

L'interdiction de l'AMP *post mortem*

L'article L.2141-2, al. 4, 1° du CSP précise que le décès d'un des membres du couple fait obstacle à l'insémination ou au transfert des embryons. Ainsi, lorsque le conjoint, le partenaire ou le concubin de la femme décède au cours du processus d'AMP, celle-ci ne pourra pas bénéficier d'une insémination ou d'un transfert d'embryon. Elle ne pourra pas obtenir de récupérer les éventuels gamètes de l'homme (l'exportation de gamètes *post mortem* n'a été acceptée en France que dans le cas particulier d'une femme de nationalité espagnole qui souhaitait récupérer les spermatozoïdes de son conjoint décédé pour bénéficier d'une insémination *post mortem*, autorisée dans son pays d'origine et acceptée par son conjoint avant son décès[2]).

Les limites d'âge

Ces limites n'ont pas été fixées par la loi du 2 août 2021 elle-même, celle-ci renvoyant à un décret pris en Conseil d'État après avis de l'Agence de la biomédecine. La loi précise cependant que ces limites doivent prendre en compte « les risques médicaux de la procréation liés à l'âge ainsi que l'intérêt de l'enfant à naître » (CSP, art. L.2141-2, al. 6). C'est le décret n° 2021-1243 du 28 septembre 2021 qui a posé ces conditions d'âge. L'article R.2141-38 du CSP dispose désormais que l'insémination artificielle, l'utilisation de gamètes ou de tissus germinaux et le transfert d'embryons peuvent être réalisés jusqu'à son 45e anniversaire chez la femme qui a vocation à porter l'enfant et jusqu'à son 60e anniversaire pour le membre du couple qui n'a pas

2. CE, 31 mai 2016, *Gomez*, n° 396848.

vocation à porter l'enfant (c'est-à-dire l'homme dans un couple hétérosexuel et la femme dans un couple homosexuel). Il est donc tenu compte à la fois de l'âge biologique, pour la femme qui va porter l'enfant, en raison des risques liés à la grossesse, et de l'âge « social », pour l'autre membre du couple s'il existe, afin que sa paternité ou sa maternité puisse s'exercer sur un temps évalué en théorie comme étant conforme à l'intérêt de l'enfant.

Les obstacles à l'insémination artificielle et au transfert d'embryons

Il existe certains obstacles à l'insémination artificielle ou au transfert d'embryons, exposés par l'article L.2141-2, al. 4 du CSP, qui prévoit six obstacles potentiels lorsqu'il s'agit d'un couple :

– le décès d'un des membres du couple ;
– l'introduction d'une demande en divorce ;
– l'introduction d'une demande en séparation de corps ;
– la signature d'une convention de divorce ou de séparation de corps ;
– la cessation de la communauté de vie ;
– la révocation, par écrit, du consentement de l'un ou l'autre des membres du couple auprès du médecin chargé de mettre en œuvre l'AMP.

Une dernière précision s'impose, concernant la prise en charge financière de l'AMP. Après d'importants débats, il a été retenu, à l'article L.160-8, 7° du CSS, que « la protection sociale contre le risque et les conséquences de la maladie comporte [...] la couverture des frais relatifs aux actes et traitements liés à la préservation de la fertilité et à l'assistance médicale à la procréation, à l'exception de ceux afférents à la conservation des gamètes [...] pour des assurés non atteints d'une pathologie altérant leur fertilité ». Ainsi, exception faite des frais de conservation des gamètes en cas d'autoconservation hors indication médicale, l'ensemble des frais relatifs à un processus d'AMP est pris en charge par l'assurance maladie, qu'il s'agisse d'un couple hétérosexuel, d'un couple de femmes ou d'une femme seule.

D - Les enfants nés d'une assistance médicale à la procréation (AMP)

L'ensemble du processus d'AMP poursuit un but unique : la réalisation d'un projet parental, c'est-à-dire la naissance d'un ou plusieurs enfants. Les principes relatifs au lien de filiation juridique créé entre l'enfant et le ou les bénéficiaires de l'AMP occupent une place essentielle dans le corpus des règles de droit applicables en matière d'AMP. Celles relatives à l'accès aux origines personnelles sont également fondamentales et ont connu une « révolution » opérée par la loi du 2 août 2021.

Le lien de filiation

Le droit de la famille et le droit de la bioéthique se rencontrent et doivent s'harmoniser sur le terrain du lien de filiation, tant dans ses modalités d'établissement qu'au niveau des exigences de sécurisation de la filiation.

L'établissement du lien de filiation

L'article 6-2 du code civil, créé par la loi du 2 août 2021, pose le principe d'**égalité des filiations** : « tous les enfants dont la filiation est légalement établie ont, dans leurs rapports avec leurs parents, les mêmes droits et les mêmes devoirs [...]. La filiation fait entrer l'enfant dans la famille de chacun de ses parents ». Si le principe existait déjà dans le code civil (C. civ., anciens articles 310 et 358), avant la révision de la loi de bioéthique, il occupe désormais une place symbolique au début du code, marquant ainsi la force du principe. Tous les enfants disposent des mêmes droits dès lors que leur lien de filiation est juridiquement établi, qu'il s'agisse d'enfants nés d'un processus naturel ou artificiel, au sein d'un couple hétérosexuel ou homosexuel ou d'une femme seule. Ainsi, l'AMP réalisée par un couple de femmes ou par une femme seule ne peut pas avoir d'incidence sur les droits et devoirs liés à la filiation. L'article 310-1 du code civil décrit les modes traditionnels d'établissement de la filiation : l'effet de la loi, la reconnaissance volontaire et la possession d'état. La loi du 2 août 2021 ajoute une quatrième modalité : la **reconnaissance conjointe**. Ainsi, les modalités d'établissement du lien de filiation sont différentes selon le cadre de l'AMP.

Lorsque l'enfant naît d'une AMP au sein d'un **couple hétérosexuel**, qu'il s'agisse d'une AMP intraconjugale ou d'une AMP avec tiers donneur, les règles traditionnelles restent applicables et sont identiques à celles utilisées en cas de procréation naturelle. Ainsi, la mère est la femme qui accouche et dont le nom est inscrit dans l'acte de naissance (C. civ., art. 311-25), quel que soit son statut matrimonial (mariage, PACS, concubinage, célibat...). En revanche, le mode d'établissement de la filiation paternelle varie selon que le couple est marié ou non. S'il s'agit d'un couple marié, le mari de la mère est présumé être le père de l'enfant (présomption de paternité établie par l'article 312 du code civil, avec ses exceptions). S'il s'agit d'un couple non marié, la paternité est en principe établie par un acte de reconnaissance (C. civ., art. 316).

Lorsque l'enfant naît d'une AMP réalisée par une **femme seule non mariée**, par hypothèse avec un tiers donneur, l'établissement du lien de filiation obéit aux règles traditionnelles : la mère est la femme qui accouche et dont le nom figure dans l'acte de naissance (C. civ., art. 311-25). Un autre lien de filiation pourra éventuellement être établi ultérieurement, notamment par la possession d'état.

Lorsque l'enfant naît d'une AMP au sein d'un **couple de femmes**, aucun mode traditionnel d'établissement de la filiation ne peut être utilisé. La loi du 2 août 2021 a donc créé un nouveau mode d'établissement de la filiation : la reconnaissance conjointe (C. civ., art. 342-11). Ce texte prévoit que, lors du recueil du consentement à l'AMP par le notaire, il doit y avoir simultanément une reconnaissance conjointe de l'enfant par le couple de femmes. Il s'agit d'une obligation : sans cette **reconnaissance conjointe anticipée**, l'AMP ne peut pas avoir lieu. En conséquence, selon l'article 342-11 du code civil, « la filiation est établie, à l'égard de la femme qui accouche, conformément à l'article 311-25 [du code civil]. Elle est établie, à l'égard de l'autre femme, par la reconnaissance conjointe [...]. Celle-ci est remise par l'une des deux femmes ou, le cas échéant, par la personne chargée de déclarer la naissance à l'officier de l'état civil, qui l'indique dans l'acte de naissance ». Il est désormais possible, en droit français, d'établir deux liens de filiation maternelle, ce qui n'était jusqu'alors admis qu'en matière d'adoption. Dans ce cas, aucun lien de filiation paternelle ne pourra être reconnu.

La sécurisation du lien de filiation

La sécurisation du ou des liens de filiation établis dans le cadre de l'AMP résulte de plusieurs dispositifs légaux.

Tout d'abord, qu'il s'agisse d'un couple (hétérosexuel ou homosexuel) ou d'une femme seule, « le consentement donné à une assistance médicale à la procréation interdit toute action aux fins d'établissement ou de contestation de la filiation, à moins qu'il ne soit soutenu que l'enfant n'est pas issu de l'assistance médicale à la procréation ou que le consentement a été privé d'effet » (C. civ., art. 342-10, al. 2). Ainsi, lorsqu'une personne s'engage dans une AMP, elle s'engage dans le même temps à établir juridiquement sa filiation avec l'enfant né de ce processus. Elle ne peut revenir sur cet engagement qu'en prouvant que l'enfant n'est pas issu de l'AMP ou que son consentement n'avait plus d'effet (il a été révoqué avant l'insémination ou le transfert d'embryons, ou l'un des obstacles mentionnés précédemment peut être invoqué, comme le divorce ou la séparation de corps).

Ensuite, l'article 342-9 du code civil est particulièrement clair sur l'**impossibilité d'établir tout lien de filiation avec le tiers donneur**, homme ou femme : « aucun lien de filiation ne peut être établi entre l'auteur du don et l'enfant issu de l'assistance médicale à la procréation ». L'alinéa suivant précise qu'« aucune action en responsabilité ne peut être exercée à l'encontre du donneur ». Cette règle, qui préexiste à la révision opérée par la loi du 2 août 2021, devient encore plus importante à l'issue de celle-ci, dans la mesure où l'anonymat du tiers donneur pourra être levé à la majorité de l'enfant (➡ **voir *infra***).

Enfin, le législateur prévoit l'éventuel **refus du second parent (celui qui n'accouche pas) d'établir sa filiation** à l'égard de l'enfant. L'article 342-13, alinéa 1er du code civil pose un principe : « celui qui, après avoir consenti à l'assistance médicale à la procréation, ne reconnaît pas l'enfant qui en est issu engage sa responsabilité envers la mère et envers l'enfant ». Après avoir établi ce principe, le texte envisage deux cas de figure. D'une part, s'il s'agit d'une AMP au sein d'un couple hétérosexuel, le père peut voir sa paternité judiciairement déclarée, par une action qui obéit aux conditions de droit commun des actions en établissement de la filiation. D'autre part, s'il s'agit d'une AMP réalisée au sein d'un couple de femmes et que la femme qui n'accouche pas s'oppose à la remise à l'officier d'état civil de la reconnaissance conjointe anticipée, cette reconnaissance peut être remise à l'officier par le procureur de la République à la demande de l'enfant majeur, de son représentant légal s'il est mineur ou de toute personne ayant intérêt à agir en justice ; elle est alors inscrite en marge de l'acte de naissance de l'enfant. Ainsi, il n'est en principe pas nécessaire de passer par la voie judiciaire pour faire établir le second lien de filiation, sauf si une autre filiation a déjà été établie à l'égard d'un tiers. Dans cette hypothèse, celle-ci devra forcément être contestée en justice pour que la reconnaissance conjointe puisse ensuite produire ses effets.

Il faut mentionner l'existence d'un dispositif transitoire pour les couples de femmes qui ont eu recours à un processus d'AMP à l'étranger, avant l'entrée en vigueur de la loi du 2 août 2021. L'article 6, IV de la loi permet à ces femmes de bénéficier du nouveau mode d'établissement de la double filiation maternelle, par reconnaissance conjointe devant le notaire, lorsque la filiation de l'enfant n'a été établie qu'à l'égard de la femme qui a accouché. Cette reconnaissance établit la filiation à l'égard de l'autre femme. Ces couples disposent d'un délai de trois ans à compter de la publication de la loi pour utiliser ce mode d'établissement de la filiation.

E - L'accès aux origines personnelles

La loi du 2 août 2021 a apporté de profonds bouleversements en matière d'anonymat et d'accès aux origines personnelles. Si l'anonymat est maintenu au moment du don (➡ **voir *supra***), entre les donneurs et les receveurs, il pourra cependant être levé *a posteriori*, à la majorité de l'enfant. Bien évidemment, la question ne se pose qu'en matière d'AMP réalisée avec un tiers donneur.

Initialement, lorsque le législateur a admis le don de gamètes, il a repris pour l'essentiel les règles qui existaient déjà en matière de don de sang, notamment celles concernant l'anonymat du donneur, érigées en principe général pour tous les dons et utilisations des éléments et produits du corps humain (C. civ., ancien art. 16-8 et CSP, ancien art. L.1211-5). Cependant, le don de gamètes n'est pas comparable à un don de sang ou à un don d'organe : les gamètes ne peuvent pas être assimilés aux autres produits du corps, car ils permettent la naissance d'un enfant. La question du maintien ou de la levée de l'anonymat des donneurs de gamètes a été largement discutée, aussi bien au sein d'instances spécialisées (CCNE, avis n° 90) que dans la société dans son ensemble. La légitimité de cette règle était effectivement sujette à discussion, tant au regard du droit interne en raisonnant par analogie avec les règles instaurées en matière d'adoption (CASF, art. L.147-1 et s.), qu'au regard de la jurisprudence développée par la Cour européenne des droits de l'homme à propos de la notion d'origines personnelles[3].

Après de nombreux débats, la loi du 2 août 2021 a finalement consacré la possibilité de **levée de l'anonymat au moment de la majorité de l'enfant** issu de l'AMP, faisant ainsi prévaloir le droit d'accès aux origines personnelles. Le principe est inscrit à l'article 16-8-1 du code civil : « Le principe d'anonymat du don ne fait pas obstacle à l'accès de la personne majeure née d'une assistance médicale à la procréation avec tiers donneur, sur sa demande, à des données non identifiantes ou à l'identité du tiers donneur, dans les conditions prévues [au CSP]. »

Le législateur commence par définir la notion de **tiers donneur** : il s'agit de la personne dont les gamètes ont été recueillis ou prélevés, ainsi que du couple, du membre survivant ou de la femme non mariée ayant consenti à l'accueil d'un ou plusieurs de ses embryons (CSP, art. L.2143-1, al. 1er). Lorsque le tiers donneur est un couple (par exemple pour le consentement à l'accueil d'embryons), son consentement désigne le consentement exprès de chacun des membres du couple (CSP, art. L.2143-1, al. 2).

Le législateur affirme ensuite que « toute personne conçue par assistance médicale à la procréation avec tiers donneur peut, si elle le souhaite, accéder à sa majorité à l'identité et aux données non identifiantes du tiers donneur » (CSP, art. L.2143-2, al. 1er). Il s'agit bien d'un **droit d'accès aux origines personnelles** et non d'une obligation. Cet accès peut concerner tant l'identité du tiers donneur que certaines données non identifiantes, définies par l'article suivant : âge, état général, caractéristiques physiques, situation familiale et professionnelle, pays de naissance, motivations du don rédigées par le tiers donneur. Le consentement à la communication ultérieure de ces informations et de l'identité est une condition du don (➡ **voir *supra***). L'article L.2143-2 *in fine* du CSP précise que le décès du tiers donneur est sans incidence sur la communication de ces données et de son identité, et que les données peuvent être actualisées par le donneur. C'est l'Agence de la biomédecine qui est chargée de conserver l'ensemble des informations concernant le don, l'identité du donneur et les données non identifiantes.

3. CourEDH, 13 février 2003, *Odièvre c/ France*, req. n° 423226/98.

Le législateur décrit enfin la procédure à suivre lorsque l'enfant souhaite, à sa majorité, accéder à ces éléments. Le pivot du dispositif est la Commission d'accès aux données non identifiantes et à l'identité du tiers donneur, créée par la loi du 2 août 2021 et placée auprès du ministre chargé de la santé (CSP, art. L.2143-6 et s.).

En définitive, la loi du 2 août 2021 a apporté des modifications substantielles au droit français de l'AMP. La dissociation de la procréation, de la gestation et de la filiation pose des questions inédites et interroge tant le droit que l'éthique. La primauté de la personne, droit fondamental imposé par l'article 16 du code civil, doit rester un principe cardinal de notre système juridique et doit guider la recherche d'un équilibre entre les souhaits des adultes de réaliser un projet parental et l'intérêt de l'enfant. Finalement, « la question posée, par la bioéthique et par le droit de la bioéthique, est celle du risque, vrai ou supposé, d'un gouvernement du technique et du scientifique. Le rôle du droit est alors posé avec acuité. Le domaine qui nous préoccupe pose, de fait, la question de la confrontation entre le possible – scientifiquement – et le souhaitable – juridiquement[4] ». La question de l'établissement d'une « égalité procréative » entre les couples hétérosexuels et les couples homosexuels est désormais posée : si elle est résolue par l'ouverture de l'AMP aux couples de femmes, elle reste en revanche ouverte vis-à-vis des couples d'hommes, pour lesquels le recours à la gestation pour autrui demeure interdit (C. civ., art. 16-7).

2 Empêcher la procréation : l'interruption de grossesse et la stérilisation à visée contraceptive

Parmi d'autres, il y a deux techniques permettant de ne pas donner naissance à un enfant selon que la conception a déjà eu lieu (l'interruption de grossesse) ou qu'elle veut être évitée (la stérilisation à visée contraceptive).

A - L'interruption de grossesse

Pour comprendre au mieux le régime juridique établi en matière d'interruption de grossesse, il est nécessaire d'appréhender les motifs qui permettent d'y avoir recours, les délais qu'il faut respecter, mais aussi le type de professionnels de santé autorisés à pratiquer cet acte.

4. Vialla F., « Post-face », *in* Larribau-Terneyre V., Lemouland J.-J. (dir.), *La révision des lois de bioéthique. Loi n° 2011-814 du 7 juillet 2011*, L'Harmattan, 2011.

Les motifs de recours

Une interruption de grossesse peut avoir lieu pour plusieurs motifs. Le premier motif est social et renvoie à la notion d'**interruption volontaire de grossesse** (IVG). Toute femme enceinte, y compris mineure, qui ne souhaite pas poursuivre une grossesse peut en demander l'interruption sans avoir à justifier de motifs spécifiques (CSP, art. L.2212-1 et s.). Il y a bien entendu un certain nombre de conditions à respecter notamment en termes de délais, lesquelles seront envisagées plus avant, mais aucune explication ne doit être apportée. Par le passé, une situation de détresse de la femme enceinte était exigée, mais elle a été supprimée par la loi n° 2014-873 du 4 août 2014 pour l'égalité réelle entre les femmes et les hommes.

Le deuxième motif est médical et renvoie à la notion d'**interruption médicale de grossesse** (IMG), anciennement appelée interruption thérapeutique de grossesse. Elle correspond à l'interruption d'une grossesse pratiquée lorsque la santé de la mère ou de l'enfant à naître est en danger (CSP, art. L.2213-1 et s.). Elle peut être réalisée si la grossesse met gravement en danger la santé de la femme enceinte ou s'il y a une forte probabilité que l'enfant à naître soit atteint d'une affection d'une particulière gravité reconnue comme incurable au moment du diagnostic. En pratique, c'est bien l'expression d'interruption médicale de grossesse qui est utilisée, mais il faut savoir que la rigueur devrait nous obliger à parler d'interruption volontaire de grossesse pratiquée pour motif médical, formule lourde retenue par le législateur mais qui a le mérite de ne pas éclipser le rôle clef que joue la volonté de la femme, même lorsque le motif est médical.

Au-delà de ces motifs classiques, un autre élément doit être mentionné puisque la loi du 2 août 2021 relative à la bioéthique a encadré une pratique qui existait déjà (nommée alors « réduction embryonnaire ») : l'**interruption volontaire partielle de grossesse multiple** (CSP, art. L.2213-1, II). Elle correspond au cas dans lequel une grossesse multiple pose problème avec la forte probabilité que l'un des enfants à naître soit atteint d'une affection d'une particulière gravité reconnue comme incurable au moment du diagnostic, ou le péril grave pour la santé de la femme que la grossesse multiple génère. L'idée est alors de supprimer l'un des embryons.

Les professionnels autorisés

Des conditions en matière d'interruption de grossesse sont aussi spécifiquement prévues pour les professionnels de santé, spécialement au sujet du type de professionnel autorisé à réaliser cet acte et du lieu dans lequel l'acte est pratiqué (CSP, art. L.2212-2). Historiquement, seul un **médecin** pouvait réaliser une interruption de grossesse, laquelle devait forcément avoir lieu dans un établissement de santé (hôpital public ou clinique privée). Mais les choses ont évolué de deux manières.

D'abord, les règles ont changé sur le type de professionnel puisque, depuis 2016, une **sage-femme** peut réaliser une interruption de grossesse par voie médicamenteuse. Cette évolution s'est poursuivie afin de permettre à ces mêmes professionnelles de réaliser aussi des interruptions de grossesse par voie chirurgicale, à l'exception notable des IMG. Cette possibilité a été prévue par la loi n° 2020-1576 du 14 décembre 2020, mais seulement dans le cadre d'une expérimentation, c'est-à-dire à titre provisoire. La loi n° 2022-295 du 2 mars 2022 visant à renforcer le droit à l'avortement parachève cette évolution en généralisant cette extension, toujours à l'exception des IMG (CSP, art. L.2213-3).

Ensuite, les conditions ont aussi évolué quant au lieu de réalisation de l'interruption de grossesse. C'est le cas au sujet de l'interruption réalisée par voie médicamenteuse puisqu'alors que celle-ci ne pouvait avoir lieu qu'en établissement. Désormais, sa réalisation est possible au cabinet de ville, voire même à domicile dans le cadre d'une téléconsultation, exception initiée pendant la crise sanitaire liée au Covid-19.

Encadré 45. La clause de conscience

La clause de conscience correspond à la faculté reconnue à certains professionnels de santé de refuser, pour des raisons personnelles, de pratiquer un acte médical ou de contribuer à sa réalisation alors que cet acte est licite. En matière d'interruption de grossesse, elle a été instaurée par la loi n° 75-17 du 17 janvier 1975 relative à l'interruption volontaire de la grossesse. Cet acte est fondateur, ce mécanisme n'ayant, semble-t-il, jamais été utilisé auparavant en droit français dans le domaine de la santé. La disposition clef est l'article L.2212-8 du CSP. Sa formulation est intéressante car l'objection de conscience est ici affirmée de manière nette : « Un médecin ou une sage-femme n'est jamais tenu de pratiquer une interruption volontaire de grossesse. » L'alinéa 2 indique également que les professionnels paramédicaux et les sages-femmes qui contribueraient à la réalisation de l'acte sans le pratiquer eux-mêmes peuvent aussi invoquer cette clause. Aussi forte que soit ces dispositions, elles sont tout de suite tempérées puisque l'article poursuit en indiquant que le professionnel « doit informer, sans délai, l'intéressée de son refus et lui communiquer immédiatement le nom de praticiens susceptibles de réaliser cette intervention ». Ces deux phrases résument à elles seules l'esprit des règles appliquées en matière de clause de conscience de manière générale : le praticien est libre de refuser la réalisation d'un acte s'il est contraire à ses convictions, mais le patient ne doit pas subir les conséquences de ce refus de manière trop importante, ce qui justifie la mise en place de modalités permettant une continuité des soins.

Les délais imposés

La distinction de motifs réalisée précédemment entre l'IVG et l'IMG est essentielle car elle induit un régime juridique variable spécialement en termes de délai. Ainsi, une condition de délai est posée dans le cas de l'interruption volontaire de grossesse, limitant donc dans le temps la possibilité de pratiquer cet acte, alors que l'interruption médicale de grossesse se caractérise par l'absence de délai, l'acte pouvant avoir lieu même en toute fin de grossesse.

Pour l'IVG, les délais varient selon la méthode d'interruption de grossesse (par voie médicamenteuse ou de manière chirurgicale).

Lorsque l'interruption est médicamenteuse, les délais sont plus courts. Pendant plusieurs années, le droit français a opéré une distinction selon le lieu de réalisation de l'**interruption médicamenteuse**. Ainsi, jusqu'en 2022, si l'interruption était pratiquée en cabinet médical, la limite était de cinq semaines de grossesse, soit sept semaines d'aménorrhée. À l'inverse, si l'interruption médicamenteuse était pratiquée en établissement de santé, ce délai était plus important (sept semaines de grossesse soit neuf semaines d'aménorrhée). Le droit a évolué du fait du contexte de la crise sanitaire liée au Covid-19. Les pouvoirs publics ont adapté les règles au vu de la saturation des établissements et des risques sanitaires liés à un déplacement de la femme enceinte, en augmentant le délai de deux semaines pour une interruption médicamenteuse en cabinet (passant donc de cinq à sept semaines de grossesse) et en permettant la prise du produit par la femme dans le cadre d'une téléconsultation et non plus en présence d'un médecin ou d'une sage-femme[5]. Par la suite, ce qui était présenté comme une dérogation liée à la crise sanitaire a été pérennisé par la loi du 2 mars 2022 déjà citée : désormais, l'interruption médicamenteuse peut avoir lieu selon les mêmes conditions de délai, quel que soit le lieu de réalisation, c'est-à-dire en ville ou en établissement, dans le cadre d'une consultation classique ou à distance.

Lorsque l'**interruption de grossesse est réalisée par voie chirurgicale**, elle ne peut être réalisée que dans un délai de quatorze semaines de grossesse, soit seize semaines d'aménorrhée. Ce délai a été modifié par la loi du 2 mars 2022, les limites antérieures étant de douze semaines de grossesse, soit quatorze semaines d'aménorrhée. Cette augmentation des délais se fonde, selon les termes de l'exposé des motifs de cette loi, sur le fait que « chaque année, 3 000 à 5 000 femmes partent avorter à l'étranger, pour raison de dépassement des délais légaux en France ». Elle s'inspire aussi d'autres

5. Arrêté du 14 avril 2020 complétant l'arrêté du 23 mars 2020 prescrivant les mesures d'organisation et de fonctionnement du système de santé nécessaires pour faire face à l'épidémie de Covid-19 dans le cadre de l'état d'urgence sanitaire.

pays qui appliquent ce délai, voire de cas dans lesquels le délai légal est plus important encore (Royaume-Uni et Pays-Bas, vingt-quatre semaines de grossesse ; Suède, vingt semaines de grossesse...). Ce n'est pas la première fois que ces délais évoluent, la précédente modification datant de 2001 (loi n° 2001-588 du 4 juillet 2001 relative à l'interruption volontaire de grossesse et à la contraception), date avant laquelle ils étaient de dix semaines de grossesse, soit douze semaines d'aménorrhée.

Encadré 46. La suppression progressive des délais de réflexion

Le délai au cours duquel l'acte abortif peut être réalisé ne doit pas être confondu avec le délai de réflexion qui s'imposait à la femme avant de subir l'acte. En effet, un délai obligatoire de réflexion de sept jours était prévu en matière d'IVG jusqu'à sa suppression par la loi n° 2016-41 du 26 janvier 2016 de modernisation de notre système de santé. Ne subsistait donc plus que le délai facultatif de réflexion prévu en matière d'interruption médicale de grossesse, finalement supprimé lui aussi par la loi n° 2021-1017 du 2 août 2021.

Les motifs invoqués pour justifier cette suppression sont variés : ils auraient constitué une entrave à l'accès des femmes à l'IVG et auraient été, selon certains députés, culpabilisants et infantilisants, tandis que d'autres les trouvaient inutiles, la réflexion de la femme commençant dès l'annonce de la grossesse. Une autre vision des choses paraissait possible pourtant, si l'on a l'esprit que le délai de réflexion n'avait pas pour objectif de restreindre la possibilité pour les femmes d'accéder à l'avortement, mais bien au contraire de les protéger au cours des différentes étapes de ce processus difficile et source d'une particulière vulnérabilité que constitue l'IVG. En réalité, ce délai permettait à la femme de peser toutes les conséquences de l'acte, de prendre sa décision en toute connaissance de cause, et, si elle l'estimait nécessaire, de demander des renseignements complémentaires. Il constituait l'une des conditions d'existence d'un consentement libre et éclairé. La jurisprudence a pu le reconnaître : administrer à une patiente enceinte un médicament destiné à préparer une IVG, sans avoir attendu que le délai de réflexion d'une semaine soit écoulé et sans avoir recueilli le consentement écrit de la patiente, permet de retenir la responsabilité civile d'un médecin parce que la patiente a subi une perte de chance de prendre sa décision après mûre réflexion[6]. D'ailleurs, le délai de réflexion est une technique très fréquemment employée dans le domaine de la santé. De manière non exhaustive, c'est le cas du refus de soins, de la stérilisation à visée contraceptive, de l'assistance médicale à la procréation, cette dernière situation permettant d'ailleurs aux professionnels de santé d'imposer un délai de réflexion supplémentaire s'ils l'estiment nécessaire dans l'intérêt de l'enfant à naître. Dans un autre registre, le délai de réflexion est également prévu pour les recherches impliquant la personne humaine, ou bien encore pour les actes de chirurgie esthétique. Ces exemples

6. Civ. 1re, 26 mai 2011, pourvoi n° 10-15.550.

montrent que, pour une très grande majorité, ce sont aux actes les plus graves que l'on peut porter sur son corps que l'on impose ce délai : ils sont liés à la fin de la vie, la cessation volontaire d'une fonction naturelle de reproduction, la compensation d'une défaillance de celle-ci, ou une absence de finalité thérapeutique directe. Ils justifient tous une décision mûrement réfléchie, cela grâce à un laps de temps suffisant. Instaurer un délai de réflexion obligatoire révélait donc la conscience de l'importance du domaine en cause, y compris dans le cas de l'interruption de grossesse. Le législateur en a décidé autrement.

B - La stérilisation à visée contraceptive

Le cas de la stérilisation à visée contraceptive est particulièrement intéressant à étudier dans le cadre de cet ouvrage puisqu'il touche la diversité des publics que constituent les personnes soignées et les personnes accompagnées. En effet, c'est au sein du secteur sanitaire que cet acte médical est réalisé en respectant certaines conditions tant techniques que juridiques. Quant au secteur médico-social, ce n'est évidemment pas en son sein que cet acte a lieu, mais la stérilisation constitue un enjeu essentiel au sujet des personnes en situation de handicap, l'expérience ayant montré que certains établissements exigeaient sa réalisation pour accueillir une personne.

La stérilisation à visée contraceptive correspond aux différentes techniques employées sans finalité thérapeutique afin d'empêcher qu'une personne puisse enfanter dans l'avenir. Cela correspond, pour les femmes, à la ligature des trompes et, pour les hommes, à la vasectomie (le législateur utilise les termes de « ligature des canaux déférents »). Son régime juridique est établi par la loi n° 2001-588 du 4 juillet 2001 relative à l'interruption volontaire de grossesse et à la contraception. Ce texte constitue une rupture profonde puisqu'il autorise une pratique qui, avant 2001, était interdite par principe si aucun but thérapeutique n'était poursuivi[7].

Le régime juridique applicable à la stérilisation à visée contraceptive se fonde sur deux dispositions clefs issues de la loi du 4 juillet 2021, les articles L.2123-1 et L.2123-2 du code de la santé publique.

Les conditions générales

Le régime juridique est essentiellement centré sur la volonté de la personne qui envisage la stérilisation. De manière assez classique, cela renvoie

7. Au sujet de l'illégalité d'une stérilisation sans motif thérapeutique, voir : Cass., avis, 6 juillet 1998, JCP 1998. IV. 3005 ; RTD civ., 1998. 881, obs. Hauser ; Gaz. Pal. 1998. 1. Doctr. 2, chron. Darrieux et Fossier ; CE 29 janvier 1988, n° 65135, JCP 1989. 21222, obs. Mémeteau, RDSS, 1988. 509, obs. Vareille ; affaire dite des « stérilisés de Bordeaux », Crim. 1er juillet 1937, S. 1938. 1. 193, note Tortat ; Gaz. Pal. 1937. 2. 358.

tant à l'information qui doit lui être transmise qu'au consentement qui doit être donné.

En termes d'**information**, le code de la santé publique attend qu'elle soit claire et complète, traitant des risques médicaux courus et des conséquences de l'intervention, éléments qui doivent être transmis au cours de la première consultation. Au-delà de cette information orale, le médecin doit aussi remettre à la personne concernée un dossier d'information écrit, exigence assez rare globalement. Tous ces éléments sont essentiels notamment au vu du caractère irréversible de l'acte.

À propos du **consentement**, il est demandé que la personne témoigne d'une « volonté libre, motivée et délibérée » (CSP, art. L.2123-1), ce qui amène plusieurs remarques. D'abord, il faut avoir à l'esprit que si cette exigence est posée par la loi du 4 juillet 2001, elle s'appliquait aussi avant dans le cas des stérilisations motivées par un but thérapeutique (➡ **voir les jurisprudences déjà citées en introduction de ces développements**). Ensuite, cette exigence implique fort logiquement que la réalisation d'une stérilisation sans que le consentement de la personne qui la subit n'ait été exprimé constitue la violation d'un certain nombre de règles, européennes notamment, aboutissant à la qualification de mauvais traitements comme la jurisprudence de la Cour européenne des droits de l'homme a pu le montrer[8]. Enfin, l'expression de ce consentement est particulière par rapport à l'essentiel des actes médicaux puisqu'avant que l'intervention n'ait lieu, un délai de réflexion de quatre mois doit être respecté à partir de la première consultation médicale. Cette durée est importante par rapport aux autres applications dans le champ de la santé. À l'issue de ce délai, la personne devra confirmer par écrit sa volonté de subir une intervention, exigence rare. La réalisation d'une stérilisation sans respect de ce délai constitue d'ailleurs une faute comme le montre un arrêt récent de la Cour de cassation[9].

8. CEDH, 8 novembre 2011, n° 18968/07 à propos de la condamnation de la Slovaquie, Dr. fam. 2012, Étude 4, note Garcia ; JCP, 2011. 1363, obs. Grabarczyk ; *ibid*. 2012. 87, obs. Sudre.

9. Cas dans lequel une stérilisation a été pratiquée lors d'une césarienne une semaine après la délivrance de l'information sur l'acte contraceptif afin d'éviter une seconde intervention et le risque inhérent à toute opération chirurgicale : Civ. 1re, 13 septembre 2023, n° 22-18.676, *D. actu.*, 20 octobre 2023, obs. Carayon ; Dr. fam. n° 1, janvier 2024, Comm. 13, obs. Binet ; RGDM 12/2023, n° 89, p. 207, obs. Girer ; *Rev. dr. et santé*, 2024, n° 117, p. 118, note Vialla ; notons que le juge n'est pas toujours arrivé aux mêmes conclusions, voir CAA Bordeaux, 6 octobre 2015, n° 13BX03265, *DP santé*, Bull. n° 266, janvier 2016, p. 4, note Binet à propos d'un établissement public de santé considéré comme non fautif alors qu'il a procédé à la ligature des trompes d'une patiente sans attendre l'expiration du délai de réflexion de quatre mois, dès lors que cette stérilisation a été pratiquée dans la continuité d'une césarienne permettant ainsi de lui épargner une nouvelle intervention.

Encadré 47. Lieu de réalisation et clause de conscience

Certaines conditions portent non plus sur la personne concernée mais sur le professionnel de santé habilité à réaliser l'acte. Ainsi, une double condition s'applique puisque cet acte peut être pratiqué uniquement dans un établissement de santé et seulement par un médecin après consultation de celui-ci. Pour autant, la réalisation d'une stérilisation n'est pas une obligation pour le médecin, celui-ci disposant d'une clause de conscience (CSP, art. L.2123-1 *in fine*). Cette clause se rapproche de celle applicable en matière d'interruption de grossesse puisqu'aucun motif ou justification n'a besoin d'être avancé. Il y a pourtant des différences entre ces deux cas, portant sur les bénéficiaires (ici uniquement pour les médecins qui sont les seuls à pouvoir réaliser cet acte tandis qu'en matière d'IVG la clause peut être invoquée par les médecins, les sages-femmes et les professionnels paramédicaux qui les assistent) et les garanties mises en place en faveur du patient tant en matière de délai (ici, le patient doit être informé « dès la première consultation » et non pas « sans délai » comme dans le cas de l'IVG) que de relais (ici, le praticien ne doit transmettre aucun nom de praticiens susceptibles de réaliser cette intervention alors qu'au sujet de l'IVG, il doit communiquer cette information immédiatement).

Les conditions spécifiques

En complément des règles générales, il faut noter l'existence de conditions spécifiques qui ont trait au type de personnes visées : certaines personnes ne peuvent pas être stérilisées ou le peuvent mais en respectant des conditions destinées à les protéger de manière plus forte.

Le premier cas est celui des **mineurs**. Par principe, ils sont exclus du champ de cet acte médical. Cela est dit tant à l'article L.2123-1 du CSP qu'à l'article L.2123-2 du CSP. La Cour européenne des droits de l'homme a d'ailleurs eu l'occasion de se prononcer sur la stérilisation d'une mineure, laquelle n'y avait pas consenti de surcroît[10]. Cependant, il existe des hypothèses dérogatoires dans lesquelles cet acte sera autorisé par exception.

Le second cas est celui des **majeurs protégés**. Il s'agit ici de prendre en compte la vulnérabilité particulière qui caractérise leur situation afin d'empêcher les stérilisations forcées[11]. Ici, il n'y a pas d'exclusion de principe, uniquement des conditions particulières destinées à assurer leur protection.

---

10. CEDH, 12 juin 2012, n° 29518/10, *Dr. fam.*, septembre 2012, Comm. 138, obs. Garcia, avec la condamnation de la Slovaquie pour violation de l'article 3 de la Conv.EDH, à raison d'une stérilisation sans consentement plein et éclairé pratiquée sur une femme mineure d'origine rom à l'occasion de son accouchement.

11. Inspection générale des affaires sociales (IGAS), « Rapport sur les problèmes posés par les pratiques de stérilisation des personnes handicapées », 1998.

Le cas des mineurs, lorsque l'acte est autorisé par exception, et celui des majeurs protégés peuvent être réunis puisque certaines conditions sont communes aux deux types de publics. Ainsi, l'intervention chirurgicale doit être autorisée par ce que le code de la santé publique nomme encore le **juge des tutelles** (nommé dorénavant le **juge des contentieux de la protection**). Ce juge ne peut être saisi que par les personnes autorisées, c'est-à-dire la personne concernée ou son représentant si la personne concernée fait l'objet d'une mesure de protection juridique avec représentation relative à la personne. Cela vise aussi les père et mère du mineur. Dans tous les cas, le refus de la personne protégée fait obstacle à la saisine du juge. Lorsqu'il est valablement saisi, le juge est obligé d'entendre la personne concernée, les père et mère du mineur ou la personne chargée d'une mesure de protection juridique avec assistance ou représentation relative à la personne. Il peut également recevoir toute personne dont l'audition lui paraît utile. Lorsque la personne concernée est en capacité d'exprimer sa volonté, son consentement doit être systématiquement recherché mais aussi pris en compte après qu'elle ait reçu l'information adaptée à son degré de compréhension. Aucune stérilisation ne peut donc avoir lieu en cas de refus de la personne concernée ou de révocation de son accord.

En complément de ces conditions, il y a aussi des modalités qui sont propres aux majeurs protégés, ne s'appliquant donc pas au cas des mineurs. Ainsi, la stérilisation ne peut être pratiquée sur un majeur protégé que s'il existe une contre-indication médicale absolue à ce que les méthodes de contraception soient employées ou une impossibilité avérée de les mettre en œuvre efficacement. Par ailleurs, le juge doit recueillir l'avis d'un **comité d'experts** composé de personnes qualifiées sur le plan médical et de représentants d'associations de personnes en situation de handicap. Ce comité apprécie la justification médicale de l'intervention, ses risques ainsi que ses conséquences normalement prévisibles sur les plans physique et psychologique selon des modalités fixées par décret[12].

12. Décret qui a pu voir sa légalité remise en cause, sans succès : CE, 26 septembre 2005, n° 248357 A, *AJDA*, 2005. 1874, obs. Brondel ; *Dalloz*, 2005. IR 2550 ; *JCP*, 2005. IV. 3299 ; *RDSS*, 2005. 1060, obs. Cristol, décision qui retient que le décret n° 2002-779 du 3 mai 2002 ne viole ni les stipulations de la Convention européenne de sauvegarde des droits de l'homme ni celles du Pacte international relatif aux droits économiques, sociaux et culturels du 19 décembre 1966.

À retenir

L'assistance médicale à la procréation

Le recueil des gamètes

– *Don de gamètes :*
  - Donneur majeur uniquement, sous réserve de ne pas faire l'objet d'une mesure de protection juridique avec représentation relative à la personne.
  - Possibilité de double don (aucun gamète de l'un des membres du couple).
  - Don volontaire, gratuit et anonyme.

– *Conservation des gamètes :*
  - Autoconservation des gamètes en cas de risque d'atteinte à la fertilité.
  - Autoconservation des ovocytes en cas d'AMP.
  - Autoconservation des gamètes en dehors de toute indication médicale.

– *Accueil d'embryons :* possibilité de don des embryons surnuméraires.

Les bénéficiaires de l'AMP

– *Élargissement des conditions relatives aux bénéficiaires de l'AMP :*
  - La seule exigence : l'existence d'un projet parental.
  - Ouverture de l'AMP aux couples de femmes et aux femmes non mariées.
  - Consentement des deux membres du couple ou de la femme non mariée.

– *Maintien de limites applicables aux bénéficiaires de l'AMP :*
  - Interdiction de l'AMP *post mortem*.
  - Limites d'âge.
  - Obstacles à l'insémination artificielle ou au transfert d'embryon (décès, divorce, révocation du consentement…).

Les enfants nés d'une AMP

– *Lien de filiation :*
  - Établissement du lien de filiation : égalité des filiations, création de la reconnaissance conjointe anticipée pour les couples de femmes.
  - Sécurisation du lien de filiation : interdiction de contestation de la filiation, interdiction d'établissement d'un lien de filiation avec le tiers donneur, engagement de la responsabilité du parent qui ne reconnaît pas la filiation après l'AMP.

– *Accès aux origines personnelles :* possibilité de levée de l'anonymat du tiers donneur à la majorité de l'enfant né d'une AMP.

L'interruption de grossesse

– *Plusieurs motifs existent selon qu'il est question d'interruption volontaire ou médicale de grossesse voire d'une grossesse multiple :*
  - L'interruption volontaire de grossesse permet à toute femme, même mineure, de ne pas poursuivre sa grossesse sans avoir à justifier de motif.
  - L'interruption médicale de grossesse est pratiquée lorsque la santé de la mère ou de l'enfant à naître est en danger.

• L'interruption volontaire partielle de grossesse multiple correspond au cas dans lequel une grossesse multiple pose problème avec la forte probabilité que l'un des enfants à naître soit atteint d'une affection d'une particulière gravité reconnue comme incurable au moment du diagnostic, ou le péril grave pour la santé de la femme que la grossesse multiple génère. L'idée est alors de supprimer l'un des embryons.

– *Les professionnels autorisés à pratiquer un acte abortif:* historiquement, seul un médecin pouvait réaliser une interruption de grossesse, désormais les sages-femmes le peuvent aussi tant pour une interruption médicamenteuse que chirurgicale (à l'exception des IMG).

– *Si l'interruption chirurgicale de grossesse ne peut avoir lieu qu'en établissement de santé, l'interruption médicamenteuse peut aussi être réalisée en cabinet de ville.*

– *Chaque professionnel habilité à faire une interruption de grossesse ou à concourir à sa réalisation peut le refuser en invoquant une clause de conscience. Il devra alors en informer la femme sans délai et lui communiquer immédiatement le nom de praticiens susceptibles de réaliser l'acte.*

– *Des délais de réalisation de l'acte abortif doivent être respectés pour l'IVG mais pas pour l'IMG qui peut donc être réalisée sans limite de temps. En matière d'IVG, ces délais varient selon que l'interruption est chirurgicale ou médicamenteuse:*

• L'IVG chirurgicale peut être réalisée que dans un délai de quatorze semaines de grossesse, soit seize semaines d'aménorrhée.

• L'IVG médicamenteuse peut être réalisée que dans un délai de sept semaines de grossesse, soit neuf semaines d'aménorrhée que ce soit en établissement de santé ou en cabinet de ville.

La stérilisation à visée contraceptive

– *Réalisée sans but thérapeutique, la stérilisation à visée contraceptive est autorisée depuis une loi du 4 juillet 2001.*

– *Au titre des conditions générales, la personne souhaitant être stérilisée doit:*

• Recevoir une information claire et complète tant orale qu'écrite, traitant notamment des risques et du caractère irréversible de l'acte.

• Témoigner, par écrit, d'un consentement libre et éclairé, notamment après le respect d'un délai de réflexion de quatre mois.

– *Au titre des conditions spécifiques, le cas du mineur doit être dissocié de celui du majeur protégé:*

• Le mineur est, par principe, exclu du champ de cet acte médical, mais il existe des hypothèses dérogatoires dans lesquelles cet acte sera autorisé par exception.

• Le majeur protégé peut faire l'objet d'une stérilisation mais avec un régime particulier destiné à prendre en compte sa vulnérabilité particulière afin d'empêcher les stérilisations forcées.

– *Certaines conditions sont communes:*

• L'intervention chirurgicale doit être autorisée par le juge des contentieux de la protection, lequel ne peut être saisi que par les personnes autorisées (personne concernée, son représentant dans certains cas, père et mère du mineur).

- Le juge est obligé d'entendre certaines personnes (personne concernée, son représentant dans certains cas, père et mère du mineur). De manière facultative, il peut aussi entendre toute personne dont l'audition lui paraît utile.
- Lorsque la personne concernée est en capacité d'exprimer sa volonté, son consentement doit être systématiquement recherché mais aussi pris en compte après qu'elle ait reçu l'information adaptée à son degré de compréhension.

– *D'autres conditions sont propres aux majeurs protégés :*

- La stérilisation ne peut être pratiquée que s'il existe une contre-indication médicale absolue à ce que les méthodes de contraception soient employées ou une impossibilité avérée de les mettre en œuvre efficacement.
- Le juge doit recueillir l'avis d'un comité d'experts qui apprécie la justification médicale de l'intervention, ses risques ainsi que ses conséquences normalement prévisibles sur les plans physique et psychologique.

Pour aller plus loin

Auby J.-M., « Un droit à la stérilisation ? », *in* Coll., *Libertés – Mélanges Jacques Robert*, LGDJ, 1998, p. 19.

Binet J.-R., *La réforme de la loi bioéthique. Commentaire et analyse de la loi du 7 juillet 2011*, LexisNexis, 2012.

Binet J.-R., *Droit de la bioéthique*, 2e éd., LGDJ, 2023.

Binet J.-R., « Le droit d'accéder aux origines personnelles dans la nouvelle loi de bioéthique : un progrès pour les enfants du don », *Dr. fam.*, n° 10, étude 24, 2021, p. 22.

Borillo D., *Bioéthique*, 2e éd., Dalloz, 2022.

Boumaza A., « La stérilisation contraceptive et le "handicap mental" après la loi du 4 juillet 2001 », *RDSS*, 2002, p. 233.

Brunet L., « Le principe de l'anonymat du donneur de gamètes à l'épreuve de son contexte. Analyse des conceptions juridiques de l'identité », *in* Jouannet P., Mieusset R. (dir.), *Donner et après… La procréation par don de spermatozoïdes avec ou sans anonymat ?*, Springer, 2010, p. 235.

Brunetti-Pons C., « Les conséquences mal maîtrisées du projet bioéthique en matière de filiation », *Dr. fam.*, n° 5, étude 12, 2021.

CCNE, « Avis n° 49 sur la contraception chez les personnes handicapées mentales », 1996.

CCNE, « Avis n° 50 sur la stérilisation envisagée comme mode de contraception définitive », 1996.

Delfraissy J.-F., Didier E., Duée P.-H., *40 ans de bioéthique en France. Le Comité consultatif national d'éthique : 1983-2023*, Odile Jacob, 2023.

Dionisi-Peyrusse A., « Brèves remarques sur la question de l'ouverture de l'AMP aux couples de même sexe », *A.J. Famille*, 2013, p. 127.

Fossier Th., Verheyde Th., « La stérilisation à des fins contraceptives des incapables majeurs », *JCP G*, 2001, p. 1477.

Gouëzel A., « Les dispositions relatives à la filiation dans la nouvelle loi de bioéthique : entre ruptures, ajustements et interrogations », *Dr. fam.*, n° 10, étude 23, 2021, p. 18.

Inspection générale des affaires sociales (IGAS), « Rapport sur les problèmes posés par les pratiques de stérilisation des personnes handicapées », 1998.

Kermabon N., « L'encadrement juridique de l'interruption de grossesse depuis la nouvelle loi de bioéthique », *Dr. fam.*, 2021, n° 10, p. 26.

Malpel-Bouyjou C., « L'assistance médicale à la procréation, évolution ou révolution ? », *in* Larribau-Terneyre V., Lemouland J.-J. (dir.), *La révision des lois de bioéthique. Loi n° 2011-814 du 7 juillet 2011*, L'Harmattan, 2011, p. 145.

Mathieu B., *La bioéthique*, 2e éd., Lefebvre Dalloz, 2024.

Montoux D., « Assistance médicale à la procréation : reconnaissance conjointe anticipée de filiation dans un couple de femmes », *Dr. fam.*, n° 10, 2021, p. 51.

Pichard M., « Toutes les femmes ? À propos de l'exclusion des femmes mariées de l'accès à la procréation médicalement assistée avec tiers donneur », *D*alloz, 2019, p. 2143.

Rousset G. (dir.), *L'interruption de grossesse en droit comparé – Entre culture et universalisme*, Bruylant, 2022.

Rousset G., « La clause de conscience dans le domaine de la santé, une notion à la croisée des chemins », *in* Fortier V., Vialla F. (dir.), *La religion dans les établissements de santé*, 2013, LEH, p. 289.

Vialla F., « Post-face », *in* Larribau-Terneyre V., Lemouland J.-J. (dir.), *La révision des lois de bioéthique. Loi n° 2011-814 du 7 juillet 2011*, L'Harmattan, 2011.

Conclusion

Depuis le début du XXIe siècle, une volonté forte de reconnaissance et de garantie des droits des usagers guide l'encadrement juridique des prises en charge réalisées au sein des secteurs sanitaires, social et médico-social. La multiplication des textes, soit de portée générale, comme les lois du 2 janvier 2002 et du 4 mars 2002, soit de portée spécifique, comme les lois relatives à la fin de vie ou à l'adaptation de la société au vieillissement ou encore au « bien vieillir », témoigne de ce courant qui irrigue l'ensemble des droits des usagers. Affirmation des droits fondamentaux de la personne et consécration de l'usager comme un acteur à part entière de sa prise en charge sont les deux axes fondamentaux de cette reconnaissance des droits. Il faut cependant garder à l'esprit que cette reconnaissance théorique des droits, au sein de nombreux textes, est une étape nécessaire et indispensable, mais qu'elle n'est pas suffisante : la mise en œuvre et l'effectivité des droits dépend de leur application concrète, au quotidien, par les établissements et professionnels, et de leur adaptation aux situations individuelles et spécifiques des usagers. Le dispositif doit nécessairement être appliqué avec pragmatisme et suppose une adaptation en fonction des prises en charge, avec un dialogue entre les différents intervenants, l'usager et, le cas échéant, son entourage. Cette souplesse n'est pas une évidence, car les textes peuvent parfois sembler rigides et généraux : la référence aux buts poursuivis (respect de la personne, affirmation de son autonomie) et aux valeurs qui sous-tendent les prises en charge sanitaire, sociale et médico-sociale, constitue un guide pour que l'action des professionnels conduise à une prise en charge de qualité et respectueuse de la situation spécifique de chaque usager.

Il faut se féliciter de ce mouvement de proclamation de la qualité de sujet de droit de l'usager qui conduit à favoriser sa meilleure autonomie possible, en fonction de son état de santé et de ses capacités de discernement. Cependant, il est possible de s'interroger sur l'existence de risques ou de dérives possibles, qui constitueraient en quelque sorte le « revers de la médaille » de l'affirmation des droits des usagers.

Une première interrogation concerne l'existence d'éventuelles obligations mises à la charge des usagers, qui seraient le corollaire de leurs droits. Si aucune disposition en ce sens n'existe dans le dispositif applicable au secteur social et médico-social, en revanche un article de la loi du 4 mars 2002 s'y réfère, codifié à l'article L.1111-1 du CSP : « Les droits reconnus aux usagers s'accompagnent des responsabilités de nature à garantir la pérennité du système de santé et des principes sur lesquels il repose. » Il s'agit d'une affirmation de principe, qui n'a que peu de portée concrète, et qui ne conduit pas à la création de véritables obligations à la charge du malade. En revanche, elle pose la question de sa responsabilisation : existe-t-il des inconvénients à la reconnaissance de l'autonomie du patient ? Responsabiliser une personne, c'est lui faire prendre conscience de la nécessité d'utiliser les droits qui lui sont accordés avec discernement, autrement dit sans abus, avec une conduite raisonnable. Ainsi, le patient, devenu citoyen sanitaire, doit utiliser de manière raisonnée, voire loyale, le système de santé qui organise et finance les prestations. Il doit faire le meilleur usage individuel possible de ses droits, tout en ayant conscience de l'impact de son comportement sur le système de santé en général. Affirmer l'autonomie du patient, c'est instaurer de nouvelles exigences à sa charge. Mais il faut dans le même temps conserver le principe fondamental de solidarité du droit de la santé et de la protection sociale : c'est un équilibre difficile à trouver. Les mesures financières telles que les franchises médicales ou la majoration hors parcours médecin traitant, ainsi que les démarches d'éducation thérapeutique, sont autant de leviers d'action utilisés dans notre système contemporain pour obtenir un comportement vertueux des patients. Il ne faudrait pas que ces actions, destinées à aider le patient dans la gestion de son « capital santé » tout en affirmant son autonomie et à maîtriser les dépenses, conduisent à une rupture d'égalité et à une remise en cause des principes de solidarité et de fraternité sur lesquels repose notre système de protection sociale. Le risque d'une telle dérive est moins présent dans le secteur social et médico-social dans la mesure où la vulnérabilité particulière des personnes prises en charge constitue une sorte de garde-fou contre les excès potentiels de l'autonomie.

Une seconde interrogation liée à la reconnaissance de l'autonomie de l'usager concerne l'émergence contemporaine d'un mouvement consumériste en santé, identifiée notamment par l'utilisation des termes de client ou de consommateur de soins. Ce mouvement tend à transformer la relation de soin en échange économique et le professionnel de santé en prestataire de services. Or, la relation de soin ne peut être réduite à une volonté de consommer en fonction d'un prix. Le colloque singulier, c'est-à-dire le lien spécifique qui est noué entre le patient et le médecin, dépasse largement les frontières de l'échange marchand et le droit de la consommation ne peut avoir, en définitive, qu'une influence limitée sur le droit de la santé, sauf à proposer des mécanismes de protection accrue du patient. Le cas du recours à l'interdiction des clauses abusives mis à part, un tel mouvement ne semble pas traverser à l'heure actuelle le secteur social et médico-social, là encore certainement en raison de la particulière vulnérabilité de l'usager, mais il faudra tout de même surveiller l'évolution du secteur pour éviter ce risque de dérive.

En définitive, ces dérives possibles, responsabilisation et consumérisme, conduisent à s'interroger sur l'existence d'un éventuel côté négatif de l'affirmation et du renforcement des droits des usagers. Par essence, la relation de soin, nouée entre un profane et un sachant, comme l'accompagnement social et médico-social justifié par la vulnérabilité de l'usager sont déséquilibrés. Souhaiter les rééquilibrer en renforçant l'autonomie de décision de l'usager et le respect de ses droits est un objectif louable et légitime. Mais, il faut se méfier des excès de l'autonomie qui pourraient conduire à un effet inverse de déshumanisation de la prise en charge. Il semble ainsi important de conserver une lecture de « bon sens » des droits des usagers, en faveur du respect de leur dignité, de leur intimité et de leur meilleure autonomie possible : la préservation de leurs intérêts doit être l'objectif ultime. La prise en charge sanitaire, sociale et médico-sociale doit demeurer une relation de confiance et non devenir une relation de méfiance, voire de défiance.

Annexe 1
Charte des droits et libertés de la personne accueillie

(Arrêté du 8 septembre 2003 relatif à la Charte des droits et libertés de la personne accueillie, mentionnée à l'article L.311-4 du code de l'action sociale et des familles)

Article 1er : Principe de non-discrimination

Dans le respect des conditions particulières de prise en charge et d'accompagnement, prévues par la loi, nul ne peut faire l'objet d'une discrimination à raison de son origine, notamment ethnique ou sociale, de son apparence physique, de ses caractéristiques génétiques, de son orientation sexuelle, de son handicap, de son âge, de ses opinions et convictions, notamment politiques ou religieuses, lors d'une prise en charge ou d'un accompagnement, social ou médico-social.

Article 2 : Droit à une prise en charge ou à un accompagnement adapté

La personne doit se voir proposer une prise en charge ou un accompagnement, individualisé et le plus adapté possible à ses besoins, dans la continuité des interventions.

Article 3 : Droit à l'information

La personne bénéficiaire de prestations ou de services a droit à une information claire, compréhensible et adaptée sur la prise en charge et l'accompagnement demandés ou dont elle bénéficie ainsi que sur ses droits et sur l'organisation et le fonctionnement de l'établissement, du service ou de la forme de prise en charge ou d'accompagnement. La personne doit également être informée sur les associations d'usagers œuvrant dans le même domaine.

La personne a accès aux informations la concernant dans les conditions prévues par la loi ou la réglementation. La communication de ces informations ou documents par les personnes habilitées à les communiquer en vertu de la loi s'effectue avec un accompagnement adapté de nature psychologique, médicale, thérapeutique ou socio-éducative.

Article 4 : Principe du libre choix, du consentement éclairé et de la participation de la personne

Dans le respect des dispositions légales, des décisions de justice ou des mesures de protection judiciaire ainsi que des décisions d'orientation :

1° La personne dispose du libre choix entre les prestations adaptées qui lui sont offertes soit dans le cadre d'un service à son domicile, soit dans le cadre de son admission dans un établissement ou service, soit dans le cadre de tout mode d'accompagnement ou de prise en charge ;

2° Le consentement éclairé de la personne doit être recherché en l'informant, par tous les moyens adaptés à sa situation, des conditions et conséquences de la prise en charge et de l'accompagnement et en veillant à sa compréhension ;

3° Le droit à la participation directe, ou avec l'aide de son représentant légal, à la conception et à la mise en œuvre du projet d'accueil et d'accompagnement qui la concerne lui est garanti.

Lorsque l'expression par la personne d'un choix ou d'un consentement éclairé n'est pas possible en raison de son jeune âge, ce choix ou ce consentement est exercé par la famille ou le représentant légal auprès de l'établissement, du service ou dans le cadre des autres formes de prise en charge et d'accompagnement. Ce choix ou ce consentement est également effectué par le représentant légal lorsque l'état de la personne ne lui permet pas de l'exercer directement. Pour ce qui concerne les prestations de soins délivrées par les établissements ou services médico-sociaux, la personne bénéficie des conditions d'expression et de représentation qui figurent au code de la santé publique.

La personne peut être accompagnée de la personne de son choix lors des démarches nécessitées par la prise en charge ou l'accompagnement.

Article 5 : Droit à la renonciation

La personne peut à tout moment renoncer par écrit aux prestations dont elle bénéficie ou en demander le changement dans les conditions de capacités, d'écoute et d'expression ainsi que de communication prévues par la présente charte, dans le respect des décisions de justice ou mesures de protection judiciaire, des décisions d'orientation et des procédures de révision existantes en ces domaines.

Article 6 : Droit au respect des liens familiaux

La prise en charge ou l'accompagnement doit favoriser le maintien des liens familiaux et tendre à éviter la séparation des familles ou des fratries prises en charge, dans le respect des souhaits de la personne, de la nature de la prestation dont elle bénéficie et des décisions de justice. En particulier, les établissements et les services assurant l'accueil et la prise en charge ou l'accompagnement des mineurs, des jeunes majeurs ou des personnes et familles en difficulté ou en situation de détresse prennent, en relation avec les autorités publiques compétentes et les autres intervenants, toute mesure utile à cette fin.

Dans le respect du projet d'accueil et d'accompagnement individualisé et du souhait de la personne, la participation de la famille aux activités de la vie quotidienne est favorisée.

Article 7 : Droit à la protection

Il est garanti à la personne comme à ses représentants légaux et à sa famille, par l'ensemble des personnels ou personnes réalisant une prise en charge ou un accompagnement, le respect de la confidentialité des informations la concernant dans le cadre des lois existantes.

Il lui est également garanti le droit à la protection, le droit à la sécurité, y compris sanitaire et alimentaire, le droit à la santé et aux soins, le droit à un suivi médical adapté.

Article 8 : Droit à l'autonomie

Dans les limites définies dans le cadre de la réalisation de sa prise en charge ou de son accompagnement et sous réserve des décisions de justice, des obligations contractuelles ou liées à la prestation dont elle bénéficie et des mesures de tutelle ou de curatelle renforcée, il est garanti à la personne la possibilité de circuler librement. À cet égard, les relations avec la société, les visites dans l'institution, à l'extérieur de celle-ci, sont favorisées.

Dans les mêmes limites et sous les mêmes réserves, la personne résidente peut, pendant la durée de son séjour, conserver des biens, effets et objets personnels et, lorsqu'elle est majeure, disposer de son patrimoine et de ses revenus.

Article 9 : Principe de prévention et de soutien

Les conséquences affectives et sociales qui peuvent résulter de la prise en charge ou de l'accompagnement doivent être prises en considération. Il doit en être tenu compte dans les objectifs individuels de prise en charge et d'accompagnement.

Le rôle des familles, des représentants légaux ou des proches qui entourent de leurs soins la personne accueillie doit être facilité avec son accord par l'institution, dans le respect du projet d'accueil et d'accompagnement individualisé et des décisions de justice.

Les moments de fin de vie doivent faire l'objet de soins, d'assistance et de soutien adaptés dans le respect des pratiques religieuses ou confessionnelles et convictions tant de la personne que de ses proches ou représentants.

Article 10 : Droit à l'exercice des droits civiques attribués à la personne accueillie

L'exercice effectif de la totalité des droits civiques attribués aux personnes accueillies et des libertés individuelles est facilité par l'institution, qui prend à cet effet toutes mesures utiles dans le respect, si nécessaire, des décisions de justice.

Article 11 : Droit à la pratique religieuse

Les conditions de la pratique religieuse, y compris la visite de représentants des différentes confessions, doivent être facilitées, sans que celles-ci puissent faire obstacle aux missions des établissements ou services. Les personnels et les bénéficiaires s'obligent à un respect mutuel des croyances, convictions et opinions. Ce droit à la pratique religieuse s'exerce dans le respect de la liberté d'autrui et sous réserve que son exercice ne trouble pas le fonctionnement normal des établissements et services.

Article 12 : Respect de la dignité de la personne et de son intimité

Le respect de la dignité et de l'intégrité de la personne est garanti.

Hors la nécessité exclusive et objective de la réalisation de la prise en charge ou de l'accompagnement, le droit à l'intimité doit être préservé.

Annexe 2
Charte des droits et libertés de la personne hospitalisée

(Circulaire n° DHOS/E1/DGS/SD1B/SD1C/SD4A/2006/90 du 2 mars 2006 relative aux droits des personnes hospitalisées et comportant une charte de la personne hospitalisée)

Principes généraux

1 – Toute personne est libre de choisir l'établissement de santé qui la prendra en charge, dans la limite des possibilités de chaque établissement. Le service public hospitalier est accessible à tous, en particulier aux personnes démunies et, en cas d'urgence, aux personnes sans couverture sociale. Il est adapté aux personnes handicapées.

2 – Les établissements de santé garantissent la qualité de l'accueil, des traitements et des soins. Ils sont attentifs au soulagement de la douleur et mettent tout en œuvre pour assurer à chacun une vie digne, avec une attention particulière à la fin de vie.

3 – L'information donnée au patient doit être accessible et loyale. La personne hospitalisée participe aux choix thérapeutiques qui la concernent. Elle peut se faire assister par une personne de confiance qu'elle choisit librement.

4 – Un acte médical ne peut être pratiqué qu'avec le consentement libre et éclairé du patient. Celui-ci a le droit de refuser tout traitement. Toute personne majeure peut exprimer ses souhaits quant à sa fin de vie dans des directives anticipées.

5 – Un consentement spécifique est prévu, notamment, pour les personnes participant à une recherche biomédicale, pour le don et l'utilisation des éléments et produits du corps humain et pour les actes de dépistage.

6 – Une personne à qui il est proposé de participer à une recherche biomédicale est informée, notamment, sur les bénéfices attendus et les risques prévisibles. Son accord est donné par écrit. Son refus n'aura pas de conséquence sur la qualité des soins qu'elle recevra.

7 – La personne hospitalisée peut, sauf exceptions prévues par la loi, quitter à tout moment l'établissement après avoir été informée des risques éventuels auxquels elle s'expose.

8 – La personne hospitalisée est traitée avec égards. Ses croyances sont respectées. Son intimité est préservée ainsi que sa tranquillité.

9 – Le respect de la vie privée est garanti à toute personne ainsi que la confidentialité des informations personnelles, administratives, médicales et sociales qui la concernent.

10 – La personne hospitalisée (ou ses représentants légaux) bénéficie d'un accès direct aux informations de santé la concernant. Sous certaines conditions, ses ayants droit en cas de décès bénéficient de ce même droit.

11 – La personne hospitalisée peut exprimer des observations sur les soins et sur l'accueil qu'elle a reçus. Dans chaque établissement, une commission des relations avec les usagers et de la qualité de la prise en charge veille, notamment, au respect des droits des usagers. Toute personne dispose du droit d'être entendue par un responsable de l'établissement pour exprimer ses griefs et de demander réparation des préjudices qu'elle estimerait avoir subis dans le cadre d'une procédure de règlement amiable des litiges et/ou devant les tribunaux.

Annexe 3
Charte des droits et libertés de la personne âgée en situation de handicap ou de dépendance

Lorsqu'il sera admis et acquis que toute personne âgée en situation de handicap ou de dépendance est respectée et reconnue dans sa dignité, sa liberté, ses droits et ses choix, cette charte sera appliquée dans son esprit.

1. Choix de vie

Toute personne âgée devenue handicapée ou dépendante est libre d'exercer ses choix dans la vie quotidienne et de déterminer son mode de vie.

2. Cadre de vie

Toute personne âgée en situation de handicap ou de dépendance doit pouvoir choisir un lieu de vie – domicile personnel ou collectif – adapté à ses attentes et à ses besoins.

3. Vie sociale et culturelle

Toute personne âgée en situation de handicap ou de dépendance conserve la liberté de communiquer, de se déplacer et de participer à la vie en société.

4. Présence et rôle des proches

Le maintien des relations familiales, des réseaux amicaux et sociaux est indispensable à la personne âgée en situation de handicap ou de dépendance.

5. Patrimoine et revenus

Toute personne âgée en situation de handicap ou de dépendance doit pouvoir garder la maîtrise de son patrimoine et de ses revenus disponibles.

6. Valorisation de l'activité

Toute personne âgée en situation de handicap ou de dépendance doit être encouragée à conserver des activités.

7. Liberté d'expression et liberté de conscience

Toute personne doit pouvoir participer aux activités associatives ou politiques ainsi qu'aux activités religieuses et philosophiques de son choix.

8. Préservation de l'autonomie

La prévention des handicaps et de la dépendance est une nécessité pour la personne qui vieillit.

9. Accès aux soins et à la compensation des handicaps

Toute personne âgée en situation de handicap ou de dépendance doit avoir accès aux conseils, aux compétences et aux soins qui lui sont utiles.

10. Qualification des intervenants

Les soins et les aides de compensation des handicaps que requièrent les personnes malades chroniques doivent être dispensés par des intervenants formés, en nombre suffisant, à domicile comme en institution.

11. Respect de la fin de vie

Soins, assistance et accompagnement doivent être procurés à la personne âgée en fin de vie et à sa famille.

12. La recherche : une priorité et un devoir

La recherche multidisciplinaire sur le vieillissement, les maladies handicapantes liées à l'âge et les handicaps est une priorité. C'est aussi un devoir.

13. Exercice des droits et protection juridique de la personne vulnérable

Toute personne en situation de vulnérabilité doit voir protégés ses biens et sa personne.

14. L'information

L'information est le meilleur moyen de lutter contre l'exclusion.

Liste des sigles et abréviations

AME	Aide médicale de l'État
AMP	Assistance médicale à la procréation
ANSM	Agence nationale de sécurité des médicaments et des produits de santé
ARS	Agence régionale de santé
ASE	Aide sociale à l'enfance
CAA	Cour administrative d'appel
CADA	Commission d'accès aux documents administratifs
CASF	Code de l'action sociale et des familles
Cass. ass. plén.	Cour de cassation, assemblée plénière
Cass. civ.	Cour de cassation, chambre civile
Cass. crim.	Cour de cassation, chambre criminelle
CCI	Commission de conciliation et d'indemnisation des accidents médicaux, des affections iatrogènes et des infections nosocomiales
C. civ.	Code civil
CDAPH	Commission des droits et de l'autonomie des personnes handicapées
CDU	Commission des usagers
CE	Conseil d'État
Cons. const.	Conseil constitutionnel
CME	Commission médicale d'établissement
CNAOP	Conseil national d'accès aux origines personnelles
C. pén.	Code pénal
CRSA	Conférence régionale de santé et de l'autonomie
CSE	Comité social d'établissement
CSP	Code de la santé publique
CSIRMT	Commission du service des soins infirmiers, de rééducation et médico-techniques
CSS	Code de la sécurité sociale
C. trav.	Code du travail
CVS	Conseil de la vie sociale
DAC	Dispositif d'appui à la coordination
EHPAD	Établissement d'hébergement pour personnes âgées dépendantes
ESAT	Établissement ou service d'accompagnement par le travail
ESSMS	Établissements ou services sociaux ou médico-sociaux
FAM	Foyer d'accueil médicalisé
GCS	Groupement de coopération sanitaire
GHT	Groupement hospitalier de territoire

HAS	Haute Autorité de santé
IME	Institut médico-éducatif
IMG	Interruption médicale de grossesse
ITEP	Institut thérapeutique éducatif et pédagogique
IVG	Interruption volontaire de grossesse
MAS	Maison d'accueil spécialisée
MJPM	Mandataire judiciaire à la protection des majeurs
MSP	Maison de santé pluriprofessionnelle
PASS	Permanence d'accès aux soins de santé
PMI	Protection maternelle et infantile
PUMA	Protection universelle maladie
RAPT	« Réponse accompagnée pour tous »
SAVS	Service d'accompagnement à la vie sociale
SAMSAH	Service d'accompagnement médico-social pour adultes handicapés
SESSAD	Service d'éducation spéciale et de soins à domicile
SPASAD	Service polyvalent d'aide et de soins à domicile

Bibliographie

Ouvrages et rapports

Apollis B. (dir.), *Traité de droit hospitalier*, Presses de l'EHESP, coll. « Références Santé Social », 2024.

Arnal-Capdevielle I., *Le droit des établissements et services sociaux et médico-sociaux*, 2e éd., Presses de l'EHESP, coll. « Fondamentaux », 2023.

Bergoignan-Esper C., Sargos P., *Les grands arrêts du droit de la santé*, 3e éd., Dalloz-Sirey, 2020.

Bergoignan-Esper C., Dupont M., *Droit hospitalier*, 12e éd., Dalloz, 2024.

Bévière-Boyer B., Belrhomari N. (dir.), *Les enjeux de la fin de vie dans le domaine de la santé. Regards partagés entre politique, médecine, droit et éthique*, LEH Édition, 2015.

Bioy X., Laude A., Tabuteau D., *Droit de la santé*, 4e éd., PUF, 2020.

Bréchat P.-H., Lebas J., *Innover contre les inégalités de santé*, Presses de l'EHESP, 2012.

Callu M.-F., Girer M., Rousset G., *Dictionnaire de droit de la santé. Secteurs sanitaire, médico-social et social*, 2e éd., LexisNexis, 2021.

Caniard E., *La place des usagers dans le système de santé*, La Documentation française, 2000.

Coelho J., *Les droits des malades en fin de vie*, LEH Édition, coll. « Essentiel », 2007.

Compagnon C., *Pour l'An II de la Démocratie sanitaire*, Ministère des affaires sociales et de la santé, 2014.

Deffains N., Py B., *Le sexe et la norme*, Presses Universitaires de Nancy, 2011.

Janvier R., Matho Y., *Le droit des usagers*, Dunod, 2013.

Janvier R., Matho Y., *Comprendre la participation des usagers dans les organisations sociales et médico-sociales*, Dunod, 2011.

Lami A., Vioujas V., *Droit hospitalier*, 3e éd., Bruylant, coll. « Paradigme », 2022.

Laude A., Tabuteau D., *Les droits des malades*, 2e éd., PUF, coll. « Que sais-je ? », 2018.

Legros B., *Les « droits » des malades en fin de vie*, LEH Édition, coll. « Thèses », 1999.

Lhuillier J.-M., *Le droit des usagers dans les établissements et services sociaux et médico-sociaux*, 5e éd., Presses de l'EHESP, coll. « Références Santé Social », 2015.

Mémeteau G., Girer M., *Cours de droit médical*, 5e éd., LEH Édition, 2016.

Moquet-Anger M.-L., *Droit hospitalier*, 7e éd., LGDJ, 2023.

Py B. (dir.), *La pudeur et le soin*, Presses Universitaires de Nancy, 2e éd., 2019.

Truchet D., Apollis B., *Droit de la santé publique*, 12e éd., Dalloz, 2024.

Vialla F. (dir.), Reynier M., Martinent E. (coord.), *Les grandes décisions du droit médical*, 2e éd., LGDJ, 2014.

Articles, chapitres d'ouvrages, fascicules

Bataille P., « Le sujet malade : un acteur politique de droit », *Actu. JuriSanté*, n° 39-40, décembre 2002-janvier 2003, p. 33.

Bourret R., Vialla F., « Libre choix du praticien », *RDS*, n° 71, 2016, p. 425.

Bréchat P.-H., Gros J., Haon M. *et al.*, « Représentants d'associations d'usagers et loi "Hôpital, patients, santé et territoires" : enjeux et douze propositions », *Santé publique*, n° 1, janvier-février 2010, p. 131.

Burnel Ph., « Les nouvelles règles qui président l'échange et le partage d'information entre professionnels en charge d'un même patient », *JDSAM*, n° 27, 2017, p. 114.

Callu M.-F., « La dignité de la personne humaine », *in* Vialla F. (dir.), *Les grandes décisions du droit médical*, 2e éd., LGDJ, 2014, p. 43.

Caniard E., « La place de l'usager dans le système de santé », *Actualité et dossier en santé publique*, n° 31, juin 2000, p. 12.

Catherine A., « Les droits du patient à l'épreuve des politiques économiques de santé », *RGDM*, décembre 2010, n° spécial, p. 101.

Debost C., « L'accès aux informations dans le secteur médico-social », *in* Vialla F. (dir.), *Jurisprudences du secteur social et médico-social*, Dunod, 2012, p. 275.

Demichel A., « Médecine et droit : bilan provisoire d'une cohabitation problématique », *in Mélanges J.-M. Auby*, Dalloz, 1992, p. 705.

Dupont M., « Le libre choix du médecin : son évolution depuis la loi du 4 mars 2002 », *RDSS*, n° 5, sept.-oct. 2007, p. 759.

Dusehu E., « Évolution des rapports entre usagers et institutions hospitalières – Une transition culturelle à réussir », *Gestion hospitalière*, octobre 2001, p. 645.

Favier Y., « Vulnérabilité et fragilité : réflexions autour du consentement des personnes âgées », *RDSS*, 2015, p. 702.

Ghozia A., « Les modalités d'obtention du dossier médical par le patient ou ses ayants droit », *Gaz. Pal.*, 22 septembre 2020, p. 70.

Girer M., « Le droit à la protection de la santé dans l'alinéa 11 du Préambule de 1946 : les impacts en termes de solidarité », *Médecine et Droit*, n° 141, 2016, p. 147.

Godard Ch., Raja-Roque C., « Libre choix du praticien et concurrence déloyale : de l'autonomie des règles de droit de la santé en droit économique ? », *RDS*, n° 17, 2007, p. 416.

Got Ch., « Pour un véritable statut des représentants des usagers – Libre opinion », *Gestion hospitalière*, octobre 2001, p. 639.

Got Ch., « La représentation institutionnelle des usagers à l'hôpital : introduction ou intrusion ? », *Actu. JuriSanté*, n° 38, octobre 2002, p. 4.

Gründler T., « L'effectivité du droit à la protection de la santé », *Revue générale de droit médical*, 2010, n° HS, p. 83.

Gründler T., « Le juge et le droit à la protection de la santé », *RDSS*, n° 5, 2010, p. 835.

Hassenteufel P., « La résistible affirmation d'un pouvoir collectif des patients », *RDSS*, 2012, p. 477.

Hazif-Thomas C., « La liberté de choix des personnes faisant l'objet de soins psychiatriques », *RGDM*, n° 61, 2016, p. 133.

Jobart J.-C., « Le juge administratif et les limites du secret médical », *RDSS*, 2020, p. 344.

Jobert B., « Les institutions sanitaires à l'épreuve : quatre dimensions de l'action démocratique », *RF aff. soc.*, n° 2, avril-juin 2000, n° spé. « La démocratie sanitaire », p. 33.

Krauth S., Got Ch., « Droits des patients et démocratie sanitaire : l'émergence du nombre », *Gestion hospitalière*, octobre 2001, p. 636.

Laroque G., « Le libre choix du lieu de vie : une utopie nécessaire », *Gérontologie et société*, vol. 32, n° 131, 2009/4, p. 45.

Larribau-Terneyre V., « De 2005 à 2016, les lois françaises sur la fin de vie », *Les cahiers de droit de la santé*, n° 23, 2016, p. 19.

Lascoumes P., « L'usager dans le système de santé : réformateur social ou fiction utile ? », *Politiques et management public*, vol. 15, n° 2, septembre 2007, p. 129.

Lassalas C., « Les directives anticipées : une aide pour la fin de vie des personnes âgées ? », *RDS*, n° 97, 2020, p. 844.

Laude A., « Les droits collectifs des usagers du système de santé », *LPA*, n° 122, 19 juin 2002, p. 23.

Laude A., « Les associations d'usagers : un rôle nouveau », *Actu. JuriSanté*, n° 34, décembre 2001-janvier 2002, p. 14.

Legros B., Saison J., « Le secret professionnel, un principe assorti de dérogations », *RGDM*, n° 61, 2016, p. 27.

Leuzzi-Louchart C., « Vulnérabilités et fin de vie : de la protection de la dignité du mourant aux limites de l'encadrement juridique de la fin de vie », *RDS*, n° 67, 2015, p. 665.

Lhuillier J.-M., « Libertés individuelles et règlement de fonctionnement des établissements et des services sociaux et médico-sociaux », *RDSS*, 1999, p. 811.

Lombard F., « Effet relatif de l'exclusivité contractuelle… au regard du droit du malade au libre choix de son médecin et de son établissement de santé », *RDS*, n° 21, 2008, p. 51.

Manaouil C., « Le secret partagé entre professionnels depuis la loi santé du 26 janvier 2016 », *RGDM*, n° 61, 2016, p. 53.

Mathieu B., « La dignité de la personne humaine : quel droit ? quel titulaire ? », *D.* chron., 1996, p. 282.

Métayer-Cluzel L., « Le droit au consentement dans les lois des 2 janvier et 4 mars 2002 », *RDSS*, 2012, p. 442.

Moquet-Anger M.-L., « La représentation des usagers dans les instances hospitalières ou de santé publique », *JCP A*, 2006, n° 15, p. 518, étude n° 1094.

Moquet-Anger M.-L., « La dignité en droit de la santé », *RFDA*, 2015, p. 1075.

Niemiec A., « La prise en charge financière des amendements Creton par l'aide sociale départementale : une démarche facilitée par le juge administratif », *Les Petites Affiches*, n° 17, 2017, p. 6.

Poinsot O., « Pour une théorie du contrat de séjour », *RGDM*, n° 44, 2012, p. 523 et *RGDM*, n° 45, 2012, p. 358.

Ponseille A., « Le droit de la personne malade au respect de sa dignité », *RGDM*, n° 11, 2003, p. 159.

Porchy-Simon S., « Santé. Responsabilité médicale. Responsabilité pour faute d'éthique médicale. Consentement libre et éclairé du patient. Secret médical », *JurisClasseur Resp. civ. et assur.*, Fasc. 440-30, 2021.

Py B., « Cent ans de secret professionnel », *RDS*, n° 100, 2021, p. 230.

Raoul-Cormeil G., « Cent ans de droit des patients, à l'aune de la fin de vie », *RDS*, n° 100, 2021, p. 251.

Raoul-Cormeil G., « Le rôle du mandataire dans le choix du logement de la personne âgée protégée », *RDSS*, 2019, p. 658.

Rassu F., « La protection de la santé : un objectif à valeur constitutionnelle non modifié par la QPC », *Revue générale de droit médical*, n° 54, 2015, p. 67.

Rebecq G., « Le choix du médecin traitant et le principe d'exercice exclusif de la spécialité », *RDSS*, 2005, p. 602.

Reynier M., « L'obligation d'information due par le médecin », *in* Vialla F. (dir.), *Les grandes décisions du droit médical*, 2e éd., LGDJ, 2014, p. 188.

Rousset G., « Le droit à l'information de l'usager et du patient depuis les lois des 2 janvier et 4 mars 2002 », *in* « Les lois des 2 janvier et 4 mars 2002 : dix ans après », *RDSS*, n° 3, 2012, p. 431.

Smallwood O., « La normalisation des règles de l'art médical : une nouvelle source de responsabilité pour les professionnels de santé ? », *Médecine et Droit*, n° 79/80, 2006, p. 121.

Sipos I., « Comment le directeur arrive à concilier libre choix des résidents et contraintes institutionnelles », *Gérontologie et société*, vol. 32, n° 131, 2009/4, p. 129.

Sudre F., « Le droit à la protection de la santé, droit diffus dans la jurisprudence de la Cour européenne des droits de l'homme », *Revue Trimestrielle des Droits de l'Homme*, n° 125, 2021, p. 49.

Thierry J.-B., « Intimité et vie privée de la personne en institution », *in* Vialla F. (dir.), *Jurisprudences du secteur social et médico-social*, Dunod, 2012, p. 249.

Tiberghien F., « Droit souple et Haute Autorité de santé », *Actualité juridique droit administratif*, n° 17, 2021, p. 948.

Truchet D., « Le secret médical, obligation obsolète ou exigence actuelle ? », *in Mélanges en l'honneur de Michel Bélanger*, LEH Édition, 2015, p. 317.

Vareille F., « Les usagers doivent-ils siéger au conseil d'administration des établissements d'hospitalisation publics ? », *RDSS*, 1985, p. 342.

Vasseur-Lambry F., « Le secret professionnel/médical : une protection forte dans l'intérêt du patient », *RGDM*, n° 69, 2018, p. 97.

Veron P., « Les aménagements de la liberté d'aller et venir de la personne en institution », *in* Vialla F. (dir.), *Jurisprudences du secteur social et médico-social*, Dunod, 2012, p. 233.

Vialla F., « Les principes fondamentaux de la législation sanitaire à l'épreuve de la laïcité et du service public », *Cah. dr. entr.*, 3/2004, p. 26.

Vialla F. (dir.), Dossier consacré aux recommandations de bonne pratique, *Revue Droit & Santé*, n° 15, 2007.

Vialla F., « La dignité de la personne en institution », *in* Vialla F. (dir.), *Jurisprudences du secteur social et médico-social*, Dunod, 2012, p. 222.

Vialla F., « Liberté d'aller et venir », *in* Vialla F. (dir.), *Les grandes décisions du droit médical*, 2e éd., LGDJ, 2014, p. 243.

Vignon-Barrault A., « Les droits fondamentaux de la personne âgée », *RDSS*, 2018, p. 767.

Vinsonneau A., « L'amendement Creton : la fin d'un imbroglio financier ? », *RDSS*, n° 1, 2007, p. 142.

Zémor P., « La représentation participative des malades », *Actualité et dossier en santé publique*, n° 58, mars 2007, p. 6.

Zielinski A., « Le libre choix. De l'autonomie rêvée à l'attention aux capacités », *Gérontologie et société*, vol. 32, n° 131, 2009/4, p. 11.

Avis

Comité consultatif national d'éthique pour les sciences de la vie et de la santé, *Fin de vie, autonomie de la personne, volonté de mourir*, Avis n° 121, 1er juillet 2013.

Commission nationale consultative des droits de l'homme, *Avis sur le consentement des personnes vulnérables*, 16 avril 2015, *JORF* n° 0158 du 10 juillet 2015.

Sicard D. (dir.), Rapport de la Commission de réflexion sur la fin de vie en France, *Penser solidairement la fin de vie*, 18 décembre 2012.

Index

Table des matières

Conception, réalisation : Presses de l'EHESP
Maquette couverture : V. Hélye
Achevé d'imprimer en janvier 2025
Sepec numérique à Péronnas
N° d'impression : N10715250102
IMPRIMÉ EN FRANCE

PEFC 10-31-3632